सोच से भी आगे

20 महिला परिवर्तनकर्ता की प्रेरणादायक कहानियाँ

कामिनी कुसुम

An imprint of
Srishti Publishers & Distributors

Srishti Publishers & Distributors
A unit of AJR Publishing LLP
212A, Peacock Lane
Shahpur Jat, New Delhi – 110 049

editorial@srishtipublishers.com

First Published in Hindi by Shabd,
an imprint of Srishti Publishers & Distributors in 2025

Originally published in English by Bold,
An imprint of Srishti Publishers & Distributors in 2024

Translation of Dare to Shine by Kamini Kusum,
translated by Rajshree Bose

10 9 8 7 6 5 4 3 2 1

Printed and bound in India.

मेरे माता-पिता को समर्पित, जिनका प्यार,
स्नेह और आशीर्वाद ही मेरे अस्तित्व का कारण है।

आभार

यह पुस्तक मेरे प्रकाशक अरूप बोस के बिना संभव नहीं हो पाती, जिन्होंने इस पुस्तक की पूरी यात्रा में हमेशा बहुत सहयोग किया है। मेरी सम्पादिका स्तुति गुप्ता को उनके मार्गदर्शन और प्रतिक्रिया के लिए मेरा हार्दिक धन्यवाद।

उन सभी लोगों के प्रति मेरी गहरी कृतज्ञता है, जिन्होंने मेरे प्रश्नों का उत्तर दिया और मुझसे जानकारी साझा की। समय निकालने और अपने अनुभवों और जीवन-यात्राओं को साझा करने के लिए बछेंद्री पाल, रजनी पंडित और रेशमा पठान को बहुत-बहुत धन्यवाद।

इस पुस्तक में चित्रित सभी महिलाओं को धन्यवाद, जिनका जीवन हर किसी के लिए प्रेरणादायक है। वे जिन कठिनाइयों से गुजरीं, उनके बारे में जानना, शोध करना और लिखना मेरे लिए ज्ञानवर्धक और प्रेरक रहा है।

लेखन एक एकांत यात्रा है, लेकिन उस यात्रा के दौरान परिवार का सहयोग बहुत मायने रखता है। लेखन के प्रति मेरे जुनून को समझने और अटूट समर्थन प्रदान करने के लिए मैं अपने परिवार की आभारी हूँ।

सबसे बढ़कर, मैं माँ सरस्वती को उनके आशीर्वाद के लिए धन्यवाद देती हूँ।

विषय-सूची

प्रस्तावना

जब आप इस पुस्तक को खोलेंगे, तो आपको विभिन्न पृष्ठभूमियों की बीस अद्भुत महिलाओं के जीवन से रूबरू होने का मौका मिलेगा, जिन्होंने दुनिया को बदलने का साहस किया। मुझे यकीन है कि इन साहसी महिलाओं की सफलता और चुनौतियों के बारे में कुछ हज़ार शब्दों में लिखना एक कठिन काम रहा होगा, लेकिन इस किताब में उनके सपनों, संघर्षों, दर्द, दुख और उनकी सफलता की राह को बहुत ही सटीक ढंग से प्रस्तुत करने का प्रयास किया गया है।

हार मान लेना आसान है, लेकिन भाग्य के कठोर झटकों का सामना करना और फ़ीनिक्स की तरह राख से उठना ही उन्हें प्रभावशाली महिलाएँ बनाता है!

आज भी, जो महिलाएँ चुनौतियों का सामना करती हैं, रूढ़िवादिता को तोड़ती हैं या तथाकथित पुरुष-प्रधान क्षेत्रों में प्रवेश करने की कोशिश करती हैं, उन पर सवालों के बौछार कर दिए जाते हैं। लेकिन क्या आप जानते हैं कि भारत का इतिहास - और यहाँ तक कि वर्तमान भी - कई साहसी महिलाओं से भरा पड़ा है, जिन्होंने सफलता की राह में बाधाओं और दुर्भाग्यपूर्ण परिस्थितियों का सामना किया और कभी हार नहीं मानी!

लेखिका कामिनी कुसुम ने इन निडर महिलाओं के वास्तविक जीवन की प्रेरक घटनाओं का सावधानीपूर्वक चित्रण किया है। कामिनी स्वयं एक रचनात्मक और निडर महिला हैं जिन्होंने किसी भी महिला के जीवन के उतार-चढ़ाव के दौरान उनके द्वारा झेले गए जटिल भावनात्मक स्थितियों को अच्छी तरह समझा

है। यह पुस्तक लेखिका का एक सराहनीय प्रयास है जिसका उद्देश्य समाज की महिलाओं और पुरुषों, दोनों को समान रूप से प्रेरित करना है।

यह अच्छी तरह से शोध की गई पुस्तक है। इस पुस्तक में उन साहसी महिलाओं के अनुभवों का वर्णन किया गया है जो स्वतंत्रता सेनानी, शासक, डॉक्टर, शिक्षक, सुधारक, पर्वतारोही, अंतरिक्ष यात्री, जासूस, स्टंटवुमन, जज, पायलट, राजनीतिज्ञ, मुक्केबाज, क्रिकेटर, शटलर, पुलिस अधिकारी, व्यवसायी, गायिका और अभिनेत्री बनीं।

ये सभी मजबूत महिलाएँ हैं जिन्होंने अपनी परिस्थितियों और नियति के सामने आत्मसमर्पण करने से इनकार कर दिया है। डेयर टू शाइन सशक्त महिलाओं का जश्न मनाता है और एक मजबूत संदेश देता है - कुछ भी और कोई भी आपको नीचे नहीं खींच सकता!

प्रीति यादव, आई पी एस
एडिशनल डीसीपी, महिला सुरक्षा

परिचय

सोच से भी आगे उन बीस सशक्त महिलाओं के जीवन की एक मर्मस्पर्शी और विचारोत्तेजक झलक है, जिन्होंने अपने रास्ते में आने वाली सबसे खराब परिस्थितियों के आगे भी न झुकने का फैसला किया। अपनी परिस्थिति को चुनौती देने और अवसरों को तलाशने में, उन्होंने समाज में दूसरों के लिए भी उदाहरण स्थापित किए हैं। इस पुस्तक में वर्णित कुछ महिलाओं के बारे में आपने सुना होगा, लेकिन कई ऐसी महिलाएँ भी हैं जिनके बारे में आप पहली बार जानेंगे। यह पुस्तक जीवन का उत्सव है जो यह सिखाता है कि कैसे सबसे बुरी बाधाओं को भी सर्वोत्तम अवसरों के रूप में उपयोग किया जा सकता है।

जब नियति पूरी तरह निराशा की स्थिति में धकेल देती है, जहाँ कोई समाधान नजर नहीं आता, तो लोग अक्सर झुक जाते हैं या टूट जाते हैं। यह जानने के लिए इस प्रेरक पुस्तक को पढ़ें कि कभी हार न मानना भी एक विकल्प है; और यह दृढ़ता हमेशा फल देती है। आशा की किरण ढूंढना और सबसे कठिन परिस्थितियों से गुज़रना पथ-प्रदर्शक बनाता है।

कुछ महिलाएँ जिनको बहुत से लोग जानते हैं वे पहले से ही ट्रेंडसेटर हैं; जबकि कुछ ऐसी भी हैं जिनके प्रभावशाली जीवन के अनुभव अभी भी इतिहास के पन्नों में उचित मान्यता की प्रतीक्षा कर रहे हैं। नीरा आर्य, आनंदीबाई जोशी, अहिल्याबाई होल्कर, कल्पना चावला, लता मंगेशकर, लीला सेठ, फूलन देवी, सावित्रीबाई फुले और सरला ठकराल भले ही आज हमारे बीच नहीं हैं, लेकिन उन्होंने जो विरासत छोड़ी है वह हम सभी के लिए प्रेरणा का एक बड़ा स्रोत है।

द्रौपदी मुर्मू, किरण बेदी, बछेंद्री पाल, रजनी पंडित, रेशमा पठान, फाल्गुनी नायर, मिताली राज, मैरी कॉम, पी वी सिंधु, वाणी कोला और सुष्मिता सेन जैसी अन्य महिलाएँ अदम्य साहस के साथ एक के बाद एक मील के पत्थर हासिल करने के लिए आज भी आगे बढ़ रही हैं।

हो सकता है कि ये महिलाएँ परिपूर्ण न हों, वे प्रशंसा के साथ-साथ आलोचना भी सह लेती हैं, लेकिन वे सभी रत्न हैं जिन्होंने नियति के प्रहारों का सामना किया, मज़बूती से खड़ी रहीं और कभी हार नहीं मानीं।

अच्छी तरह से शोध की गई यह पुस्तक बीस साहसी महिलाओं का एक व्यावहारिक विवरण देती है और इसका उद्देश्य लोगों को चुनौतियों का सामना करने और अपने सपनों के लिए लड़ने को प्रेरित करना है।

रजनी पंडित

भारत की पहली महिला निजी जासूस

द्रौपदी मुर्मू

- *भारत के राष्ट्रपति के रूप में निर्वाचित होने वाली आदिवासी समुदाय की पहली व्यक्ति और दूसरी महिला।*
- *इनका जन्म 20 जून 1958, उपरबेड़ा (ओडिशा) में हुआ। यह एक राजनीतिज्ञ हैं और भारत की राष्ट्रपति के रूप में कार्यरत हैं। इन्होने 25 जुलाई 2022 को पदभार ग्रहण किया और यह भारतीय जनता पार्टी का एक हिस्सा हैं। इनके पति का नाम श्याम चरण मुर्मू (मृतक) है और बच्चे लक्ष्मण (मृतक), सिपुन (मृतक) एवं इतिश्री हैं।*

जब द्रौपदी मुर्मू का नाम राष्ट्रपति पद के उम्मीदवार के रूप में घोषित किया गया, तो देश भर में हर कोई इस आदिवासी महिला उम्मीदवार के बारे में अधिक जानने के लिए उत्सुक था। विपक्षी दलों ने पहले ही उम्मीदवार के रूप में सर्वसम्मति से यशवंत सिन्हा को मैदान में उतार दिया था। उन्होंने लंबी राजनीतिक पारी खेली थी, महत्वपूर्ण विभाग भी संभाले थे और राजनीतिक क्षेत्र में एक जाना-पहचाना नाम थे। हाई-वोल्टेज उत्सुकता और चारों ओर चर्चा के बीच, चौंसठ वर्षीय मुर्मू ने यशवंत सिन्हा को हराकर भारत की 15वीं राष्ट्रपति बनकर इतिहास रच दिया। वह इस पद पर आसीन होने वाली पहली आदिवासी, सबसे कम उम्र की व्यक्ति और दूसरी महिला भी हैं, जो अपने आप में एक बड़ी उपलब्धि है। यह न केवल

उनके लिए एक बड़ी कामयाबी थी, बल्कि पूरे आदिवासी समुदाय के लिए गर्व की बात थी।

20 जून, 1958 को ओडिशा के मयूरभंज ज़िले के एक संथाली परिवार में राष्ट्रपति महोदया का जन्म हुआ था। राष्ट्रपति महोदया की रायसीना हिल्स तक की यात्रा आसान नहीं रही। मजबूत बने रहना और अपने लिए एक अलग जगह बनाना कोई आसान काम नहीं था। सशक्त बने रहने के लिए और अपना एक मुकाम बनाने के लिए उन्हें जिन पीड़ाओं, बाधाओं और कष्टों से गुज़रना पड़ा, वह कुछ ऐसा है जो किसी की भी आँखों में आंसू ला सकता है।

उन्हें उद्धृत करते हुए, "यह हमारे लोकतंत्र की शक्ति के लिए एक सम्मान की बात है कि सुदूर आदिवासी इलाके के एक गरीब घर में पैदा हुई बेटी भारत में सर्वोच्च संवैधानिक पद तक पहुँच सकती है। राष्ट्रपति पद प्राप्त होना मेरी व्यक्तिगत उपलब्धि नहीं है; यह भारत के हर गरीब व्यक्ति की उपलब्धि है। मेरा चुनाव इस बात का प्रमाण है कि भारत में गरीब भी सपने देख सकते है और उन्हें पूरा भी कर सकते है।" शपथ ग्रहण के बाद ये उनके शब्द थे जिनका सभी ने तालियों से ज़ोरदार स्वागत किया।

राष्ट्रपति चुने जाते ही उनके पैतृक गाँव उपरबेड़ा में जोर-शोर से जश्न शुरू हो गया। सफलता की हर महान कहानी की अपनी कठिनाइयाँ होती हैं और द्रौपदी का जीवन भी शुरू से ही चुनौतियों से भरा था। यह आसान तो बिल्कुल नहीं था। वह ऐसे समाज से आती थीं जहाँ आमतौर पर लड़कियों को पढ़ने या अच्छा करियर बनाने के लिए ज़्यादा प्रोत्साहित नहीं किया जाता था। उनके गाँव में बुनियादी सुविधाओं और अच्छी शैक्षणिक सुविधाओं का अभाव था, लेकिन द्रौपदी ने अपनी दृढ़ इच्छाशक्ति से सब कुछ गलत साबित कर दिया।

मुर्मू को अपनी प्रारंभिक शिक्षा के लिए काफी संघर्ष करना पड़ा। बरसात के मौसम में, मुर्मू को अपने स्कूल तक पहुँचने के लिए भरे हुए नालों को तैरकर

पार करना पड़ता था। स्कूल से आकर, उन्हें मिट्टी के दीपक तले – जिसे आम बोलचाल की भाषा में 'डिबरी' कहा जाता है – पढ़ाई करनी पड़ती थी। गाँव में बिजली तो दूर, ग्रामीण लोग मिट्टी के तेल की लालटेन भी नहीं खरीद सकते थे। केरोसिन के लालटेन खरीदने की तुलना में घर पर 'डिबरी' बनाना अधिक किफायती था।

उनके गाँव में उच्च कक्षाओं के लिए कोई स्कूल नहीं था। सुविधाओं और प्रेरणा की कमी के साथ-साथ इतनी सारी कठिनाइयाँ और चुनौतियाँ किसी के भी मनोबल को गिराने के लिए काफी होती हैं, लेकिन द्रौपदी अपने निश्चय पर दृढ़ थीं और हार मानने को बिल्कुल तैयार नहीं थीं। द्रौपदी के माता-पिता अपनी बेटी की आँखों में एक चमक देख सकते थे; अपने जीवन में कुछ बड़ा करने की ललक। उन्होंने उनका समर्थन किया और उनके सपनों को पंख देने का फैसला किया। द्रौपदी किसी धनी परिवार से नहीं थीं, लेकिन उनके पिता और दादा का गाँव में सम्मान था। उनके पिता, बिरंची नारायण टुडू गांव के 'सरदार' (सरपंच) थे और प्रगतिशील मानसिकता के थे। वह अपनी बेटी के लिए सहारा बन गए।

उनके बचपन के दिनों की एक घटना से पता चलता है कि द्रौपदी अपने विचारों के साथ-साथ लक्ष्यों को लेकर कितनी दृढ़ थीं और उन्हें पूरा करने तक हार नहीं मानती थीं। अपने पिता के साथ द्रौपदी एक कार्यक्रम में गईं और बिना किसी संकोच के अचानक मंच पर आ गईं। उनके पिता और अन्य लोग उन्हें मंच पर देखकर आश्चर्यचकित रह गए; यह एक अप्रत्याशित घटना थी। द्रौपदी वहाँ एक खास उद्देश्य से गई थीं। उन्होंने मंत्री कार्तिक माझी के सामने अपने गांव में उच्च शिक्षा की सुविधा नहीं होने को लेकर चिंता जताई और कहा कि वह आगे पढ़ना चाहती हैं। एक छोटी लड़की द्वारा आगे आकर एक मंत्री के समक्ष चिंता व्यक्त करना विचारशील और साहसिक कार्य था, जो पहले कभी नहीं किया गया था।

शिक्षा के प्रति उनकी उत्सुकता और दृढ़ संकल्प को देखते हुए, उन्हें भुवनेश्वर के एक आवासीय विद्यालय में भर्ती कराया गया। द्रौपदी हमेशा से ही निडर और धैर्यवान लड़की थीं। शिक्षा की खातिर अपने पैतृक गाँव को छोड़कर एक नए शहर में आना एक लड़की के लिए अपने स्थान और समुदाय की रूढ़िवादिता को तोड़ने जैसा था और अपने आप में यह एक क्रांतिकारी कदम था।

अपनी स्कूली शिक्षा पूरी करने के बाद, द्रौपदी ने उच्च शिक्षा के लिए रमा देवी महिला कॉलेज, भुवनेशवर में दाखिला लिया। कॉलेज का नाम प्रसिद्ध स्वतंत्रता सेनानी रमा देवी के नाम पर रखा गया था। भुवनेश्वर में ही द्रौपदी की मुलाकात अपने भावी पति श्याम चरण मुर्मू से हुई। दोनों के बीच दोस्ती और फिर प्यार पनपा। द्रौपदी को अपने सपनों का राजकुमार मिल गया था। दोनों शादी कर घर बसाना चाहते थे। हालाँकि शादी भी इतनी आसानी से नहीं हुई। द्रौपदी के पिता शुरू में इस विवाह के लिए तैयार नहीं थे। बाद में, श्याम अपने कुछ रिश्तेदारों के साथ उनके पिता को मनाने के लिए कुछ दिनों के लिए गाँव में रहने आए और तभी वहाँ से हटे जब द्रौपदी के पिता अपनी बेटी का हाथ उन्हें देने के लिए सहमत हो गए।

द्रौपदी ने 1979 में ओडिशा सरकार के सिंचाई और बिजली विभाग में कनिष्ठ सहायक के रूप में नौकरी की। उन दिनों आदिवासी समुदाय की किसी लड़की के लिए सरकारी नौकरी पाना गर्व की बात होती थी। उन्होंने शुरू से ही कई लोगों के लिए एक उदाहरण स्थापित करना शुरू कर दिया था। द्रौपदी के पति एक सरकारी बैंक में काम करते थे और दोनों का कामकाजी जीवन निर्धारित था। द्रौपदी के ससुराल वालों को ऐसा लगा कि पति-पत्नी दोनों के काम करने और घर से दूर रहने से बच्चों के पालन-पोषण पर असर पड़ सकता है। इसलिए, द्रौपदी ने अपने परिवार की देखभाल के लिए 1983 में अपनी नौकरी छोड़ने का फैसला किया। द्रौपदी आरम्भ से ही समझदार, मिलनसार और बहुत विनम्र महिला थीं ।

बाद में, जब बच्चे बड़े हो गए और द्रौपदी के पास खाली समय था, तो उन्हें एहसास हुआ कि उन्हें समाज के लिए कुछ उपयोगी काम करना चाहिए। वह निश्चित रूप से उस तरह की व्यक्ति नहीं थीं जो समाज के लिए बिना कुछ किए अपना जीवन व्यतीत कर सकें। समाज सेवा का यह विचार ही शायद उस राह की शुरुआत थी, जिसने उन्हें उस मुकाम तक पहुँचाया, जहाँ वे अब हैं। वह शिक्षा के क्षेत्र में आ गईं और 1994 में रायरंगपुर में श्री अरबिंदो इंटीग्रल एजुकेशन एंड रिसर्च सेंटर में शामिल हो गईं।

वे शिक्षण को समाज के प्रति अपनी सेवा मानती थीं और अपना मुआवज़ा नहीं लेती थीं। उन्होंने खुद को नेक काम के लिए समर्पित कर दिया। वह नहीं चाहती थीं कि अन्य लड़कियों को भी अपनी आकांक्षाओं को पूरा करने में उनकी तरह कष्ट सहना पड़े। शिक्षा के मूल्य को मुर्मू से बेहतर और कौन समझ सकता है, जिन्होंने शिक्षित होने के लिए इतना कठिन संघर्ष किया? संस्थान के जो लोग उन्हें उन दिनों से जानते हैं, उनका कहना है कि वह एक शानदार शिक्षिका थीं जो अद्भुत क्षमता के साथ कई विषयों को पढ़ा सकती थीं। शिक्षा हमेशा उनका दिल और उनकी आत्मा थी। झारखंड के राज्यपाल के रूप में अपने कार्यकाल के दौरान भी शिक्षा के प्रति उनका समर्पण स्पष्ट रूप से देखा जा सकता था।

मुर्मू का जीवन त्रासदियों की एक गाथा रहा है, लेकिन जिस तरह से इस सशक्त महिला ने अपने दुःखों का मुकाबला किया है, वह आने वाले वर्षों तक कई लोगों के लिए प्रेरणा बनी रहेगी। मुर्मू के तीन बच्चे थे - दो बेटे और एक बेटी। 2009 तक उनके जीवन में सब कुछ ठीक था, लेकिन किस्मत क्रूर हो गई और उनके पच्चीस वर्षीय बेटे लक्ष्मण की अचानक मृत्यु हो गई। मुर्मू इस घनघोर दुख से इतनी उदास थीं कि उनकी रातों की नींद हराम हो गई। एक जवान बेटे को खोना किसी भी माता-पिता को आंतरिक और बाह्य रूप से सदमे में डाल सकता है। काफी मुश्किलों के बाद जब वह किसी तरह जिंदगी में वापस लौटने लगी थीं,

तभी उन पर एक और विपत्ति आ पड़ी। तीन साल बाद, मुर्मू ने एक सड़क दुर्घटना में अपने दूसरे बेटे को भी खो दिया। यह इतना बड़ा झटका था कि इससे उबरना संभव नहीं था।

दो बेटों को खोकर क्या कोई भी माँ स्थिर रह सकती है? हालाँकि, वह तूफान का सामना करती रहीं, उनकी नियति अभी भी उन्हें कठोर झटके देना बंद करने के मूड में नहीं थी। इसके तुरंत बाद मुर्मू की माँ और भाई का भी निधन हो गया। तभी उनके पति की तबीयत बिगड़ने लगी। 2014 में उन्हें दिल का दौरा पड़ा और उनका भी स्वर्गवास हो गया। वह अब पूरी तरह से चकनाचूर हो गई थीं। मुर्मू ने अपना हमसफ़र खो दिया था, जिसके साथ वह अपनी ख़ुशी और दर्द साझा करती थीं।

मुर्मू अपने जीवन की त्रासदियों से लड़ते-लड़ते थक गई थीं; वह महज़ एक इंसान ही थीं जिनके साथ भाग्य ने बेरहमी की थी। उन्होंने पाया कि उनका जीवन नकारात्मकता से भरा हुआ है। अवसाद का दौर उनका पीछा छोड़ने को तैयार ही नहीं था। उनके शब्दों में, "मैंने अपने जीवन में सुनामी का सामना किया है।" धीरे-धीरे, मुर्मू ने अपने आप को मज़बूत किया और आगे बढ़ने का फैसला लिया। बाद में, उन्होंने अपने पति और दो बेटों (श्याम, लक्ष्मण और सिपुन) की याद में अपने पति के गाँव पहाड़पुर में एस एल एस आवासीय विद्यालय की स्थापना की।

अपने अवसाद के दिनों के दौरान, जब मुर्मू को नकारात्मकता से निपटना मुश्किल हो रहा था, तब उन्हें आध्यात्मिक संगठन ब्रह्माकुमारी में सांत्वना मिली। वह उनके साथ शामिल हो गईं और ध्यान करना शुरू कर दिया। उन्होंने दीमक की तरह उन्हें खाने वाली उस नकारात्मकता और अवसाद को दूर करने के लिए भजन-कीर्तन और योग किया। एक मजबूत इरादों वाली महिला होने के नाते, वह फिर से जीवन में आगे बढ़ने लगीं।

मुर्मू के परिवार में उनकी बेटी इतिश्री है, जो एक सरकारी बैंक में काम करती हैं। अपने जीवन में भयानक आघातों से गुज़रने के बाद भी, मुर्मू को अपनी बेटी, समाज और अपने आदिवासी समुदाय के लिए जीना पड़ा, जिसके लिए उन्होंने लगातार काम किया।

मुर्मू ने कभी राजनीति में शामिल होने के बारे में नहीं सोचा था, लेकिन यह बात उनमें हमेशा से थी। जब वह रायरंगपुर में एक शिक्षिका के रूप में काम कर रही थीं, तब समाज और वंचितों की सेवा करने के उनके दृढ़ इरादे के साथ-साथ उनकी विनम्रता ने उन्हें अपने क्षेत्र में लोकप्रिय बनाना शुरू कर दिया। एक शिक्षिका के रूप में सेवा देने के साथ-साथ वह कुछ सामाजिक संगठनों से भी जुड़ी रहीं और निस्वार्थ भाव से दूसरों के लिए काम करती रहीं। स्थानीय लोगों से उन्हें इतना प्यार और सम्मान मिलता देख कुछ लोगों ने उन्हें पार्षद का चुनाव लड़ने का सुझाव दिया। वह अपने राजनीतिक करियर और विकास को लेकर थोड़ी सशंकित थीं। एक आदिवासी और वह भी एक महिला; उनकी बात पर कौन ध्यान देगा?

यह पहला विचार था जो उसके मन में आया और वास्तव में यह मनोबल गिराने वाला था। इसके अलावा, राजनीति में शामिल होने से उनका काफी समय बर्बाद हो जाएगा, जिसका मतलब होगा अपने परिवार को कम समय देना। उन्होंने इस बारे में अपने पति से चर्चा की, जो उनके साथ मजबूती से खड़े रहे। बाद में तमाम किंतु-परंतु को दरकिनार करते हुए मुर्मू ने राजनीति में उतरने का फैसला किया। अंततः 1997 में मुर्मू के राजनीतिक जीवन की शुरुआत हुई। उन्होंने रायरंगपुर से पार्षद का चुनाव लड़ा और जीत हासिल की। एक विनम्र नेता का जन्म हुआ!

मुर्मू हमेशा एक बहुत ही समर्पित महिला थीं और उन्होंने जो भी काम किया, उसमें अपना सर्वश्रेष्ठ दिया। बहुत जल्द, मुर्मू का समर्पण और अनुकरणीय कार्य

उनकी एक सशक्त पहचान बनाने लगा। उनकी क्षमता को पहचानते हुए, उनकी पार्टी ने उन्हें भाजपा अनुसूचित जनजाति मोर्चा के राष्ट्रीय उपाध्यक्ष के पद पर पदोन्नत किया। वह रुकने को तैयार नहीं थीं और उन्होंने 2000 में रायरंगपुर से विधानसभा चुनाव जीता। उन्होंने इस निर्वाचन क्षेत्र में दो बार काम किया। उन्हें ओडिशा राज्य सरकार में वाणिज्य और परिवहन राज्य मंत्री और बाद में मत्स्य पालन और पशु संसाधन विकास राज्य मंत्री के रूप में काम करने का अवसर प्राप्त हुआ।

ओडिशा राज्य में विधायक के रूप में उल्लेखनीय कार्य के लिए द्रौपदी को सर्वश्रेष्ठ विधायिक के नीलकंठ पुरस्कार से सम्मानित किया गया है। इसमें कोई संदेह नहीं है कि पार्टी और राजनीति से परे, उन्हें सभी प्यार करते हैं। यह राजनीति में एक दुर्लभ बात है कि उनसे नफरत करने वाला कोई भी नहीं है!

2015 में द्रौपदी मुर्मू ने एक बड़ी उपलब्धि हासिल की जब उन्हें झारखंड का राज्यपाल नियुक्त किया गया। झारखंड में एक बड़ी आबादी आदिवासियों की है। अच्छे ट्रैक रिकॉर्ड और आदिवासियों और कम विशेषाधिकार प्राप्त लोगों के लिए काम करने की प्रवृत्ति वाली मुर्मू का झारखंड के लोगों ने गर्मजोशी से स्वागत किया। झारखंड में अपने कार्यकाल के दौरान उन्होंने लगातार काम किया और अपने कर्तव्यों का पालन किया। द्रौपदी के नाम कई प्रथम उपलब्धियाँ दर्ज हैं। वह झारखंड में अपना कार्यकाल पूरा करने वाली पहली राज्यपाल थीं और राज्यपाल बनने वाली पहली आदिवासी महिला भी थीं। उन्होंने राजभवन में चरखे की स्थापना की, क्योंकि वे चरखे को आत्मनिर्भरता का प्रतीक मानती थीं। उनके द्वारा उठाए गए हर कदम का उद्देश्य आम जनता को सशक्त बनाना था।

मुर्मू संथाल आदिवासी समुदाय से हैं जिनका स्वतंत्रता-पूर्व युग में ईस्ट इंडिया कंपनी को कड़ी टक्कर देने का इतिहास रहा है। एक देशभक्त महिला होने के नाते मुर्मू ने राजभवन के मूर्ति उद्यान में झारखंड के स्वतंत्रता सेनानियों

की मूर्तियां रखनी शुरू कर दीं। इन स्वतंत्रता सेनानियों में सिद्धू-कान्हू, नीलांबर-पीतांबर, तिलका मांझी, तेलंगा खड़िया, गया मुंडा, ताना भगत आदि शामिल थे। यह उनका बहुत अच्छा कदम था। हमेशा की तरह, वह आदिवासी समुदाय को आगे लाने के लिए दृढ़ संकल्पित थीं।

राज्यपाल के रूप में उनका कार्य अनुकरणीय रहा है। दिल से एक शिक्षाविद होने के नाते मुर्मू ने उच्च शिक्षा से संबंधित चिंताओं को सुनने के लिए लोक अदालतों का आयोजन किया। इन लोक अदालतों में विश्वविद्यालय के शिक्षकों, कर्मचारियों और कुलपतियों से संबंधित कई मुद्दों का समाधान किया गया। उन्होंने शिक्षा क्षेत्र से जुड़ी समस्याओं को सुलझाने के लिए प्रौद्योगिकी का बड़े पैमाने पर उपयोग किया। इससे पता चलता है कि वह प्रगतिशील थीं और बदलती दुनिया के साथ तालमेल रखती थीं। अगर इरादा सही हो तो कुछ भी मुश्किल नहीं है और ये कहावत द्रौपदी मुर्मू पर सटीक बैठती है।

लोग कहते हैं कि राज्यपाल के रूप में उन्होंने बिल्कुल निष्पक्षता से काम किया। उन्होंने अपनी पार्टी के प्रति पक्षपाती हुए बिना, सभी राजनीतिक दलों के सदस्यों के साथ बातचीत की और उनकी चिंताओं को सुना। उनका दरवाज़ा सभी के लिए खुला था।

एक उल्लेखनीय घटना हुई जिससे यह साबित हो गया कि द्रौपदी मुर्मू कभी भी रबर स्टाम्प गवर्नर नहीं थीं। मुर्मू ने 2017 में अपनी ही पार्टी की तत्कालीन रघुवर दास सरकार द्वारा पारित किये गये सी एन टी-एस पी टी संशोधन विधेयक को वापस कर दिया था। विधेयक का उद्देश्य स्वामित्व को बरकरार रखते हुए आदिवासी भूमि का व्यावसायिक उद्देश्यों के लिए उपयोग करना था। विभिन्न सामाजिक-राजनीतिक आदिवासी संगठनों और विपक्षी दलों के सदस्यों द्वारा व्यक्त की गई चिंताओं और आपत्तियों को देखने के बाद, मुर्मू ने मुद्दों पर चर्चा की और अंततः, विधेयक को पुनर्विचार के लिए सरकार को लौटा दिया। इस कार्य

ने आदिवासी समुदाय के प्रति उनकी चिंता को स्पष्ट रूप से दर्शाया और साथ ही, उन्हें एक ऐसी महिला नेता के रूप में चित्रित किया जो रिमोट से नियंत्रित नहीं थी, बल्कि एक ऐसी नेता थीं जिनकी प्राथमिकता आम जनता थी।

राज्यपाल के रूप में कार्य करते समय, उन्होंने राष्ट्रपति भवन में तत्कालीन राष्ट्रपति श्री राम नाथ कोविन्द से मुलाकात की थी, लेकिन उन्हें क्या पता था कि एक दिन, वही राष्ट्रपति भवन दुनिया के सबसे बड़े लोकतंत्र के राष्ट्रपति के रूप में उनका स्वागत करेगा। झारखंड में उनका कार्यकाल 2020 में समाप्त हो गया, लेकिन कोविड की स्थिति के कारण इसे बढ़ा दिया गया। महामारी के दौरान, जब पूरा देश कोरोना वायरस के आतंक से जूझ रहा था, तब द्रौपदी मुर्मू ने अपने कर्तव्यों को पूरा करने के लिए लगातार काम किया। उदारता और सहानुभूति से भरी एक विनम्र महिला होने के नाते, अपनी क्षमता अनुरूप जो कुछ भी हो सकता था, उन्होंने किया। झारखंड के राज्यपाल के रूप में उनका व्यक्तित्व वास्तव में चमकदार और प्रशंसनीय था। जब झारखंड के राज्यपाल के रूप में उनका कार्यकाल अंततः समाप्त हुआ, तब झारखंड के मुख्यमंत्री, हेमंत सोरेन ने, जो एक अलग पार्टी से हैं, द्रौपदी की बहुत प्रशंसा की। यह वह सम्मान था जो द्रौपदी ने उन सभी वर्षों में अर्जित किया था।

जब द्रौपदी ने झारखंड के राज्यपाल के रूप में अपने कार्यकाल के दौरान सी एन टी-एस टी पी बिल लौटाया था, तब कई लोगों ने कहा था कि उनका राजनीतिक करियर समाप्त हो गया है। आख़िर कौन अपनी ही पार्टी के फैसलों के खिलाफ जाता है? उन्होंने जो ऐसा करने का साहस किया था, तो क्या यह उनके राजनीतिक करियर का अंत था? नहीं, बिल्कुल नहीं। कुछ बड़ा, अप्रत्याशित और सुखद उसका इंतज़ार कर रहा था। भले ही उन्होंने एक खास विषय पर सख्त रुख अपनाया था, लेकिन वह काफी हद तक अपनी पार्टी के फैसलों पर कायम रहीं। राजनीति की दुनिया में, जहाँ वफादारी बदलना असामान्य बात नहीं है, मुर्मू

तटस्थ महिला थीं। उन्हें भारतीय जनता पार्टी द्वारा राष्ट्रपति पद का उम्मीदवार घोषित किया गया।

यह अकारण नहीं था कि सत्तारूढ़ दल ने उन्हें अपने राष्ट्रपति पद के उम्मीदवार के रूप में चयनित किया था। यह उनकी आभा, विनम्रता और अथक एवं निस्वार्थ परिश्रम का ही परिणाम था कि उन्हें विभिन्न विपक्षी दलों के नेताओं का भी समर्थन मिला। बहुजन समाज पार्टी, बीजू जनता दल, झारखंड मुक्ति मोर्चा आदि ने राष्ट्रपति चुनाव में द्रौपदी मुर्मू को समर्थन देने की घोषणा की। मुर्मू पहले ही वाणिज्य, परिवहन, पशुपालन और मत्स्य पालन जैसे विविध विभाग संभाल चुकी थीं। अब तक उन्हें जो भी जिम्मेदारियां दी गईं, उन्होंने बखूबी निभाई। ऐसा कोई कारण नहीं था कि लोग उनका आदर और उनकी सराहना न करें। इसके अलावा, वह आदिवासी समुदाय के उत्थान के लिए हमेशा मुखर रही थीं, जो भारत की कुल आबादी का 8.6% है और कई राज्यों में बड़ी आबादी है।

हमेशा साधारण साड़ी पहनने वाली, सादा भोजन पसंद करने वाली और कम विशेषाधिकार प्राप्त लोगों की सेवा करने के साथ-साथ उनके हित के लिए खड़े होने को हमेशा उत्सुक रहने वाली द्रौपदी मुर्मू ने 25 जुलाई, 2022 को भारत की पहली नागरिक बनकर इतिहास रचा। नए राष्ट्रपति के लिए बधाई संदेश आने शुरू हो गए और पूरा देश इस मृदुभाषी, विनम्र महिला की प्रशंसा कर रहा था जिन्होंने इस पद तक पहुंचने के लिए बहुत संघर्ष किया था। प्रधानमंत्री नरेंद्र मोदी के शब्दों में, "पूरे देश ने श्रीमती द्रौपदी मुर्मू को गर्व के साथ देखा जब उन्होंने भारत के राष्ट्रपति पद की शपथ ली। उनका राष्ट्रपति पद ग्रहण करना भारत के लिए एक ऐतिहासिक क्षण है, विशेषकर गरीबों, उपेक्षितों और वंचितों के लिए।"

राष्ट्रपति के तौर पर उन पर कई ज़िम्मेदारियाँ हैं, लेकिन उनका जीवन बहुत अनुशासित है। जो लोग उन्हें जानते हैं उनका कहना है कि वह सुबह जल्दी उठती हैं, टहलने जाती हैं और योग करती हैं। भगवान शिव की प्रबल भक्त होने के

नाते, वह उनकी पूजा करती हैं और उनका ध्यान करती हैं। शाकाहारी मुर्मू को पारंपरिक उड़िया व्यंजन "पखला" बहुत पसंद है। वह हमेशा ज़मीन और अपनी जड़ों से जुड़ी और सुसंस्कृत रही हैं। यही एक कारण है कि उन्होंने सभी से सम्मान हासिल किया है।

कई वंचित लड़कियाँ जो द्रौपदी को एक प्रेरणा के रूप में देखती हैं, अब सोचती हैं कि वे भी बड़े सपने देख सकती हैं और अपनी दृढ़ इच्छाशक्ति और दृढ़ संकल्प से बड़ी ऊंचाइयां हासिल कर सकती हैं। एक पार्षद से लेकर विधायक, मंत्री, राज्यपाल और फिर राष्ट्रपति, भारत के सशस्त्र बलों की सर्वोच्च कमांडर, द्रौपदी मुर्मू का जीवन वास्तव में आशा, कठोर संकल्प, दृढ़ता और सभी बाधाओं के बावजूद सफलता हासिल करने की कहानी है।

2

नीरा आर्य

- *आज़ाद हिंद फ़ौज (इंडियन नेशनल आर्मी) में महिला जासूस, नेताजी सुभाष चंद्र बोस की करीबी सहयोगी और एक महान स्वतंत्रता सेनानी।*
- *इनका जन्म 5 मार्च 1902, बागपत (उत्तर प्रदेश) में हुआ था, और 26 जुलाई 1998 को इनकी मृत्यु हो गई थी। यह एक स्वतंत्रता संग्राम सेनानी, रानी झाँसी रेजीमेंट की सिपाही, और आज़ाद हिन्द फ़ौज का अटूट हिस्सा थीं। इनका विवाह श्रीकांत जयरंजन दास से हुआ था। नेताजी सुभाष चंद्र बोस इनके देश के प्रति प्रेम और कुछ भी कर गुज़रने के जोश के कारण इन्हे नागिन उपनाम से बुलाते थे।*

आज, हम एक स्वतंत्र और जीवंत भारत में रहते हैं और गर्व से उन स्वतंत्रता सेनानियों को याद करते हैं, जिन्होंने इस बहुप्रतीक्षित स्वतंत्रता हासिल करने के लिए सभी परीक्षणों और कष्टों को झेला। जबकि महात्मा गांधी ने अहिंसा के अपने सिद्धांत का पालन किया और स्वतंत्रता आंदोलन में अपने तरीके से योगदान दिया, ऐसे कई क्रांतिकारी भी थे जिन्होंने हमारी मातृभूमि को ब्रिटिश शासन के चंगुल से मुक्त कराने के लिए अपना खून बहाया। दुर्भाग्य से, हमारे स्वतंत्रता आंदोलन के कुछ चमकते सितारे गुमनामी में खो गए और उन्हें हमारी पाठ्यपुस्तकों में उचित मान या स्थान नहीं मिला। ऐसा ही एक नाम है नीरा आर्य, जो इंडियन नैशनल आर्मी (INA) की शेरनी और नेताजी सुभाष चंद्र बोस की करीबी सहयोगी थीं।

एक देशभक्त और अपनी मातृभूमि के लिए पूरी तरह समर्पित, नीरा आर्य को आई एन ए की पहली महिला जासूस के रूप में जाना जाता है। वह आई एन ए में "झांसी की रानी रेजिमेंट" की एक सिपाही थीं। राष्ट्र के प्रति उनका प्रेम बचपन से ही उनकी छोटी-छोटी हरकतों से झलकने लगा था। आई एन ए की इस बहादुर योद्धा ने ब्रिटिश अधिकारियों को चुनौती दी, अपने शरीर पर असहनीय दर्द सहा लेकिन उनके दबाव के आगे झुकने से इनकार कर दिया।

नीरा का जन्म 5 मार्च 1902 को उत्तर प्रदेश के बाग़पत जिले के खेड़ा गाँव में हुआ था। नीरा जब बच्ची ही थी तब उनके माता-पिता का महामारी के दौरान निधन हो गया। नीरा और उनका छोटा भाई बसंत अनाथ हो गए । जल्द ही उनका घर भी एक चालाक साहूकार ने हड़प लिया। यह नीरा के लिए परीक्षा का समय था - कैसे आजीविका अर्जित की जाए और अपना जीवन कैसे चलाया जाए। तभी उन्होंने दोनों के खर्चों को पूरा करने के लिए एक मंदिर के सामने फूल बेचना शुरू किया।

नीरा की किस्मत ने उस पर मुस्कुराने का फैसला किया। नीरा अपने छोटे भाई के साथ फूल बेच रही थीं, तभी कोलकाता के एक अमीर और प्रसिद्ध व्यापारी सेठ छज्जूमल की नजर बच्चों पर पड़ी। वह गांव में आर्य समाज द्वारा आयोजित एक कार्यक्रम में शामिल होने आये थे। जब उन्हें पता चला कि नीरा अनाथ है तो उन्होंने उसे आशीर्वाद देने के लिए उसके सिर पर हाथ रखा। उन्होंने बच्चों के बारे में जानकारी ली और उन्हें औपचारिक रूप से गोद लेने की घोषणा की।

नीरा और उनका भाई सेठ छज्जूमल के साथ कोलकाता आ गये। कोलकाता आने पर नीरा का औपचारिक शिक्षा के लिए नामांकन कराया गया। सेठ का व्यवसाय कोलकाता और उसके आसपास फैला हुआ था और वह विभिन्न स्थानों की यात्रा करते थे। कभी-कभी, नीरा भी अपने गॉडफादर के साथ यात्राओं पर जाती थीं, जिससे उन्हें स्थानों और लोगों का अनुभव करने का मौका मिलता था।

आई एन ए में शामिल होने से बहुत पहले, वह सुभाष चंद्र बोस से मिली थीं और उनके बीच एक मज़बूत रिश्ता बन गया था। बोस से उनकी पहली मुलाकात आकस्मिक, लेकिन बहुत दिलचस्प थी। नीरा नदी में तैरने की कोशिश कर रही थीं, लेकिन तेज़ लहरों के कारण उनका संतुलन बिगड़ गया। वह लहरों में बह रही थीं, तभी एक आदमी रक्षक की तरह आया और पानी में गोता लगाने लगा। उसने नीरा को डूबने से बचा लिया।

नीरा उस आदमी की आभारी थीं। उन्होंने कहा, “बहुत बहुत धन्यवाद भाई। मैं हमेशा आपकी आभारी रहूंगी और एक दिन, मेरी जान बचाने के लिए आपका अहसान जरूर चुकाऊंगी।”

ये शब्द कहते समय, नीरा ने शायद ही सोचा था कि यह बात सच होगी और किसी दिन, वह बोस की जीवन रक्षक बन जाएगी।

उस आदमी ने उत्तर दिया, “अब जब तुमने मुझे भाई कहा है, तो मुझे राखी बांधो। आज वैसे भी रक्षाबंधन है।”

हालाँकि उस समय नीरा के पास राखी नहीं थी, फिर भी उसने अपने बालों की कुछ लटें तोड़ लीं और उन्हें सुभाष की कलाई पर बांध दिया। “भाई, कृपया इसे वह पवित्र धागा समझें जो एक भाई और उसकी बहन के बीच के बंधन को परिभाषित करता है।” यह नीरा और नेता जी के बीच मज़बूत रिश्ते की शुरुआत थी।

फिर, सुभाष चंद्र बोस ने अपना परिचय दिया। नीरा के सामने महानायक सुभाष चंद्र बोस थे! हालाँकि, उस समय नीरा ने यह नहीं सोचा था कि वह आई एन ए में शामिल हो जाएंगी और एक दिलेर शेरनी की तरह स्वतंत्रता संग्राम में कूद पड़ेंगी।

सेठ छज्जूमल एक देशभक्त व्यक्ति थे और अपने घर में क्रांतिकारियों के साथ-साथ स्वतंत्रता सेनानियों का भी स्वागत करते थे। इसलिए, नीरा अपने

बचपन के दौरान राष्ट्रवाद और देशभक्ति से अवगत हुईं। जैसे-जैसे वह अधिक से अधिक क्रांतिकारियों से मिलती रहीं और उनसे बातचीत की, राष्ट्रवाद का उत्साह हर गुज़रते दिन के साथ और गहरा होता गया। वह उनके साथ बातचीत में उत्सुकता से शामिल होतीं और स्वतंत्रता आंदोलन के बारे में उनके विचार जानने को उत्सुक रहतीं। उन्होंने क्रांतिकारियों की आँखों में भारत को विदेशियों से मुक्त न करा पाने की हताशा देखी। उन्होंने उनका दर्द महसूस किया और मातृभूमि के बारे में सोचकर उनका दिल रो पड़ा। इस तरह वह स्वतंत्रता आंदोलन की ओर आकर्षित हुईं।

नीरा खुद को काफी भाग्यशाली मानती थीं कि उनकी अपने घर पर ही महान क्रांतिकारी भगत सिंह से मुलाकात हुई। भगत सिंह ने उस समय अंग्रेज़ों की रातों की नींद हराम कर दी थी और उन भारतीयों के बीच एक सम्मानित नाम थे, जो आज़ादी की तीव्र इच्छा रखते थे। ब्रिटिश सरकार से बचने के लिए वे कुछ दिनों तक सेठ छज्जूमल के घर पर रहे। नीरा ने गौर से उन्हें अपनी रिवाल्वर लोड करते हुए देखा। वे खूफिया कर्मियों से बचने के लिए तैयार हो रहे थे। इन सभी घटनाओं का नीरा के युवा मन पर गहरा प्रभाव पड़ा। उन्होंने भगत सिंह में एक आग देखी थी जब उन्होंने यह कहा था - "मैं इन पुलिस वालों को दिखाऊंगा कि एक क्रांतिकारी कैसे लड़ता है!"

स्वतंत्रता प्राप्ति के लिए गांधीवादी विचारों की तुलना में नीरा के विचार सुभाष चंद्र बोस और भगत सिंह जैसे क्रांतिकारियों से अधिक मेल खाते थे। शायद वह आज़ादी के महाकुंभ में कूदने के अवसर की प्रतीक्षा कर रही थीं। अपने जीवन के उत्तरार्ध में नीरा ने अपनी आत्मकथा (**मेरा जीवन संघर्ष**) में लिखा है, "गांधी जी ने कहा था, 'अगर कोई तुम्हारे एक गाल पर थप्पड़ मारे तो अपना दूसरा गाल भी आगे कर दो।' लेकिन अंग्रेज़ लगातार भारतीयों के गालों पर ज़ोर-ज़ोर से थप्पड़ मार रहे थे, जिससे उनका गाल सूज गया था। यही कारण

था कि गांधी जी ने भी अंततः 'करो या मरो' का आह्वान किया था।" आई एन ए द्वारा किए गए प्रयासों का ज़िक्र करते हुए वह आगे लिखती हैं, "अगर नेहरू जी और गांधी जी ने हमारा समर्थन किया होता तो भारत को बहुत पहले ही आजादी मिल गई होती।"

सेठ छज्जूमल नीरा के लिए वर ढूंढने लगे। जल्द ही, उन्हें एक उपयुक्त लड़का मिल गया। नीरा की शादी 25 दिसंबर, 1928 को हुई। एक भव्य समारोह में शहर के जाने-माने लोगों के बीच सेठ छज्जूमल ने अपनी बेटी की शादी ब्रिटिश सेना के खूफिया विभाग के एक अधिकारी श्रीकांत जयरंजन दास से कर दी। शादी के समय नीरा और उनके पिता उन्हें ब्रिटिश सरकार के लिए काम करने वाले एक अधिकारी के रूप में जानते थे, लेकिन उन्हें यह नहीं पता था कि वह अंग्रेज़ों के चमचे थे और भारतीय स्वतंत्रता सेनानियों के खिलाफ काम करते थे।

हर लड़की जब शादी के बंधन में बंधती है तो उसके कुछ सपने और आकांक्षाएं होती हैं और नीरा को भी अपने जीवन साथी को लेकर थीं, लेकिन उन्हें क्या पता था कि यह शादी उनके लिए एक भयानक कहानी बनने जा रही है!

नीरा और उनके पति की विचारधाराएँ बिल्कुल अलग थीं। वह एक राष्ट्रवादी और देशभक्त थीं, जबकि उनके पति ब्रिटिश सरकार के प्रिय थे और अंग्रेज़ों के खिलाफ जाने वाले अपने देशवासियों को भी गिरफ्तार कर सकते थे या मार सकते थे। ब्रिटिश शासन से पैसे और प्रशंसा की खातिर वह क्रांतिकारियों के खिलाफ जानकारी इकट्ठा करते थे और अब, वह सुभाष चंद्र बोस को पकड़ने के मिशन पर थे। श्रीकांत को पता चला कि नीरा सुभाष चंद्र बोस की प्रशंसक है।

नीरा ने उन्हें रोकना चाहा तो उन्होंने कहा, "डार्लिंग, क्या मैं जान सकता हूँ कि तुम उस गद्दार का इतना पक्ष क्यों लेती हो? वह ब्रिटिश शासन के विरुद्ध कार्य कर रहे हैं।"

बोस के लिए 'गद्दार' शब्द सुनकर नीरा को बहुत बुरा लगा। "वह गद्दार

नहीं है, बल्कि आप हैं!" नीरा ने आगे कहा, "वह मेरा भाई है जिसने एक बार मेरी जान बचाई थी।"

"क्या तुम्हें यह भी मालूम है कि सुभाष साम्यवादी मानसिकता के हैं और तुम आर्य समाज को मानने वाली? तुम उनसे सहानुभूति क्यों रख रही हो?"

"वह भी मेरी तरह आर्य समाजी और महान देशभक्त हैं। मैं आपको ब्रिटिश सरकार के लिए काम करना बंद करने का सुझाव देती हूँ। सुभाष जी हमारे देश को आज़ादी दिलाने के लिए कड़ी मेहनत कर रहे हैं और आपने उन्हें पकड़ने के गलत इरादे पाले हुए हैं!" नीरा ने गंभीरता से कहा.

"यह सब बकवास बंद करो। अगर मैं उस बदमाश को पकड़ लूंगा तो ब्रिटिश सरकार मुझे अच्छा इनाम देगी," श्रीकांत ने उत्तर दिया।

"फिर, उस स्थिति में, आपको या तो मुझे चुनना होगा या अंग्रेज़ों का पालतू बनना," नीरा अपने रुख पर दृढ़ थी।

"क्या तुम मुझे धमकी दे रही हो? ऐसा करने का साहस मत करो। तुम नहीं तो मैं दूसरी पत्नी ला सकता हूँ। लेकिन मैं सुभाष को जरूर पकड़ लूंगा और जरूरत पड़ी तो मार डालूंगा।"

हालाँकि श्रीकांत ने नीरा की बातों को गंभीरता से नहीं लिया, लेकिन वह बेहद गंभीर थी। वह अपने पति को छोड़कर दिल्ली में आचार्य चतुरसेन के पास आ गई। वह अपने माता-पिता के घर वापस नहीं जा सकती थीं क्योंकि वह जानती थीं कि श्रीकांत के माता-पिता उन्हे ले जाने के लिए उनके पास आएंगे और वह ऐसे व्यक्ति के साथ नहीं रहना चाहती थीं जो अपनी मातृभूमि के प्रति गद्दार हो। उन दिनों एक विवाहित महिला द्वारा अपने पति का घर छोड़ने का निर्णय लेना, समकालीन सामाजिक मानदंडों के अनुसार, एक बहुत ही क्रांतिकारी कदम था, लेकिन नीरा के लिए, देश से अधिक महत्वपूर्ण कुछ भी नहीं था। नीरा ने ट्यूशन कक्षाएं शुरू की और अपनी आजीविका कमाने लगीं।

हर गुज़रते दिन के साथ आज़ादी की लड़ाई तेज होती जा रही थी। क्रांतिकारियों ने पूरे देश में देशभक्ति की लहर ला दी थी। नेताजी और उनकी आज़ाद हिंद फौज ब्रिटिश अधिकारियों के लिए लगातार सिरदर्द बनी हुई थी। एक कट्टर राष्ट्रवादी, नीरा आर्य, चुप कैसे बैठ सकती थीं? अंग्रेजों के खिलाफ लड़ाई में कूदने के लिए उनका दिल मचल रहा था। उनका खून खौल रहा था। नीरा को पता चला कि नेताजी ने आई एन ए की रानी झाँसी रेजिमेंट का गठन किया है। वह तुरंत नेता जी से मिलीं और इसका हिस्सा बन गईं। उनके भाई बसंत भी आजाद हिन्द फौज का हिस्सा बने।

नीरा ने नेताजी के साथ मिलकर काम किया। कठोर प्रशिक्षण से गुजरने के बाद नीरा को ब्रिटिश अधिकारियों की जासूसी करने का काम सौंपा गया। चाणक्य नीति की शिक्षाओं के आधार पर, आज़ाद हिन्द फौज ने अंग्रेजों के खिलाफ लड़ने के लिए जासूसों का एक मजबूत नेटवर्क बनाया था। नीरा, दुर्गा और सरस्वती राजमणि जैसे कुछ अन्य दोस्तों के साथ, ब्रिटिश अधिकारियों के घरों और सैन्य शिविरों में काम करने लगीं। उन्होंने आज़ाद हिन्द फौज के लिए जानकारी और यहाँ तक कि दस्तावेज़ भी इकट्ठा किए। सभी को स्पष्ट निर्देश दिया गया था कि पकड़े जाने की सबसे बुरी स्थिति में खुद को गोली मार लेनी है या ज़हर खा लेना है।

दुर्भाग्य से, एक ऐसी स्थिति आई जब दुर्गा पकड़ी गई और वह खुद को नहीं मार सकी। उस गंभीर स्थिति में नीरा ने अपनी सहेली राजमणि के साथ मिलकर दुर्गा को अंग्रेज़ों से मुक्त कराने की ज़िम्मेदारी ली। नीरा एक योद्धा थीं और अपनी जान खतरे में डालने से कभी नहीं डरती थी। उनके जीवन का एक ही ध्येय था - अंग्रेज़ों को भारत से भगाओ! वह और राजमणि, ट्रांसजेंडर के वेश में उस जेल में पहुँचे जहाँ दुर्गा को हिरासत में रखा गया था। लड़कियों ने बड़ी ही चतुराई से सुरक्षाकर्मियों को नशीला पदार्थ पिलाया और दुर्गा को जेल से बाहर ले गईं। दुर्गा

को बचाने की इस पूरी प्रक्रिया में राजमणि के पैर में एक अधिकारी ने गोली मार दी। नीरा ने धैर्य बनाए रखा और किसी तरह सभी लड़कियाँ एक पेड़ पर चढ़कर पकड़े जाने से बच गईं। वे लगभग तीन दिनों तक पेड़ पर रहीं और बाद में सुरक्षित रूप से आई एन ए बेस पर पहुँच गईं।

नीरा ने आई एन ए द्वारा सौंपे गए हर कार्य में अपनी योग्यता साबित की। उसकी बुद्धिमत्ता, समर्पण और बहादुरी के कारण ही नेताजी ने उसे अपनी निजी सुरक्षा का हिस्सा बनाया था। उन्होंने उन्हें 'प्रथम महिला जासूस' कहा, वह जासूस जो नेताजी के नारे, "तुम मुझे खून दो और मैं तुम्हें आज़ादी दूंगा" से प्रभावित थी। वह भी अपनी मातृभूमि को स्वतंत्र कराने के लिए अपने खून की एक-एक बूंद बहाने को तैयार थी।

एक दिन, नेताजी अपने शिविर में आराम कर रहे थे और नीरा उनकी निजी सुरक्षा का हिस्सा बनकर चारों ओर नज़र रख रही थीं। उन्हें लगा कि वहाँ कोई है और तभी अचानक एक आदमी उनके सामने कूद पड़ा। ये उनका पति श्रीकांत था। उसने जासूसी की थी और छिपकर इस गुप्त स्थान पर पहुँच गया था। उसका इरादा नेताजी को मारने का था।

नीरा ने उस का बुरा इरादा जान कर उसे रोका, "श्रीकांत, ऐसा करने की हिम्मत मत करना, वरना..."

"क्या करोगी तुम? मुझे मार डालोगी? नहीं, तुम ऐसा नहीं कर सकती, डार्लिंग। एक भारतीय महिला होने के नाते तुम अपने पति की हत्या नहीं कर सकती। इसलिए मुझे अपना काम करने दो वरना मैं अपनी नौकरी खो दूंगा।"

"गुलामी की नौकरी छोड़ दो, आई एन ए में शामिल हो जाओ," नीरा ने श्रीकांत को समझाने की कोशिश की।

"तो क्या मुझे ब्रिटिश शासन के खिलाफ काम करना चाहिए और फिर काला पानी की सज़ा के लिए तैयार रहना चाहिए?" श्रीकांत के चेहरे पर क्रूर मुस्कान थी।

"काला पानी किसी तीर्थ से कम नहीं!" नीरा ने उत्तर दिया।

"अपनी बकवास बंद करो!" श्रीकांत ने शिविर की ओर बढ़ने का प्रयत्न किया। लेकिन श्रीकांत ने नीरा को स्पष्ट रूप से कम आंका था।

जब वह नहीं रुका तो नीरा ने चाकू मार कर उसकी हत्या कर दी।

"हे भगवान! कृपया मेरे पति की हत्या के लिए मुझे क्षमा करें। मैं अपने देश के लिए कुछ भी कर सकती हूँ!" नीरा ने प्रार्थना की। उस खींचतान में श्रीकांत ने गोली चला दी थी, जिससे नेताजी को तो कोई नुकसान नहीं हुआ लेकिन उनके ड्राइवर की मौत हो गई। दूसरी गोली से नीरा का कान बुरी तरह जख्मी हो गया। खून बहने लगा और नीरा "जय हिन्द" कहती हुई गिर पड़ीं। उन्होंने मान लिया था कि यह उनके जीवन का अंत है, लेकिन भगवान की कृपा से उन्हें नेताजी द्वारा एक अस्थायी अस्पताल में ले जाया गया और बचा लिया गया।

नीरा ने नेताजी की जान बचाने के लिए अपने ही पति की हत्या कर दी थी। इस घटना से यह स्पष्ट हो गया कि वह कितनी दृढ़निश्चय और निडर थीं। कोई भी और कुछ भी उनके दृढ़ संकल्प को हिला नहीं सकता था। इस घटना के बाद, नेताजी ने नीरा को एक नाम दिया, 'नागिन', जो अपने प्रतिद्वंद्वी को किसी भी तरह से नष्ट कर सकती थी।

नीरा को अपने पति की हत्या और नेताजी की सहायता करने के आरोप में गिरफ्तार कर लिया गया। वह कोलकाता की जेल में बंद थीं। उनके हाथ-पैर लोहे की मोटी ज़ंजीरों से बंधे हुए थे। नीरा को लगातार हर संभव तरीके से प्रताड़ित किया जाता था। बाद में सज़ा के तौर पर उन्हें सेल्यूलर जेल में स्थानांतरित कर दिया गया, जो किसी भी कैदी के लिए सबसे बुरा सपना माना जाता था। नीरा को एक अँधेरी कोठरी में रखा गया और उस पर बार-बार अत्याचार किया गया। लेकिन इस सब के बावजूद, उन्होंने अपने राष्ट्र के प्रति अपनी प्रतिबद्धता से कभी समझौता नहीं किया।

जेल में रहने के दौरान नीरा को जिन भयानक यातनाओं से गुज़रना पड़ा, उसे सुनकर किसी की भी आँखों में आंसू आ जाएंगे। एक दिन, एक लोहार लोहे की बेड़ियाँ हटाने के लिए उनके पास आया और उनकी ओर ऐसे देखा, जैसे वह उन पर कोई दया कर रहा हो। लोहे की ज़ंजीर काटते समय उसने उनके हाथ से कुछ मांस काट लिया। नीरा दर्द से चिल्ला उठीं। तभी उस आदमी ने उनके पैरों में बंधी चेन पर हथौड़े से वार किया और ऐसा करते हुए उसने हथौड़े को नीरा के पैरों पर मार दिया।

जब उसने कई बार ऐसा किया तो नीरा ने उससे कहा, "क्या तुम्हें दिखाई नहीं दे रहा कि तुम मुझे चोट पहुँचा रहे हो?"

लोहार ने कुटिलता से उत्तर दिया, "मैं तुम्हारे हृदय पर भी प्रहार कर सकता हूँ और तुम कुछ नहीं कर पाओगी।"

नीरा ने उस पर थूक दिया और उनकी आँखों में जैसे कठोर अग्नि प्रज्वलित हो उठी। वह बोलीं, "महिलाओं का आदर करना सीखो।"

वहाँ खड़ा जेलर नीरा को दर्द में ऐसे देख रहा था, जैसे कोई धारावाहिक चल रहा हो। उसने कहा, "हमें सुभाष चंद्र का ठिकाना बताओ और हम तुम्हें जाने देंगे।"

नीरा ने कठोर स्वर में कहा, "हर कोई जानता है कि उनकी मृत्यु विमान दुर्घटना में हुई थी।"

"बकवास! मैं जानता हूँ कि वह अभी भी जीवित है।" जेलर ने नीरा का जवाब मानने से इनकार कर दिया। उसने उससे फिर सख्ती से पूछा, "बताओ वह कहाँ है?"

नीरा ने दो टूक जवाब दिया, "मेरे हृदय में।"

उसका यह दुस्साहसपूर्ण उत्तर सुनकर जेलर गुस्से से आग बबूला हो गया। उसने गुस्से से कहा, "ठीक है, फिर मैं तुम्हारा हृदय निकाल लूँगा।"

जेलर ने उन्हें अनुचित तरीके से छुआ और अपने कर्मचारियों को उनके स्तन काटने का आदेश दिया। स्टाफ ने एक रिपर लिया और उनके स्तन को काटने की कोशिश की। सौभाग्य से, उपकरण में पर्याप्त तेज नहीं था और वह उनके स्तन को नहीं काट सका, लेकिन नीरा को भयानक दर्द हुआ।

नीरा को दर्द में देख कर जेलर खुश हो रहा था।

उसने रूखेपन से कहा, "अगर तुम अपनी ज़िद पर अड़ी रही तो मैं तुम्हारे शरीर से दोनों स्तनों को काट डालूँगा।"

यह पूरा घटनाक्रम भयानक था लेकिन बहादुर नीरा सभी बाधाओं का सामना करती हुई बच गईं। जब भारत ब्रिटिश शासन से मुक्त हो गया तो उन्हें रिहा कर दिया गया। उन्हें उम्मीद थी कि लोग उन्हें उनके गृहनगर में पहचान लेंगे, लेकिन दुख की बात है कि ऐसा नहीं हुआ। निराश होकर नीरा हैदराबाद चली गईं और फूल बेचकर अपनी आजीविका कमाने लगीं।

यह बहुत दुखद बात है कि हमारे स्वतंत्रता संग्राम की ऐसी वीरांगना को आज़ादी के बाद भी अपने जीवन में इतने बुरे दौर से गुजरना पड़ा। उन्हें पुरस्कृत किया जाना चाहिए था, उचित सम्मान दिया जाना चाहिए था और भारत के युवाओं को प्रेरित करने के लिए उनकी जीवन यात्रा को पाठ्यपुस्तकों में शामिल किया जाना चाहिए था। लेकिन दुख की बात है कि न तो मीडिया और न ही सरकार ने भारत की इस महान देशभक्त और गुमनाम वीरांगना को उचित मान्यता देने की परवाह की।

उनकी जिंदगी के आखिरी पड़ाव के बारे में जानकर किसी की भी आँखों में आँसू आ सकते हैं। हैदराबाद में जिस घर में वह रह रही थीं, उसे यह कहकर तोड़ दिया गया कि वह अनाधिकृत ज़मीन पर बना था। क्या सरकार को उन्हें उचित स्थान पर स्थानांतरित नहीं करना चाहिए था? क्या इस साहसी स्वतंत्रता सेनानी को रहने के लिए कम से कम ज़मीन का एक टुकड़ा भी नहीं मिलना चाहिए था?

ये ऐसे प्रश्न हैं जो अनुत्तरित हैं और वास्तव में परेशान करने वाले हैं।

नीरा आर्य का बीमारी के बाद 26 जुलाई 1998 को स्वर्गवास हो गया। यह एक युग का अंत था; आज़ाद हिंद फौज की एक साहसी महिला जासूस का युग। दुर्भाग्य से, उनकी प्रेरणादायक कहानी को उनकी मृत्यु के बाद भी उतनी सुर्खियाँ नहीं मिलीं, जितनी मिलनी चाहिए थीं।

हम बचपन से एक गाना सुनते आए हैं, "दे दी हमें आज़ादी बिना खड़क, बिना ढाल…", लेकिन हमारी 'आज़ादी' केवल अहिंसा के सिद्धांतों से नहीं आई, बल्कि नीरा आर्य जैसे लोगों के कारण भी आई, जिन्होंने इतना दर्द सहा, खून देखा और चुपचाप अपना पूरा जीवन भारत के लिए बलिदान कर दिया।

3

बछेंद्री पाल

- *माउंट एवरेस्ट की चोटी पर चढ़ने वाली पहली भारतीय महिला।*
- *इस महान पर्वतारोही का जन्म 24 मई 1954, नाकुरी (उत्तराखंड) में हुआ। इन्होंने अपनी शिक्षा डीएवी (पीजी) कॉलेज, देहरादून; नेहरू इंस्टिट्यूट ऑफ़ माउंटेनियरिंग, उत्तरकाशी से पूरी की। इन्हें पद्म भूषण, पद्म श्री, अर्जुन पुरस्कार, इत्यादि से नवाज़ा गया है।*

23 मई, 1984 को सर एडमंड हिलेरी और तेनजिंग नोर्गे द्वारा दुनिया की सबसे ऊँची चोटी माउंट एवरेस्ट पर चढ़ने के लगभग इकतीस साल बाद, बछेंद्री पाल ने माउंट एवरेस्ट के शिखर पर पहुँचने वाली पहली भारतीय महिला बनकर इतिहास रचा।

"मेरा हृदय स्थिर हो गया। मुझे एहसास हुआ कि सफलता मेरी पहुँच में है। 23 मई, 1984 को दोपहर 1.07 बजे, मैं एवरेस्ट की चोटी पर खड़ी थी और ऐसा करने वाली मैं पहली भारतीय महिला थी। गर्व के उन अद्भुत क्षणों को याद करते हुए बछेंद्री पाल ने अपनी आत्मकथा 'एवरेस्ट: शीर्ष तक मेरी यात्रा' में यह लिखा है।

बधाईयों का तांता लग गया। यहाँ तक कि तत्कालीन प्रधानमंत्री श्रीमती इंदिरा गांधी ने भी बधाई दी। इंदिरा गांधी ने बछेंद्री से मुलाकात की और उनकी

अद्भुत उपलब्धि के लिए उनकी सराहना की। इंदिरा गांधी की इच्छा थी कि भारतीय महिलाएँ माउंट एवरेस्ट फतह करें और बछेंद्री ने वह कर दिखाया, जिससे भारत गौरवान्वित हुआ।

बछेंद्री के पर्वतारोहण के फैसले को उनके परिवार और रिश्तेदारों ने नहीं सराहा। उनके माता-पिता को उम्मीद थी कि वह अपनी शिक्षा के आधार पर नौकरी करेंगी और कमाएंगी। शिक्षा के बाद नौकरी पाना आमतौर पर मध्यम वर्गीय परिवार में पसंद किया जाता है। लेकिन बछेंद्री ने अपने दिल की सुनी और पर्वतारोहण को चुना जो निश्चित रूप से एक साहसिक, जोखिम भरा और दुर्लभ पेशा था।

सत्तर साल की होने पर भी बछेंद्री रुकी नहीं हैं। वह ट्रैकिंग और पर्वतारोहण के साथ-साथ कई अन्य सामाजिक मुद्दों को बढ़ावा देने में बहुत सक्रिय हैं। वह कॉर्पोरेट अधिकारियों को भी ट्रेकिंग का प्रशिक्षण दे रही हैं, उन्हें उनके व्यक्तित्व के कठिन पक्ष का अहसास दिला रही हैं और एक तरह से भविष्य के कॉर्पोरेट लीडर्स को तैयार कर रही हैं। वह टाटा स्टील एडवेंचर फाउंडेशन (टी एस ए एफ) द्वारा आयोजित ट्रेक का नेतृत्व करती आई हैं। कोविड की उदासीनता को मात देने के लिए, टी एस ए एफ ने लद्दाख में कांग यात्से II और डेज़ी जोगी और शाम वैली में अभियानों का आयोजन किया और टी ए एस एफ की मार्गदर्शक बछेंद्री पाल अभियानों का नेतृत्व करने के लिए आगे आईं। अपने कार्यों से महिलाओं को प्रेरित और सशक्त बनाकर, बछेंद्री ने स्पष्ट रूप से साबित कर दिया कि उम्र सिर्फ एक संख्या है।

बछेंद्री का जन्म 24 मई, 1954 को उत्तराखंड के नाकुरी गांव में एक गरीब परिवार में हुआ था। हिमालय की तलहटी में रहते हुए, वह बड़े बैकपैक के साथ ट्रेकर्स को साहसिक यात्रा करते हुए देखती थीं। उन्हें शुरू से ही इसमें दिलचस्पी थी। इसके अलावा, बचपन में वह लकड़ी इकट्ठा करने के लिए पहाड़ों पर जाती

थीं। किसी न किसी तरह, बचपन से ही पर्वतारोहण और रोमांच उनमें भरा था। लेकिन किसी ने नहीं, यहाँ तक कि बछेंद्री ने भी नहीं सोचा था कि इस क्षेत्र में एक शानदार करियर हो सकता है।

बछेंद्री बचपन से ही स्वप्नद्रष्टा थीं। उनका हमेशा यह मानना था कि अगर कोई व्यक्ति ईमानदारी से प्रयास करे तो कुछ भी उसकी पहुँच से परे नहीं है। जब भी वह अखबार में तत्कालीन प्रधानमंत्री की तस्वीर देखती थीं, तो कहती थीं, "मैं किसी दिन इंदिरा गांधी से मिलूंगी।" अगर वह किसी कार को जाती हुई देखतीं, तो कहतीं, "मेरे पास एक कार होगी।" उन्हें हवाई जहाज़ से ज़्यादा आकर्षण था, जिसे देखकर वह कहती थीं, "मैं हवाई जहाज़ में ज़रूर उड़ूंगी।" उनकी सारी इच्छाएं सुनकर उनके भाई-बहन हँसने लगते। एक परिवार जो अपनी ज़रूरी चीज़ों के लिए भी संघर्ष करता था, उसकी एक लड़की के इतने बड़े-बड़े सपने थे।

लेकिन बछेंद्री ने सपने देखना कभी नहीं छोड़ा। बल्कि, जब उनके भाई-बहन उस पर हँसते थे तो वह आत्मविश्वास से जवाब देती थीं, "रुको, मैं तुम्हें किसी दिन दिखाऊँगी कि सपने कैसे सच होते हैं।" सपने चाहे कितने भी कठिन क्यों न हों, जुनून, धैर्य और दृढ़ता से पाने की कोशिश करने पर सच होते हैं। बछेंद्री इसका ज्वलंत उदाहरण हैं।

बछेंद्री बचपन से ही ईमानदार थीं। उन्होंने पढ़ाई और खेल दोनों में अच्छा प्रदर्शन किया। वह शॉटपुट, डिस्कस, भाला फेंक आदि अधिकांश खेलों में भाग लेती थीं और कप और पुरस्कार जीतती थीं। वह हमेशा से साहसी थीं और उनमें बचपन से ही सही खेल भावना थी।

बछेंद्री के पिता, किशन पाल सिंह, शुरू में एक सीमान्त व्यापारी के रूप में काम करते थे, जो भारत से तिब्बत तक सामान की आपूर्ति करते थे। बाद में, उन्होंने अपने परिवार का पालन-पोषण करने के लिए खेती, ऊन और कालीन का छोटा व्यवसाय शुरू किया। उनकी आर्थिक स्थिति अच्छी नहीं थी। पाँच बच्चों को

उचित शिक्षा देकर उनका पालन-पोषण करना कठिन था, लेकिन किसी तरह वह करते रहे। बछेंद्री को पढ़ने और अपनी शिक्षा पूरी करने की ललक थी। अपनी पॉकेट मनी का प्रबंधन करने के लिए बछेंद्री ने सिलाई सीखी और खुद का समर्थन करने के लिए सलवार-कमीज़ की सिलाई भी की। अतः बछेंद्री में बचपन से ही मज़बूत और स्वतंत्र होने की प्रवृत्ति थी।

बछेंद्री ने डी.ए.वी कॉलेज, देहरादून से संस्कृत में स्नातकोत्तर किया। उन्होंने बी.एड भी किया। संस्कृत के प्रति उनका प्रेम उनकी शिक्षा के दौरान देखा जा सकता था। संस्कृत चुनने के पीछे उनका पहाड़ों के प्रति प्रेम छिपा हुआ था। वह जानती थीं कि संस्कृत साहित्य में पहाड़ों, विशेषकर हिमालय के कई संदर्भ हैं। वह यह भी जानती थीं कि कालिदास की संस्कृत कृति 'कुमारसंभवम' में कवि ने हिमालय को 'पृथ्वी को मापने वाली छड़ी' कहा था। इसलिए, पहाड़ों के प्रति उनका प्रेम उनके दैनिक जीवन में लिए गए उनके निर्णयों में स्पष्ट था। बछेंद्री अपने गाँव से स्नातकोत्तर की पढ़ाई पूरी करने वाली पहली लड़की बनीं। बछेंद्री अपने विचारों और कार्यों में अपनी उम्र और समाज की लड़कियों से हमेशा आगे रहती थीं।

बछेंद्री के पिता को उम्मीद थी कि वह एक शिक्षिका बनेगी, क्योंकि उनके पास शिक्षक की नौकरी पाने के लिए सभी योग्यताएं थीं। उनका परिवार आर्थिक रूप से मज़बूत नहीं था और उनके पिता चाहते थे कि बछेंद्री आर्थिक रूप से स्थिर रहें। लेकिन बछेंद्री साहसी थीं और उनका रुझान हमेशा पर्वतारोहण की ओर था। उनके भाई, जो सीमा सुरक्षा बल में थे और पर्वतारोहण में प्रशिक्षित थे, उन्होंने उनके छोटे भाई को पर्वतारोहण के लिए प्रोत्साहित किया परन्तु बछेंद्री को किसी ने नहीं किया। ऐसा केवल इसलिए था क्योंकि वह एक लड़की थीं। परिवार और रिश्तेदारों ने शायद ही कल्पना की होगी कि एक लड़की पहाड़ों पर चढ़ेगी और इसे एक पेशे के रूप में गंभीरता से लेगी। लेकिन बछेंद्री ने तय कर लिया था कि वह न केवल वह करेंगी जो लड़के करते हैं, बल्कि उनसे भी बेहतर करेंगी।

एन आई एम (नेहरू इंस्टीट्यूट ऑफ माउंटेनियरिंग) के प्रिंसिपल कर्नल प्रेमचंद से एक आकस्मिक मुलाकात ने बछेंद्री के जीवन के प्रति विचारों और निर्णयों को मजबूत किया। बछेंद्री एन आई एम में शामिल हो गईं और पर्वतारोहण में अपना बुनियादी पाठ्यक्रम सफलतापूर्वक पूरा किया। वह पहले ही पहाड़ों और निचली चोटियों पर चढ़ने के लिए अभियान शुरू कर चुकी थीं। वह पर्वतारोहण के उन्नत पाठ्यक्रम के लिए भी खुद को तैयार कर रही थीं। यही वह समय था जब उन्हें भारतीय पर्वतारोहण फाउंडेशन से एक पत्र मिला, जिसमें माउंट एवरेस्ट पर चढ़ने के लिए गठित होने वाली टीम में उनके नाम को चयनित करने के लिए सिफारिश की गई थी। जिस तरह उनका पर्वतारोहण करियर आकार ले रहा था, बछेंद्री काफी खुश थीं। हालाँकि उन्हें अपने परिवार और रिश्तेदारों से कोई प्रोत्साहन और समर्थन नहीं मिला, फिर भी उन्होंने हिम्मत नहीं हारी। उनका एक सपना था और वह अपनी दृढ़ इच्छाशक्ति से उसे पूरा करने के लिए धीरे-धीरे आगे बढ़ रही थीं।

एवरेस्ट पर चढ़ने की तैयारी के दौरान ही उन्हें टाटा स्टील से नौकरी का प्रस्ताव मिला और वह कंपनी में शामिल हो गईं। शामिल होने के तुरंत बाद, वह अपने जीवन में उस बड़े मुकाम को हासिल करने के लिए चली गईं जिसके लिए हम सभी उन्हें जानते हैं।

माउंट एवरेस्ट के शिखर की यात्रा के दौरान बछेंद्री और उनकी पूरी टीम हिमस्खलन के कारण घायल हो गई थी। टीम को बचा लिया गया और निचले बेस पर स्थानांतरित कर दिया गया। पर्वतारोही टीम के लगभग आधे लोगों ने हार मान ली, लेकिन बछेंद्री दृढ़ थीं और उनके दिमाग में केवल एक ही बात थी - माउंट एवरेस्ट पर चढ़ना। उनके अपने शब्दों में, "मैंने सोचा कि चूंकि मैं इस घटना में नहीं मरी, इसलिए मेरे पास पीछे हटने का कोई कारण नहीं है। मैं सकारात्मक रही। यह निर्णय मेरी सफलता की कहानी का निर्णायक मोड़ था।" उनका कहना

है, 'भाग्य बहादुरों का साथ देता है' और वह इसे सभी के सामने साबित करने जा रही थीं।

एवरेस्ट की चोटी पर पहुँचने के बाद बछेंद्री ने विधिवत सागरमाथा को नमन किया। वह अपने घुटनों के बल बैठ गईं, बर्फ को छूने के लिए अपना माथा नीचे किया और सागरमाथा को चूमा। फिर, उन्होंने माँ दुर्गा की मूर्ति और हनुमान चालीसा निकाली, जो वह अपने पीठ पर लटकाए बैग में लेकर आई थीं। उन्होंने उन्हें लाल कपड़े में लपेटा, एक छोटी प्रार्थना की और उन्हें बर्फ के नीचे दबा दिया। बछेंद्री को लगता है कि यह माँ दुर्गा और हनुमान जी की शक्ति थी जिसने लगातार उनके लक्ष्य में मदद की और हिमस्खलन की घटना होने पर भी उनकी रक्षा की। यह दर्शाता है कि यह साहसी महिला कितनी आध्यात्मिक, धार्मिक और संस्कारी हैं।

एवरेस्ट फतह करने के बाद जब उनकी मुलाकात इंदिरा गांधी से हुई तो वह आयरन लेडी से मिली तारीफ से अभिभूत हो गईं। श्रीमती गांधी ने कहा, "हम अपने देश में सैकड़ों बछेंद्रियाँ चाहते हैं।" प्रधानमंत्री ने उनसे ग्रामीण लड़कियों तक अपनी बात पहुँचाने के लिए कहा और उन्हें उनके जैसा बनने के लिए प्रेरित करने का भी आग्रह किया।

बछेंद्री के एवरेस्ट फतह करने के बाद उनके लिए नौकरी के प्रस्तावों की बारिश होने लगी। उत्तर प्रदेश सरकार ने भी उन्हें नौकरी की पेशकश की, लेकिन बछेंद्री ने स्पष्ट कर दिया कि वह टाटा कंपनी के साथ बनी रहना चाहती थीं, क्योंकि ये टाटा कंपनी ही थी जिसने उनका समर्थन तब किया था जब वह कुछ नहीं थीं। इसी दौरान टाटा स्टील के रूसी मोदी ने उन्हें साहसिक कार्यक्रमों के लिए प्रबंधकीय पद की पेशकश की। बछेंद्री को अब अच्छा वेतन देने की पेशकश की गई और इस तरह उन्होंने यह साबित कर दिया कि पर्वतारोहियों को भी उत्कृष्ट प्रदर्शन करने पर बड़ी कंपनी में अच्छी नौकरी मिल सकती है ।

नौकरी मिलने से पहले के दिनों को याद करते हुए उन्होंने मीडिया को दिए एक साक्षात्कार में कहा, "जब मुझे टाटा स्टील में नौकरी मिली, तो लोगों की मानसिकता बदल गई कि पर्वतारोहण से भी टाटा स्टील जैसे प्रतिष्ठित संगठन में नौकरी मिल सकती है। नौकरी की पेशकश से पहले, मैं काफी संघर्ष कर रही थी। लोग अपनी बेटियों को मुझसे बात करने की इजाज़त नहीं देते थे और शिक्षा ग्रहण के बावजूद घर पर बैठने के लिए वे मेरा मजाक उड़ाते थे।" उतार-चढ़ाव किसी भी सफल यात्रा का हिस्सा होते हैं और बछेंद्री को भी इन सभी से गुजरना पड़ा।

बछेंद्री ने कई वर्षों तक टाटा स्टील में काम किया जहाँ उन्होंने ट्रेकिंग को बढ़ावा देने के लिए कई पहल की। टाटा स्टील में काम करते हुए, बछेंद्री पाल टाटा स्टील एडवेंचर फाउंडेशन की स्थापना और सफल संचालन के पीछे प्रमुख प्रेरक शक्ति रही हैं। फाउंडेशन के साथ काम करते हुए बछेंद्री ने कई साहसी लोगों को तैयार किया है।

2019 में टाटा स्टील से सेवानिवृत्त होने पर भी उन्होंने खुद को फिट और ठीक पाया। फिर सेवानिवृत्त महसूस क्यों करें? इसी सोच के साथ उन्होंने टाटा स्टील के साथ मेंटर के रूप में अपना जुड़ाव जारी रखा। बाद में उन्होंने पचास साल से अधिक उम्र के लोगों को फिट रहने के लिए प्रेरित करने का फैसला किया। टी एस ए एफ द्वारा समर्थित, उन्होंने एक पहल शुरू की, 'फिट@50+ महिला ट्रांस-हिमालयी अभियान', जो युवा मामले और खेल मंत्रालय के सहयोग से थी। इस पहल का लक्ष्य पचास वर्ष से अधिक उम्र की महिलाओं का समूह बनाना था, जो ट्रेकिंग और पहाड़ों पर चढ़ेंगी। बछेंद्री को पता था कि इस उम्र में थकान और अन्य कारकों के कारण यह थोड़ा कठिन हो सकता है, लेकिन तभी तो फिट रहना जरूरी है।

"इस अभियान का उद्देश्य फिट रहने की आवश्यकता को उजागर करना था और साथ ही यह दिखाना था कि स्वस्थ जीवनशैली जीने में उम्र कोई बाधा

नहीं है। 60 या 70 साल की उम्र का मतलब यह नहीं है कि सपने खत्म हो जाने चाहिए," बछेंद्री ने इस पहल के बारे में ये बताया। उनका मानना था कि उनकी यह पहल प्रधानमंत्री नरेंद्र मोदी के 'फिट इंडिया मूवमेंट' से काफी मेल खाती है।

बछेंद्री अपने कार्यों से लगातार महिला सशक्तिकरण को बढ़ावा देती रही हैं। उनके मुताबिक, लिंग और उम्र कभी बाधा नहीं बनते। यह सिर्फ दिमाग में है। किसी व्यक्ति की अपने सपने को जीने की दृढ़ इच्छाशक्ति ही मायने रखती है। वह दोहराती रहती हैं कि महिलाओं के साथ समस्या यह है कि वे सोचती हैं, "ओह, मैं एक महिला हूँ, मैं यह कैसे कर सकती हूँ ?" इसके बजाय, उन्हें 'कर सकती हूँ' वाला रवैया अपनाने की ज़रूरत है।

बछेंद्री सिर्फ पर्वतारोहण, ट्रेकिंग और राफ्टिंग से ही नहीं जुड़ी हैं। वह कई सामाजिक मिशनों में सक्रिय रूप से शामिल रही हैं। 2018 में वह कुछ अन्य लोगों के साथ मिशन गंगे टीम का हिस्सा थीं, जहाँ इन सभी ने मिलकर हरिद्वार से पटना तक राफ्टिंग करके नदी से 55 टन कचरा निकाला। टीम के चालीस सदस्यों में से बीस महिलाएँ थीं और मिशन का सफलतापूर्वक नेतृत्व स्वयं पाल ने किया था।

बछेंद्री अपने निजी स्तर पर भी समय-समय पर गरीब और अनाथ बच्चों की मदद करती रही हैं। एक साथ दस बच्चों को पालने वाली बछेंद्री ने उनकी शिक्षा और पालन-पोषण में पूरा सहयोग दिया है। वह बच्चों को बड़े होते, मुस्कुराते, उनके लिए पेंटिंग बनाते और सबसे बढ़कर, उन्हें इतना प्यार और सम्मान देते हुए देखकर खुश होती हैं। बछेंद्री ने शादी नहीं की और अपना पूरा जीवन समाज के अच्छे कार्यों के लिए समर्पित कर दिया। उनके जैसी मज़बूत इरादों वाली, समर्पित और परोपकारी महिलाएँ हमारे समाज की सच्ची रत्न हैं।

उनकी इन सभी उपलब्धियों के लिए, बछेंद्री को कई पुरस्कारों से सम्मानित किया गया है जिनमें पद्म श्री, पद्म भूषण, अर्जुन पुरस्कार और राष्ट्रीय साहसिक

पुरस्कार शामिल हैं। उन्हें भारतीय पर्वतारोहण फाउंडेशन से पर्वतारोहण में उत्कृष्टता के लिए स्वर्ण पदक भी प्राप्त हुआ है। बछेंद्री पाल इस बात का ज्वलंत उदाहरण हैं कि सपने सच होते हैं; केवल, 'चाहे जो हो, मैं करुँगी', वाला रवैया रखना चाहिए। बछेंद्री के शब्दों में, "ट्रेक कमजोर लोगों के लिए नहीं है और मुझे खुशी है कि मैंने इसे करने का जोखिम उठाया। हमेशा याद रखें कि जीवन में सबसे बड़ा जोखिम, जोखिम न लेना है।"

4

आनंदीबाई जोशी

- *चिकित्सा की पढ़ाई के लिए विदेश यात्रा करने वाली पहली भारतीय महिला।*
- *इनका जन्म 31 मार्च, 1865 कल्याण (महाराष्ट्र) में हुआ, और निधन 26 फरवरी, 1887 को। इनके जीवनसाथी गोपालराव जोशी ने इन्हें पेंसिल्वेनिया के महिला मेडिकल कॉलेज से चिकित्सा की पढाई करने के लिए प्रोत्साहित किया।*

जीवन हमेशा निष्पक्ष नहीं होता। कुछ अप्रिय घटनाएँ हमें ऐसे निर्णय लेने के लिए प्रेरित करती हैं जिनके बारे में हमने कभी नहीं सोचा होगा। ऐसा ही कुछ आनंदीबाई जोशी के साथ हुआ, जो उन्नीसवीं सदी में चिकित्सा की डिग्री हासिल करने के लिए विदेश यात्रा करने वाली पहली भारतीय महिला बनीं। चिकित्सा सुविधाओं की कमी के कारण जन्म के दस दिन बाद उनके नवजात शिशु की मृत्यु हो गई। इस दर्दनाक घटना के बाद आनंदी ने डॉक्टर बनने का फैसला लिया और जैसा कि कहा जाता है, बाकी इतिहास है।

31 मार्च 1865 को कल्याण, महाराष्ट्र में एक गरीब हो चुके जमींदार परिवार में आनंदी का जन्म हुआ और नाम रखा गया, यमुना। यमुना का परिवार धनी था लेकिन अंग्रेज़ों के भारी करों और घाटे के कारण वे कठिन वित्तीय परिस्थितियों

से गुज़र रहे थे। भले ही उनके पिता, गणपत राव, आर्थिक रूप से कठिन दौर से गुजर रहे थे, फिर भी वह अपनी बेटी को घर पर ही पढ़ाने में कामयाब रहे। उन्होंने गोपाल जोशी को यमुना का शिक्षक नियुक्त किया और इस तरह यमुना की शिक्षा शुरू हुई।

जैसा कि उन दिनों सामाजिक प्रथा थी, यमुना के पिता ने अपनी बेटी के लिए एक उपयुक्त दूल्हे की तलाश तब शुरू कर दी, जब वह बच्ची ही थी। उन्हें गोपाल यमुना के लिए बिल्कुल उपयुक्त लड़का लगा। हालाँकि, वह एक विधुर था और यमुना से लगभग बीस साल बड़ा था, वह एक अच्छा इंसान था और अपने विचारों में प्रगतिशील था। इसके अलावा, उन दिनों उम्र में इतना अंतर और बाल विवाह सामान्य बात थी। नौ साल की उम्र में यमुना की शादी हो गई और परंपरा के अनुसार, उन्हें एक नया नाम दिया गया, आनंदी गोपाल जोशी या आनंदीबाई जोशी।

उन दिनों, भारतीय समाज काफी रूढ़िवादी था और महिलाओं की शिक्षा पर लोग शायद ही विचार करते थे, परन्तु आनंदीबाई के पति, जो एक डाक क्लर्क थे, महिलाओं की शिक्षा में दृढ़ता से विश्वास करते थे। दरअसल, उन्होंने आनंदी से इस शर्त पर शादी की थी कि वह उन्हें आगे की शिक्षा दिलाएंगे।

पुरानी कहावत है, “हर सफल आदमी के पीछे एक महिला होती है”, आनंदीबाई के मामले में यह विपरीत है। अपने पति की वजह से ही आनंदी इतिहास रच सकीं। हमारे समाज में, विशेषकर उन दिनों, अविवाहित लड़कियों से अपेक्षा की जाती थी कि वे घरेलू काम में निपुण हों, जिसमें रसोई सर्वोच्च प्राथमिकता होती थी। लेकिन गोपाल को महिलाओं की शिक्षा का इतना जुनून था कि वह नहीं चाहते थे कि आनंदी रसोई में एक मिनट भी बताए। एक दिन, उसने आनंदी को रसोई में अपनी सास की मदद करते हुए पाया और उस पर लगभग चिल्ला उठा।

"तुम यहाँ क्यों हो, अपना समय बर्बाद कर रही हो? क्या तुम नहीं समझती कि तुम्हें केवल एक ही काम करना है, और वह है पढ़ाई?" गोपाल ने उसकी ओर सख्त दृष्टि से देखा।

आनंदी डर गयी; वह जानती थीं कि उनके पति कितने सख्त हैं। वह चुप रहीं। उन्हें समझ नहीं आया कि वह क्या कहे। उनकी सास ने भौंहें सिकोड़कर कहा, "क्या तुम्हें दिखाई नहीं देता कि वह मेरी सहायता कर रही है? एक शादीशुदा महिला के लिए घर के कामकाज संभालना किसी भी अन्य चीज़ से ज़्यादा महत्वपूर्ण होता है। आनंदी को ऐसा अवश्य करना चाहिए!"

"मैं जानता हूँ कि उसके लिए क्या अधिक महत्वपूर्ण है। उसे अपनी शिक्षा पर ध्यान देना है, बस।" गोपालराव ने अपनी माँ को स्पष्ट उत्तर दिया।

आनंदी चुपचाप अपने पति और सास की बातचीत सुन रही थीं।

"मैं शिक्षा के प्रति तुम्हारे जुनून को नहीं समझ सकती।" गोपाल की माँ ने उसे रूखी नज़र से देखा।

"मैं केवल वही कर रहा हूँ जो आनंदी के लिए सबसे अच्छा है," गोपाल ने अपनी माँ को उत्तर दिया और आनंदी पर तीखी नज़र डाली। "तुम अभी भी यहाँ क्यों खड़ी हो?"

पति की दहाड़ती आवाज़ सुनकर आनंदी कांप उठीं। वह अपना सिर नीचे झुकाकर तुरंत रसोई से बाहर चली गईं।

जब बात आनंदी की शिक्षा की आती, तो गोपाल राव का अपने माता-पिता से हमेशा मतभेद रहता था। उनके माता-पिता स्पष्ट रूप से आनंदी को औपचारिक शिक्षा दिलाने के पक्ष में नहीं थे। उस समय कहा जाता था कि एक लड़की के लिए पत्र पढ़ना और लिखना आना ही काफी है। गोपाल के विचार निश्चित रूप से उसके माता-पिता के विचारों से मेल नहीं खाते थे।

चौदह वर्ष की आयु में आनंदी ने एक पुत्र को जन्म दिया, लेकिन दुर्भाग्य से उचित चिकित्सा देखभाल के अभाव में जन्म के दस दिन बाद ही उसकी मृत्यु हो गई। अपने नवजात शिशु के शव देखकर आनंदी ज़ोर-ज़ोर से रोने लगीं, उनकी आँखों से आँसुओं की मोटी धारा बहने लगी।

"अगर हमारे बेटे को उचित चिकित्सा देखभाल मिली होती, तो वह जीवित होता, मेरी बाहों में मुस्कुरा रहा होता।" आनंदी की आवाज रुँध गई। यह आनंदी के लिए जीवन बदल देने वाला गहरा सदमा था।

"कुछ चीज़ें हमारे नियंत्रण में नहीं होती हैं।" गोपाल ने अपनी पत्नी को सांत्वना देने की कोशिश की, जो अंदर तक टूट चुकी थी।

आनंदी कुछ देर तक शांत रहीं और फिर डबडबाई आँखों से बोलीं, "हमारे समाज को अधिक योग्य डॉक्टरों की जरूरत है।" तभी वह मेडिकल की पढ़ाई करने के बारे में सोचने लगीं।

अपने बच्चे को खोने और उस समय समाज में ऐसी ही स्थितियाँ देखने के कारण आनंदी को लगातार भारत में डॉक्टरों की सख्त जरूरत महसूस होती रही। लोग यह सोचकर अधिक बच्चे पैदा करते थे कि एक या दो मर भी जाएँ, फिर भी उनके कुछ बच्चे बचे रहेंगे। यह सोच हास्यास्पद थी। आनंदी को महिला डॉक्टरों की आवश्यकता महसूस हुई। ऐसी कई महिलाएँ थीं जिन्हें इलाज की ज़रूरत थी, लेकिन वे पुरुष डॉक्टरों से इलाज नहीं कराना चाहती थीं।

गोपालराव ने आनंदी को मिशनरी स्कूलों में दाखिला दिलाने की कोशिश की, लेकिन किसी तरह बात नहीं बनी। इसलिए, आनंदी की बेहतर शिक्षा के लिए जोशी दंपति कलकत्ता चले गए। गोपालराव ने इस बात पर ज़ोर दिया कि आनंदी अंग्रेजी और अन्य सभी महत्वपूर्ण विषय सीखें। भारत में औपचारिक चिकित्सा शिक्षा उतनी अच्छी नहीं थी। चिकित्सा पेशे में महिलाओं का मतलब दाई बनना था। परिदृश्य को देखते हुए, गोपाल ने अपनी पत्नी को चिकित्सा में डिग्री प्राप्त

करने के लिए अमेरिका भेजने का फैसला किया। उच्च शिक्षा और वह भी विदेशी भूमि में, आर्थिक रूप से और रूढ़िवादी समाज को देखते हुए, आसान नहीं थी। कुछ पारंपरिक रूप से कठोर लोगों द्वारा समुद्र पार करके किसी विदेशी भूमि की यात्रा करना पाप माना जाता था। किसी महिला का ऐसा करना बहुत बड़ी मनाही थी! परन्तु, गोपाल और आनंदी ने अपना मन बना लिया था।

गोपाल ने आनंदी को अमेरिका के एक मेडिकल कॉलेज में प्रवेश दिलाने में मदद करने के लिए एक मिशनरी, रॉयल वाइल्डर से संपर्क किया। साथ ही उन्होंने अपने लिए नौकरी की भी कोशिश की, ताकि दोनों पति-पत्नी एक साथ अमेरिका की यात्रा कर सकें। वाइल्डर के मार्गदर्शन में, आनंदी ने मिशनरी रिव्यू में एक पेपर प्रकाशित किया, जिसे किसी तरह न्यू जर्सी के थियोडिसिया कारपेंटर ने पढ़ लिया। आनंदी के मेडिसिन की पढ़ाई करने के फैसले से थियोडिसिया प्रभावित हुई और उसने अमेरिका में आनंदी की मेडिकल शिक्षा में मदद करने का फैसला किया।

थियोडिसिया ने आनंदी को पत्र लिखा और आनंदी ने उत्तर भी दिया। यहीं से थियोडिसिया और आनंदी के बीच एक मज़बूत बंधन शुरू हुआ। उनके बीच पत्रों का आदान-प्रदान होता था और उनके बीच आंटी-भतीजी जैसा रिश्ता बन गया। आनंदी ने महिलाओं के मुद्दों, जैसे सती प्रथा, बाल विवाह, उनके दुष्परिणाम और कई अन्य चीजों पर चर्चा की, जो उन्होंने किसी और के साथ इतनी खुलकर नहीं की थी।

काफी प्रयास के बाद भी गोपालराव अमेरिका में अपने लिए नौकरी पाने में सफल नहीं हो सके। इसलिए, यह निर्णय लिया गया कि आनंदी अपनी मेडिकल शिक्षा के लिए अकेले संयुक्त राज्य अमेरिका की यात्रा करेंगी। जब समाज में लोगों को उनके विदेश जाने के निर्णय का पता चला तो चारों ओर बड़ी आलोचना हुई। इस दौरान गोपालराव सेरामपुर में नियुक्त थे और लोगों ने उनके कार्यालय के बाहर विरोध प्रदर्शन भी किया था।

"एक महिला विदेश यात्रा कर रही है... वह भी अपने पति के बिना? शर्मनाक!" लोगों की तरफ से यही प्रतिक्रिया आई। ईसाई चाहते थे कि पढ़ाई के लिए अमेरिका जाने से पहले आनंदी अपना धर्म परिवर्तन कर लें, जबकि हिंदू समाज ने किसी महिला का पति के बिना विदेश यात्रा के विचार का कड़ा विरोध किया।

परिस्थितियाँ हर तरह से प्रतिकूल थीं, लेकिन आनंदी हार नहीं मानने वाली थीं। उन्होंने अपने इरादे स्पष्ट करने का निर्णय लिया कि वह चिकित्सा का अध्ययन करने के लिए विदेश क्यों जाना चाहती है। सेरामपुर कॉलेज में एक सभा को संबोधित करते हुए, जहाँ अमेरिकी महावाणिज्य दूत भी मौजूद थे, आनंदी ने पूरे आत्मविश्वास के साथ अंग्रेजी में बात रखी,

"महिलाएँ, यूरोपीय और भारतीय दोनों, किसी आपात स्थिति में स्वाभाविक रूप से दूसरे लिंग के डॉक्टरों से इलाज कराने से कतराती हैं। भारत में यूरोप और अमेरिका की कुछ महिला डॉक्टर हैं, जो विदेशी होने और आचरण, रीति-रिवाज और भाषा में भिन्न होने के कारण हमारी महिलाओं के लिए उतनी उपयोगी नहीं रही हैं जितनी हो सकती थीं। यह बहुत स्वाभाविक है कि हिंदू महिलाएँ जो अपने देश और लोगों से प्यार करती हैं, उन्हें दूसरे देशों के मूल निवासियों के साथ अपनत्व महसूस नहीं होगा। हम भारतीय महिलाओं को इन विदेशी महिलाओं से कोई लाभ नहीं मिलता है। वे हमारी ज़रूरतों को पूरा करने का आभास देती हैं, लेकिन यह वास्तव में सच नहीं है। मेरी विनम्र राय है कि भारत में हिंदू महिला डॉक्टरों की आवश्यकता बढ़ रही है और मैं स्वेच्छा से खुद को इसके लिए योग्य बनाना चाहती हूँ।"

आनंदी ने अपने ओजस्वी भाषण को इन शब्दों के साथ समाप्त किया – "कठिनाई जितनी बड़ी होगी, हमारा साहस उतना ही बड़ा होगा। हम जो एक बार शुरू कर देते हैं, उससे हमें कभी विचलित नहीं होना चाहिए। मुझे डर है कि मैंने आपका धैर्य खो दिया, जिसके लिए मैं क्षमा चाहती हूँ।"

उनका संबोधन जोशीला, प्रभावशाली और बहुत तार्किक था। उन्होंने यह स्पष्ट कर दिया कि महिलाओं को आगे आना चाहिए और चिकित्सा जैसे क्षेत्रों में स्वयं सेवा करनी चाहिए। महिलाओं सहित प्रत्येक व्यक्ति का प्रयास भारत को गौरवान्वित कर सकता है। एक लड़की, जो अभी किशोरावस्था में ही थी, उसका इतना आत्मविश्वास पूर्ण और सारगर्भित भाषण बेहद सराहनीय था और अंततः उसे समाज में प्रगतिशील समूहों और सुधार वादियों से प्रशंसा मिली। भारतीय डाकघरों के महानिदेशक श्री एच.ई.एम. जेम्स ने गोपाल जोशी को पत्र लिखकर उनकी पत्नी की सराहना की और आनंदी को उनकी विदेश यात्रा के लिए सहायता के रूप में एक सौ रुपये की पेशकश भी की। आनंदीबाई एक सनसनी बन गई थीं और अब, कई लोग उनकी ओर आदर की दृष्टि से देखते थे।

रूढ़िवादी लोगों के विरोध के बावजूद, गोपाल अपनी पत्नी को मेडिकल शिक्षा के लिए भेजकर दूसरों के लिए एक उदाहरण स्थापित करना चाहते थे। भारत को वास्तव में ऐसे प्रगतिशील विचारधारा वाले लोगों की सख्त ज़रूरत थी, क्योंकि भारतीय समाज में सुधारों की लहर शुरू हो चुकी थी।

आनंदीबाई ने कलकत्ता से अमेरिका तक जहाज से यात्रा की, जहाँ श्रीमती कारपेंटर ने उनका स्वागत किया। आनंदी को पेंसिल्वेनिया के महिला मेडिकल कॉलेज में दाखिला मिल गया था। अमेरिका में रहने के दौरान श्रीमती कारपेंटर उनकी स्थानीय अभिभावक थीं और उनके लिए एक समर्थक थीं।

आनंदी विदेश में ख़राब स्वास्थ्य से पीड़ित थीं, लेकिन इसके बावजूद, वह अपने लक्ष्य पर केंद्रित थीं। वह जानती थीं कि उन्हें अपने पति और अपनी आकांक्षाओं पर खरा उतरना है। उन्हें यह साबित करना था कि अगर इच्छाशक्ति और जुनून हो तो महिलाएँ किसी भी करियर में विजयी हो सकती हैं।

आनंदी ने आधी-आधी रात तक कड़ी मेहनत की और अंततः 1886 में एम डी की उपाधि प्राप्त की। उनकी थीसिस का विषय, "आर्यन हिंदुओं में प्रसूति"

दर्शाता है कि वह हिंदू महिलाओं और उनकी भलाई के बारे में कितनी चिंतित थीं। पश्चिमी चिकित्सा में डिग्री हासिल करना आनंदी और उनके पति के लिए एक सपने के सच होने जैसा था। बधाई संदेशों का तांता लग गया। महारानी विक्टोरिया भी उनकी उपलब्धि से प्रभावित हुईं और उन्होंने बधाई संदेश भेजा।

इस डिग्री के साथ, आनंदी भारत लौटने और अपना अभ्यास शुरू करने के लिए तैयार थीं। लेकिन कॉलेज में रहते हुए ही उन्हें तपेदिक हो गया। उन्हें अस्पताल में भर्ती कराया गया। इलाज के बाद उन्हें छुट्टी तो दे दी गई, किन्तु उनकी तबीयत अभी भी ठीक नहीं थी।

1886 में जब आनंदी भारत लौटीं तो उनका भव्य स्वागत किया गया। केसरी समाचार पत्र के संपादक, लोकमान्य तिलक ने गर्व से उन्हें "हमारे आधुनिक युग की सबसे महान महिलाओं में से एक" कहा। उन्हें कोल्हापुर रियासत के अल्बर्ट एडवर्ड अस्पताल में महिला वार्ड में एक चिकित्सक के रूप में कार्यभार सौंपा गया था। दुर्भाग्य से, अभी उन्होंने अपने कर्तव्यों का पालन करना शुरू ही किया था कि उनकी तपेदिक की समस्या बढ़ गई और उनकी जान चली गई। उन्होंने अपना 22वां जन्मदिन भी नहीं देखा था। यह दुर्भाग्यपूर्ण था और युवा सपनों का अंत था, लेकिन जीवन ऐसा ही अप्रत्याशित है ।

आज आनंदीबाई की प्रेरक यात्रा को कई तरह से याद किया जाता है। लखनऊ में एक गैर सरकारी संगठन, इंस्टीट्यूट ऑफ रिसर्च एंड डॉक्यूमेंटेशन इन सोशल साइंसेज (आईआरडीएस), भारत में चिकित्सा विज्ञान की उन्नति में उनके योगदान के सम्मान में चिकित्सा में आनंदीबाई जोशी पुरस्कार प्रदान करता है। उनकी मृत्यु के बाद, एक अमेरिकी लेखिका कैरोलिन वेल्स हीली डैल ने आनंदीबाई के जीवन का विस्तृत विवरण लिखा। "आनंदी गोपाल" नामक फिल्म आनंदीबाई की जीवन यात्रा का काल्पनिक चित्रण करती है। आनंदीबाई को श्रद्धांजलि के रूप में शुक्र ग्रह पर एक क्रेटर का नाम भी 'जोशी' रखा गया है।

हालाँकि, आनंदीबाई जोशी की मृत्यु बहुत कम उम्र में हो गई, इससे पहले कि वह एक डॉक्टर के रूप में अपनी सेवाएं दे पातीं, उन्होंने अपने पीछे एक ऐसी विरासत छोड़ी जो कई मायनों में प्रेरणादायक थी। लड़कियाँ अब चिकित्सा के क्षेत्र में अपना करियर बनाने का साहस कर सकती हैं। अब दाई का काम नहीं, बल्कि डॉक्टर का करती हैं। पढ़ाई के लिए समुद्र पार करना और विदेश यात्रा करना अब वर्जित नहीं था। आनंदी ने एक शुरुआत की थी और उसके बाद एक बड़ा बदलाव आना था।

5

रजनी पंडित

- *भारत की पहली महिला प्राइवेट जासूस जिसने हजारों केस सुलझाए।*
- *30 जुलाई 1962, पालघर (महाराष्ट्र) में जन्मी, रजनी पंडित ने रूपारेल कॉलेज, मुंबई से पढ़ाई की है। प्राइवेट डिटेक्टिव के क्षेत्र में पहली महिला होने के लिए इन्हें 2018 में राष्ट्रपति राम नाथ कोविन्द द्वारा सम्मानित किया गया। दूरदर्शन द्वारा इन्हे हिरकानी पुरस्कार से नवाज़ा गया, और "इन्वेस्टिगेशन प्रोफेशनल ऑफ द ईयर - प्रेम कुमार पुरस्कार" भी दिया गया है।*

जब हम एक निजी जासूस के बारे में सोचते हैं, तो टोपी और ओवरकोट पहने, हाथ में सिगार लिए या गाजर चबाते हुए एक आदमी की छवि तुरंत हमारे दिमाग में आती है। लेकिन एक महिला जासूस के बारे में क्या ख्याल है जो साड़ी पहनकर हजारों मामलों को आत्मविश्वास और सफलतापूर्वक सुलझाती है? वह रजनी पंडित हैं, जिन्हें आमतौर पर लेडी जेम्स बॉन्ड, लेडी शेरलॉक होम्स या हमारे अपने जासूस करमचंद का महिला रूप भी कहा जाता है। रजनी पंडित अस्सी हज़ार से ज्यादा केस सुलझा चुकीं हैं। वह अपनी खुद की जासूसी एजेंसी चलाती हैं और वास्तव में, कथाकारों के लिए एक प्रेरणा हैं कि वे पुरुष जासूसी नायकों के अलावा महिला जासूस पात्रों का निर्माण करें।

जासूसी सेवाओं की दुनिया में एक विश्वसनीय नाम रजनी पंडित का जन्म 30 जुलाई 1962 को पालघर, महाराष्ट्र में हुआ था। उनके पिता, शांताराम पंडित पुलिस सेवा में थे और आपराधिक जांच विभाग के लिए काम करते थे। अपने पिता को अपने विभिन्न मामलों की जांच करते देख, रजनी ख़ुफ़िया जांच की दुनिया की ओर आकर्षित हुईं। उन्हें अपराध के इर्द-गिर्द घूमते रहस्य पसंद थे।

बचपन में वर्षों की जिज्ञासा ने उन्हें मामलों को सुलझाने में हाथ आजमाने की गहरी चाहत पैदा की। अपने कॉलेज के दिनों में उन्होंने अपना पहला केस हल किया था। यह कोई औपचारिक मामला नहीं था, बल्कि महज़ जिज्ञासावश उठाया गया मामला था। उसने कॉलेज में अपने एक दोस्त के व्यवहार और शारीरिक भाषा में कुछ बदलाव देखे। एक गहन पर्यवेक्षक होने के नाते, रजनी को उस लड़की के बारे में कुछ संदिग्ध लगा और उनका खोजी दिमाग तेज़ी से काम करने लगा। उन्होंने पाया कि लड़की वेश्यावृत्ति में शामिल थी। कुछ अविश्वसनीय आदमी उसका फायदा उठा रहे थे। उन दिनों मोबाइल फोन नहीं थे और रजनी के पास कैमरा भी नहीं था। लेकिन उनके पास दिमाग था और लीक से हटकर काम करने का साहस था। उन्होंने अपनी पॉकेट मनी का इस्तेमाल किया और लड़की पर नज़र रखी। सच्चाई जानने के बाद रजनी ने तुरंत लड़की के पिता को सूचित किया।

लड़की के पिता और माता को अपनी बेटी पर पूरा भरोसा था और उन्हें रजनी पर भरोसा नहीं था। लड़की की माँ ने रजनी पर उनके परिवार को तोड़ने की कोशिश करने का भी आरोप लगाया। रजनी ने हार नहीं मानी और लड़की के पिता को विश्वास में लेकर उन्हें दिखाया कि उनकी बेटी कहाँ जाती है और क्या करती है। सबूत अब उनके सामने था।

लड़की के पिता ने आशचर्य से रजनी की ओर देखा। "बहुत बहुत धन्यवाद, रजनी; मुझे नहीं पता था कि मेरी बेटी इस गलत काम में फंसी है। लेकिन क्या तुम जासूस हो?"

"नहीं, बात सिर्फ इतनी है कि मेरा दिमाग खोजी है और जब मैं कुछ संदिग्ध देखती हूँ तो उत्सुक हो जाती हूँ," रजनी ने शांति से जवाब दिया, लेकिन वह इस बात से खुश थीं कि उनके काम की सराहना की जा रही थी।

"ओह! लेकिन जिस तरह से तुमने काम किया है और घिनौना सच उजागर किया है, उसके लिए एक जासूस के दिमाग की ज़रूरत है," आदमी ने कहा।

केस बंद करने के बाद रजनी का जिज्ञासु मन शांत हो गया, लेकिन उस आदमी ने जो शब्द कहे थे, वे बार-बार उनके दिमाग में आते रहे। वह वास्तव में जासूसी प्रवृत्ति वाली लड़की थीं! वह खुद को 'जासूस रजनी' समझकर गर्व से मुस्कुराईं। पहला मामला, भले ही शौकिया हो, उनके लिए विशेष मायने रखता था और इससे रजनी को भविष्य में और भी मामलों की तहकीकात करने के लिए बहुत प्रोत्साहन मिला।

रजनी ने मुंबई के रूपारेल कॉलेज से मराठी साहित्य में स्नातक की उपाधि प्राप्त की। स्नातक की पढ़ाई के दौरान ही रजनी ने फार्मास्युटिकल क्षेत्र में पार्ट टाइम नौकरी शुरू कर दी थी। बाद में, वह दूसरी नौकरी पर चली गई। भले ही रजनी नौकरी में लगी थीं, लेकिन उनके अंदर की जिज्ञासा ने उन्हें उस चीज से दूर नहीं होने दिया जो उन्हें पसंद थी। उन्होंने अपने एक सहकर्मी का केस लिया, जिनके घर से सामान अचानक गायब हो रहा था। महिला ने रजनी से कहा कि वह अपने बेटों पर शक नहीं कर सकती क्योंकि वे अपने जीवन में ईमानदार और अनुशासित हैं। वह बिना किसी सबूत के अपनी बहू को भी दोषी नहीं ठहरा सकती थी। वह सोचती रही, फिर कौन? रजनी ने उसे आश्वासन दिया कि वह चोर की पहचान कर लेंगी।

एक जासूस के लिए, मामला सुलझने तक हर कोई संदिग्ध होता है और इसी तर्क पर काम करते हुए, रजनी ने महिला के घर आने वाले हर व्यक्ति पर नज़र रखना शुरू कर दिया। उन्होंने अपने अंदाज़ में जांच की और चोर की पहचान कर

ली। उनके सहकर्मी के अपने छोटे बेटे ने ही चोरी की थी। उसने एक डुप्लीकेट चाबी बना रखी थी और जब सभी लोग बाहर होते थे तो वह घर पर आ जाता था और घर से सामान थोड़ा-थोड़ा करके दूसरी जगह ले जाता था। रजनी ने सभी सबूतों के साथ महिला को सूचित किया और उनके जुनून से एक और मामला सुलझ गया।

एक जासूस के रूप में रजनी की ख्याति तेज़ी से फैल गई। यह तब था जब रजनी ने औपचारिक जांच सेवाएं प्रदान करना शुरू किया। एक जासूस के रूप में करियर बनाने के रजनी के फैसले को उनके पिता का समर्थन नहीं मिला। उनके पिता, अन्य लोगों की तरह सोचते थे कि यह महिलाओं के लिए पेशा नहीं है, क्योंकि इसमें ज़बरदस्त जोखिम शामिल था। 1980 के दशक के उन दिनों में, जब भारत में लोग किसी भी पुरुष निजी जासूस को शायद ही जानते थे, इस पेशे में महिलाओं के बारे में जानना तो सोच से परे था। अपराध की दुनिया में गहराई से उतरने और रहस्यों को सुलझाने के लिए बहुत साहस और चतुराई की आवश्यकता होती है, लेकिन रजनी को अपने जीवन का जुनून मिल गया था और वह इससे अलग नहीं होने वाली थीं।

रजनी बीस साल की थीं जब अखबारों और पत्रिकाओं ने उन्हें कवरेज देना शुरू किया। जैसे ही यह बात फैली, दूरदर्शन के एक कार्यक्रम "हम किसी से कम नहीं" के लिए रजनी का साक्षात्कार लिया गया और इससे उन्हें अच्छी लोकप्रियता और एक्सपोज़र मिला। इस साक्षात्कार में शामिल लोगों को रजनी का पता पूछने वाले पत्र मिलने लगे। ऐसा था उस इंटरव्यू का असर! जैसे-जैसे रजनी की लोकप्रियता का ग्राफ बढ़ता गया, उन्हें कई जासूसी केस मिलने लगे। 1986 में, उन्होंने अपनी एजेंसी, 'रजनी इन्वेस्टिगेटिव ब्यूरो' की स्थापना की। बाद में, उन्होंने अपनी एजेंसी का नाम बदलकर 'रजनी पंडित डिटेक्टिव सर्विसेज़' रख दिया। अब उनका अपना कार्यालय था और भारत की पहली महिला निजी जासूस

जासूसी की दुनिया में तहलका मचाने आ गयी थी। शिवाजी पार्क स्थित उनके कार्यालय में आने वाला कोई भी व्यक्ति उनके केबिन में रखे पुरस्कारों की भरमार देखकर मंत्रमुग्ध हो जाएगा। अपने कई वर्षों के लंबे करियर में उन्होंने कितने ही पुरस्कार जीते हैं, उनकी गिनती करना मुश्किल है और जो अब भी हर गुज़रते साल के साथ बढ़ते जा रहे हैं।

1980 के दशक में, भले ही रजनी अपने काम में अच्छा कर रही थीं, लेकिन उनके लिए राह हमेशा आसान नहीं थी। बार-बार उन्हें निजी जासूसी व्यवसाय में एक महिला होने के पूर्वाग्रह का सामना करना पड़ा। जो लोग उन्हें नहीं जानते थे उन्हें उनकी क्षमताओं पर संदेह होता था और कभी-कभी उन्हें अपनी एजेंसी के लिए विज्ञापन प्राप्त करना मुश्किल हो जाता था। परन्तु रजनी ने धैर्यपूर्वक अपना उल्लेखनीय काम जारी रखा और उनकी एजेंसी इस व्यवसाय में प्रसिद्ध हो गई।

परंपरागत रूप से पुरुष प्रधान उद्योग में एक महिला होने के नाते शुरुआत में उनके लिए एक चुनौती खड़ी हुई, लेकिन फिर, रजनी रणनीतिक रूप से इतनी अच्छी थीं कि उन्होंने उस चुनौती को अपने पक्ष में कर लिया। उनके क्लाइंट, विशेष रूप से महिलाएँ, एक महिला जासूस को अपने रहस्य और जानकारी प्रकट करने में अधिक सहज रही हैं। यहाँ तक कि आम तौर पर लोग भी किसी महिला से जानकारी मांगे जाने पर आसानी से खुल कर बात करते हैं।

रजनी एक के बाद एक मामले सुलझाती रहीं और इसके लिए उन्होंने अंतरराष्ट्रीय स्तर पर दुबई, स्वीडन आदि देशों की यात्रा भी की। वह एक सेलिब्रिटी जासूस बन गईं, उन्होंने विवाहेतर संबंध, मर्डर मिस्ट्री, चोरी, कॉर्पोरेट जासूसी से लेकर विभिन्न मामले लिए। धोखाधड़ी, साइबर अपराध और कॉर्पोरेट पेशेवरों और यहाँ तक कि राजनीतिक उम्मीदवारों की पृष्ठभूमि का सत्यापन किया। उनके क्लाइंट की सूची में राजनेता, व्यवसायी और यहाँ तक कि फिल्म उद्योग की मशहूर हस्तियाँ भी शामिल थीं।

रजनी का व्यवसाय फला-फूला और 2010 तक उनके साथ तीस जासूस काम करने। टीम हर महीने करीब बीस मामले संभाल रही थी। रजनी अब एक लंबा सफर तय कर चुकी थीं। धीरे-धीरे उन्होंने डिटेक्टिव सेवाओं की दुनिया में अपनी पकड़ बना ली थी। जो लोग पहले उनकी क्षमता पर संदेह करते थे, वे अब उनके अद्भुत काम की सराहना कर रहे थे।

सबसे रोमांचक और यादगार मामलों में से एक, जिसे रजनी ने सुलझाया है और जिस पर उन्हें काफी गर्व है, वह एक डबल मर्डर मिस्ट्री है। मामला एक महिला के पति और उसके बेटे की हत्या का था। यह संदेह था कि महिला ही हत्यारी हो सकती है, लेकिन कोई सबूत नहीं था और ऐसा कोई कारण नहीं था कि महिला अपने ही बेटे को मार डाले, इसलिए मामले को निष्कर्ष पर नहीं लाया जा सका। लेकिन बाद में असली कातिल का पता लगाने के लिए मामला रजनी के पास लाया गया।

जब रजनी ने केस लेने का फैसला किया, तो उनके पिता ने उन्हें चेतावनी दी, "तुम इस खतरनाक हत्या का मामला क्यों उठा रही हो? उस औरत ने पहले अपने पति और फिर अपने बेटे को मार डाला; वह तुम्हें भी मार डालेगी।"

"एक दिन, हर किसी को मरना है। तो, मरने से पहले, वह सब क्यों न करें जो पसंद है?" रजनी ने शांति से उत्तर दिया। वह अपने विचारों में स्पष्ट थीं और अपनी आगे की राह जानती थी।

किसी तरह, रजनी को महिला के घर पर नौकरानी का काम मिल गया और वह घर आने वाले हर व्यक्ति पर नज़र रखती थीं। अपने काम में बहुत निपुण होने के कारण रजनी ने उस महिला के बीमार पड़ने पर उसकी अच्छी देखभाल करके आसानी से उसका विश्वास जीत लिया।

एक समय, उनका छद्म रूप लगभग उजागर होने की कगार पर था, जब मालिक ने टेप रिकॉर्डर की 'क्लिक' ध्वनि सुनी, जिसे रजनी ने आवाज-रिकॉर्डिंग

के लिए अपने पास रखा था। महिला को रजनी पर शक हो गया और उसने उसे घर से बाहर नहीं निकलने दिया। आखिरकार वह दिन आ ही गया जिसका रजनी को इंतज़ार था। महिला ने हत्या करने के लिए जिस हिटमैन को काम पर रखा था, वह अपने भुगतान के लिए महिला से मिलने आया था। अब रजनी को घर से बाहर निकलने का कोई रास्ता ढूंढना था। उसने जानबूझकर चाकू से अपना पैर काट लिया। उसने अपने पैर से खून बहता हुआ दिखाया और महिला ने उसे डॉक्टर से मिलने की अनुमति दे दी। रजनी तुरंत एक फोन बूथ पर गईं और अपने क्लाइंट को फोन किया। इसके बाद पुलिस आई और महिला और हत्यारे को गिरफ्तार कर लिया। बाद में हत्यारे ने अपना जुर्म कबूल कर लिया।

सफलतापूर्वक पूरा किया गया यह पूरा मामला दिखाता है कि रजनी अपने करियर के मामले में कितनी समर्पित और साहसी हैं। इस केस ने मीडिया का ध्यान खींचा और रजनी की जासूसी एजेंसी को जबरदस्त बढ़ावा मिला। रजनी भारत में जासूसी सेवाओं की पोस्टर गर्ल बन गई थीं।

अपने पेशेवर करियर के दौरान, रजनी ने एक बहरी, गूंगी, अंधी, मानसिक रूप से विकलांग महिला, एक नौकरानी और कई अन्य पात्रों के रूप में अभिनय किया है। भले ही वह कोई फिल्म एक्ट्रेस नहीं हैं, लेकिन उनके लिए हर केस एक तरह की थ्रिलर फिल्म है, जहाँ वह अपना किरदार बखूबी निभा रही हैं। वह कहती हैं, “मैं एक अभिनेत्री नहीं हूँ, लेकिन इस पेशे में मैंने कई भूमिकाएं निभाई हैं।” रजनी को वह विविधता पसंद है जो उनका पेशा उनके जीवन में लाता है।

हर सफल यात्रा की अपनी रुकावटें होती हैं और रजनी को भी अपनी पेशेवर यात्रा में कुछ अड़चनों का सामना करना पड़ा। 2018 में सी डी आर घोटाले में गिरफ्तार होने तक रजनी के लिए सब कुछ ठीक चल रहा था। पुलिस ने अवैध रूप से कॉल डेटा रिकॉर्ड हासिल करने के आरोप में कुछ लोगों को पकड़ा था। उन लोगों की जांच के दौरान रजनी का नाम सामने आया और उन्हें भी गिरफ्तार कर

लिया गया। लेकिन रजनी के वकील ने बताया कि उन्होंने अवैध रूप से कोई डेटा नहीं खरीदा था और वह किसी घोटाले में शामिल नहीं थीं। चूंकि रजनी का निजी जासूसी व्यवसाय में अच्छा ट्रैक रिकॉर्ड था और कानून के अनुसार उनके खिलाफ कुछ भी गलत साबित नहीं किया जा सका, इसलिए उन्हें रिहा कर दिया गया। इस कठिन समय में, रजनी इस संकट से बाहर निकलने के लिए दृढ़ संकल्पित थीं और उनके सहकर्मियों ने उनका भरपूर समर्थन किया।

एक सामान्य प्रश्न जो आमतौर पर रजनी से पूछा जाता है वह है - "आपने शादी क्यों नहीं की?" रजनी का वास्तव में अपने काम से विवाह हो चुका है और उन्हें ऐसा लगता है कि विवाह उनके काम में बाधा बनता। उन्हें उद्धृत करने के लिए, "मेरी जीवनशैली पर नज़र डालें तो मुझे इसमें कभी कोई दिलचस्पी नहीं थी। अगर मैं शादीशुदा होती और मेरे बच्चे होते, तो मैं इस व्यवसाय को संभालने में सक्षम नहीं होती। दोनों ही अत्यधिक मांग वाली, पूर्णकालिक नौकरियाँ हैं। एक समय पर, मैंने एक लड़की को गोद लेने पर विचार किया था, लेकिन कभी समय नहीं मिला और अंततः मैंने हार मान ली।"

अपने अनुभवों के आधार पर, रजनी ने मराठी में दो किताबें लिखी हैं - 'चेहरों के पीछे चेहरे' और 'मायाजाल', जो एक जासूस के रूप में उनके द्वारा सुलझाए गए विभिन्न मामलों पर आधारित हैं। ये किताबें दिनकर राव द्वारा निर्देशित, 2019 में रिलीज़ हुई डॉक्यूमेंट्री "लेडी जेम्स बॉन्ड' का आधार बनी हैं।

भारत की पहली महिला निजी जासूस के रूप में विख्यात, रजनी को कई पुरस्कारों से सम्मानित किया गया है, जिसमें हिरकणी पुरस्कार भी शामिल है, जो दूरदर्शन द्वारा विभिन्न क्षेत्रों में उपलब्धि हासिल करने वाली महिलाओं को दिया जाता है। उन्हें 2014 में ए पी डी आई द्वारा "इन्वेस्टिगेशन प्रोफेशनल ऑफ द ईयर - प्रेम कुमार अवार्ड" भी मिला है। वह उन 112 सफल महिलाओं में से एक थीं, जिन्हें 2018 में राष्ट्रपति राम नाथ कोविंद द्वारा अपने क्षेत्र में पहली महिला,

यानी पहली महिला निजी जासूस होने के लिए सम्मानित किया गया था। रजनी को मिले पुरस्कारों की सूची अंतहीन है।

रजनी का मानना है कि जासूसी सेवाओं के प्रति अधिक जागरूकता निश्चित रूप से हमारे समाज की मदद करेगी और इसके लिए अधिक जासूसों की आवश्यकता है। रजनी एक जासूसी प्रशिक्षण संस्थान खोलने की योजना बना रही हैं, जो भारत में एक आम बात नहीं है। रजनी ऐसे लोगों को प्रशिक्षित करना चाहती हैं जो कुशल निजी जासूस हो सकते हैं और लोगों को उनकी समस्याओं से निपटने में मदद कर सकते हैं, जिन्हें लोग आमतौर पर दूसरों के साथ साझा नहीं करते हैं और यहाँ तक कि पुलिस के पास जाने से भी बचते हैं। एक तरह से, अधिक जासूस समाज और पूरे देश को कई अपराधों और गलत कामों को होने से पहले ही रोकने में मदद करेंगे।

आम तौर पर साधारण सलवार-कमीज़ पहनने वाली और माथे पर प्यारी सी बिंदी लगाने वाली रजनी को लगता है कि एक जासूस को जितना संभव हो उतना सामान्य दिखना चाहिए क्योंकि इससे काम आसान हो जाता है। एक समय था जब लोग रजनी से पूछते थे, "यह अजीब सा पेशा क्यों? आप कोई दूसरा पेशा क्यों नहीं अपना लेतीं?" लेकिन रजनी को खुशी है कि इस पेशे के प्रति लोगों की धारणा बदल गई है और उन्हें जासूस के काम के महत्व का एहसास हुआ है। साठ साल की उम्र में भी, रजनी अपने काम में लगी रहती हैं और उनके पास आराम करने के लिए मुश्किल से ही समय होता है।

6

अहिल्याबाई होल्कर

- *भारतीय इतिहास के सबसे बेहतरीन शासकों में से एक, मंदिरों के निर्माण में अग्रणी और हिंदू धर्म की रक्षक।*
- *31 मई, 1725 चोंडी(महाराष्ट्र) में जन्मी, अहल्याबाई मालवा की रानी थीं। इनके पति खांडे राव होल्कर थे। इन्होंने एक पुत्र माले राव और पुत्री मुक्ताबाई को जन्म दिया।*

भारतीय इतिहास कुछ गौरवशाली महिला शासकों से जीवंत है जिन्होंने अपने साहस और सदाचार से एक अमिट छाप छोड़ी। पितृसत्तात्मक समाज में रहते हुए भी, उन्होंने यह साबित कर दिया कि वे अपने पुरुष समकक्षों से किसी भी तरह कम नहीं हैं। ऐसा ही एक जगमगाता नाम है राजमाता अहिल्याबाई होल्कर का। वह भारतीय इतिहास की एक पोस्टर गर्ल हैं, जिन्हें हमारे इतिहासकारों द्वारा उचित मान्यता नहीं मिली, जिसकी वह हकदार थीं, भले ही वह उस समय भारत के साथ-साथ दुनिया के अन्य हिस्सों में भी बेहद लोकप्रिय थीं। देवी अहिल्या द्वारा किया गया ज़बरदस्त और अद्भुत कार्य उन सभी स्त्री-द्वेषियों को एक कड़ा जवाब है जो सोचते हैं कि महिलाएँ भावनात्मक रूप से कमज़ोर हैं, महान शासक नहीं हो सकती हैं और केवल शक्तिशाली पुरुषों की सहायक पत्नी के रूप में ही अच्छी हैं।

"बाद के दिनों में ब्रह्मा से आई,
हमारी भूमि पर शासन करने के लिए, एक महान महिला,
उसका दिल दयालु था और उसकी रूपरेखा उज्ज्वल थी,
और अहिल्या उनका सम्मानित नाम था।"

ये खूबसूरत शब्द स्कॉटिश कवियत्री जोआना बैली के हैं, जिन्होंने 1849 में मालवा की महान मराठा रानी अहिल्याबाई होल्कर के बारे में लिखा था। अहिल्याबाई एक महान शासक, योद्धा, परोपकारी और आध्यात्मिक व्यक्ति थीं, जिन्होंने धर्म के लिए कठोरता से काम किया।

अहिल्याबाई का कोई शाही वंश नहीं था, लेकिन वह भारत की अब तक की सबसे बेहतरीन शासकों में से एक बन गईं। नियति यही है - अप्रत्याशित। वह अपने राज्य और लोगों के दिलों पर शासन करने के लिए पैदा हुई थीं। उनके साहसी, परोपकारी और अनुकरणीय कार्य उन्हें भारतीय इतिहास में विशिष्ट बनाते हैं।

उनका जन्म 31 मई 1725 को मानकोजी शिंदे और सुशीला शिंदे के घर हुआ था। उनके पिता महाराष्ट्र के अहमदनगर ज़िले के एक गाँव चोंदी के मुखिया थे। उन दिनों, जब लड़कियों की शिक्षा को इतना महत्व नहीं दिया जाता था, अहिल्या के पिता ने उन्हें घर पर ही पढ़ाया। उसे एक अच्छी, संस्कारी और सुसंस्कृत लड़की के रूप में तैयार किया गया।

वह केवल आठ साल की थीं जब वह एक मंदिर में गरीबों की सेवा कर रही थी और उनके होने वाले ससुर की नज़र उन पर पड़ी। मराठा पेशवा बालाजी बाजीराव के सेनापति और मालवा क्षेत्र के शासक मल्हार राव होल्कर वहाँ से गुज़र रहे थे, तभी उनकी नज़र दयालु लड़की अहिल्याबाई पर पड़ी। उनसे प्रभावित होकर उन्होंने उनकी शादी अपने बेटे खांडे राव होल्कर से करने का फैसला किया। उन्होंने अहिल्या के पिता से बात की और 1733 में अहिल्या का विवाह खांडे

राव से कर दिया गया। इस तरह अहिल्या का शासकों के परिवार में प्रवेश हुआ। नियति की अपनी योजना थी और उसने आकार लेना शुरू कर दिया था।

हालाँकि अहिल्या की शादी कम उम्र में ही हो गई थी, लेकिन उन्हें घर से दूर एक दूसरा घर मिल गया। मल्हार राव प्रगतिशील मानसिकता के व्यक्ति थे। वह चाहते थे कि अहिल्याबाई यह समझे कि किसी क्षेत्र का प्रशासन कैसे काम करता है। मल्हार राव की पत्नी, गौतमीबाई, अहिल्या की प्यारी माँ थीं। उन्होंने यह सुनिश्चित किया कि अहिल्या राजनीति, राज्य पर शासन करने से जुड़ी रणनीतियों और युद्ध क्षेत्र की बारीकियों को समझें।

अहिल्याबाई ने एक पुत्र, माले राव और एक पुत्री, मुक्ताबाई को जन्म दिया। दुर्भाग्य से, अहिल्या ने 1754 में कुंभेर की लड़ाई में अपने पति को खो दिया। वह केवल बीस वर्ष की थी और अपने पति खांडे राव की मृत्यु से टूट गई थीं। उन्हें अपना जीवन निरर्थक लगने लगा और उनमें जीने की कोई इच्छा नहीं बची। उन्होंने उस समय की परंपरा के अनुसार 'सती' होने और अपना जीवन समाप्त करने के बारे में सोचा। लेकिन उनके ससुर ने उन्हें ऐसा करने से रोका।

उन्होंने कहा, "अहिल्या, मैंने पहले ही अपना बेटा खो दिया है और अब मैं तुम्हें नहीं खोना चाहता।"

"लेकिन पिताजी, मेरे पति चाहते थे कि मैं जीवन भर उनका साथ दूँ। मैं उसके साथ रहना चाहती हूँ, चाहे वह कहीं भी हों। यह ज़िंदगी, यह दुनिया और यहाँ की हर चीज़ अब मेरे लिए अर्थहीन है," अहिल्या ने व्याकुल आंखों से और कांपती आवाज़ में कहा।

"मैं समझ सकता हूँ कि तुम किस दर्द से गुज़र रही हो अहिल्या। लेकिन तुम मेरी बहादुर बेटी हो। मैं तो यह कहूंगा कि अब तुम मेरा बेटा हो। मालवा को तुम्हारी ज़रूरत है। हमारे लोग चाहते हैं कि तुम उनके लिए जियो और काम करो। इस पिता के बारे में भी सोचो। बुढ़ापे में मेरी देखभाल कौन करेगा? बेटी, सती

मत बनो। इस बूढ़े पिता के लिए जियो; माले राव और मुक्ताबाई के लिए जियो।"

ये शब्द अहिल्या को द्रवित करने के लिए काफी थे। उन्हें एहसास हुआ कि उन्हें अपने परिवार और राज्य की प्रजा के लिए जीना है जिन्हें उनकी ज़रूरत है और वह उनसे बहुत प्यार करती हैं। इसके अलावा, मल्हार राव ने पहले से ही उनमें राज्य के मामलों को संभालने की क्षमता का अनुमान लगा लिया था। वह चाहते थे कि अहिल्या राज्य के प्रशासन और अन्य मामलों में सक्रिय रूप से शामिल हों। मल्हार राव ने उन्हें युद्ध और राजनीति का कठोर ज्ञान देना शुरू किया। उन्होंने उनके साथ उत्तर भारत के राजनीतिक परिदृश्य पर चर्चा की, विशेष रूप से अवध के नवाब नजीब-उद-दौला के साथ रवैया और भारत में अहमद शाह अब्दाली की प्रगति के बारे में।

मल्हार राव द्वारा दिए गए प्रशिक्षण के अनुसार, अहिल्या ने बंदूक निर्माण का प्रबंधन देखना शुरू कर दिया और साथ ही अपने सैनिकों और तोपखाने की निगरानी भी शुरू कर दी। अपने पति की मृत्यु के बाद उनका जीवन पूरी तरह से बदल गया था। एक नरम और प्यार करने वाली पत्नी से अब वह एक सख्त महिला बन गईं, जो साहसपूर्वक उन ज़िम्मेदारियों को निभा रही थीं जो केवल पुरुष सदस्य ही निभाते थे। इससे पहले अहिल्या का जीवन भी अन्य युवा मराठी लड़कियों की तरह, घरेलू मामलों के इर्द-गिर्द घूमा करता था, जो कि आमतौर पर एक परिवार में हुआ करता था। यह उनके ससुर द्वारा प्रदान किए गए कठोर और अनुशासित प्रशिक्षण का परिणाम था कि अहिल्याबाई ने अपने सैनिकों का नेतृत्व किया और गोहद किले पर विजय प्राप्त की। यह वह समय था जब 1765 में अब्दाली ने भारत पर आक्रमण किया था और मल्हार राव अब्दाली-रोहिल्ला सेना से लड़ने में व्यस्त थे। अपने ससुर की अनुपस्थिति में अहिल्या ने अकेले ही अभियान का नेतृत्व किया और स्पष्ट रूप से साबित कर दिया कि उस युवा विधवा में जबरदस्त साहस था।

किसी रत्न की छिपी क्षमता को उजागर करने के लिए अच्छे मार्गदर्शन और सही गुरु की आवश्यकता होती है। मल्हार राव ने अहिल्या में वह गुण देखा था। वह शीघ्र ही एक दुर्जेय योद्धा में परिवर्तित हो गईं, जो शत्रुओं को कुचल सकती थीं।

अहिल्या को लिखे मल्हार राव के पत्र इस बात के पर्याप्त प्रमाण हैं कि वह कैसे उनकी उम्मीदों पर खरी उतर रही थीं। एक बेटे से जो उम्मीद थी वह एक विधवा बहू पूरी कर रही थी। मल्हार राव के पत्रों में से एक में कहा गया है, "एक दूत ने हमें बताया कि तुमने तोपखाने के साथ गोहद के किले पर कब्जा कर लिया है। अब तुम्हे ग्वालियर में रहना चाहिए और बंदूकों और गोले के निर्माण की देखरेख करनी चाहिए।" मल्हार राव अपनी पुत्रवधू को पत्र लिखते रहे और युद्धों के दौरान उनका मार्गदर्शन करते रहे।

दुर्भाग्य से 1766 में मल्हार राव की मृत्यु हो गई। अब अहिल्या ने अपने जीवन का एक बड़ा सहारा खो दिया था। राज्य मामलों की संपूर्ण ज़िम्मेदारी उन पर आ गई। उनका पुत्र, माले राव, मानसिक बीमारी से पीड़ित था, लेकिन फिर भी, वह सिंहासन पर बैठा। कुछ महीने बाद बीमारी के कारण उसकी भी मृत्यु हो गई। अहिल्या के लिए यह सहन करना बहुत कठिन था। माले राव के कोई पुत्र नहीं था और उनकी पत्नियाँ अपने पति के साथ सती हो गईं। यह होल्कर परिवार और मालवा राज्य दोनों के लिए एक गंभीर स्थिति थी। लेकिन अहिल्याबाई कैसे हार मान सकती थीं? उन्हें विरासत को चलाना था और होल्कर क्षेत्र की रक्षा करनी थी।

मालवा की गद्दी संभालने के लिए परिवार में किसी पुरुष को न देखकर कई लोगों की नज़र साम्राज्य पर पड़ने लगी। अहिल्याबाई होल्कर संकोची महिला कतई नहीं थीं। वह एक निडर रानी थीं जो जानती थीं कि परिस्थितियों को अपने तरीके से कैसे मोड़ना है।

"मैं अपने साम्राज्य को बिखरने नहीं दे सकती। मुझे अपने क्षेत्र को आक्रमणकारियों से बचाना है। अब समय आ गया है कि मैं आगे बढ़ कर नियंत्रण अपने हाथ में लूँ।" यही वह विचार था जिसने अहिल्या को खड़ा किया और उन्होंने खुद को मालवा का शासक घोषित कर दिया। अहिल्या ने स्पष्ट संदेश दिया कि मालवा अनाथ नहीं है; इसका एक शासक है और शासन इसकी संप्रभुता को अक्षुण्ण रखने के साथ-साथ इसके गौरव को बढ़ाने के लिए दृढ़ संकल्पित हैं।

बेटे की मौत के बाद अहिल्या इंदौर में नहीं रहना चाहती थीं। उन्होंने अपनी राजधानी इंदौर से महेश्वर स्थानांतरित कर दी। अपने सेनापति तुकोजी होल्कर और एक वफादार सेना के साथ, अहिल्याबाई ने आक्रमणकारियों से बहादुरी से लड़ाई की और कभी भी किसी को भी अपने क्षेत्र पर कब्ज़ा नहीं करने दिया। उन्होंने तीस गौरवशाली वर्षों तक शासन किया और उनके शासनकाल की सभी और विविध लोगों ने सराहना की। जॉन मैल्कम ने अपनी पुस्तक, 'मध्य भारत का एक संस्मरण' में लिखा है:

"मालवा के मूल निवासियों के साथ... उनका नाम पवित्र है और उन्होंने दिव्य अवतार को अपनाया है। उनके चरित्र के बारे में जो गंभीर दृष्टिकोण अपनाया जा सकता है, उसमें वह निश्चित रूप से, अपने सीमित दायरे में, अब तक के सबसे शुद्ध और सबसे अनुकरणीय शासकों में से एक प्रतीत होती हैं।"

रानी अहिल्याबाई के संरक्षण में, महेश्वर ने कला, साहित्य, वास्तुकला और कई अन्य क्षेत्रों में अपना गौरव हासिल किया। अहिल्याबाई एक अलग वर्ग की शासिका थीं और उनका हर निर्णय उनकी अपनी ही शैली का होता था। उन्होंने 'अहिल्या वाड़ा' बनवाया जो उनका निवास, प्रशासनिक कार्य के लिए कार्यालय और उनका दरबार था और ये सभी रणनीतिक रूप से महेश्वर किले के भीतर स्थित थे, जिसे उन्होंने ही बनवाया था। अहिल्याबाई ने प्रसिद्ध कवि मोरोपंत शाहिर अनंत फंदी और प्रसिद्ध संस्कृत विद्वान खुशाली राम को संरक्षण दिया।

महेश्वरी साड़ी, जो महिलाओं के बीच पसंदीदा है, अहिल्याबाई द्वारा लोकप्रिय की गई थी। उन्होंने यह सुनिश्चित किया कि उनके शासनकाल के दौरान कपड़ा उद्योग आकार ले और समृद्ध हो। अहिल्या ने अपने समय से बहुत पहले ही भविष्य के फैसले ले लिए थे।

अहिल्याबाई ने मालवा को समृद्ध बनाने के लिए कठोर परिश्रम किया। वह अच्छी तरह समझती थीं कि किसी राज्य की समृद्धि के लिए एक मज़बूत कारोबारी माहौल की आवश्यकता होती है और उसके लिए बुनियादी ढांचा मज़बूत होना चाहिए। उन्होंने सड़कें, तालाब, कुएं और घाट बनवाए, जो उस समय व्यापार और व्यवसाय के लिए बहुत आवश्यक थे। अहिल्याबाई एक दूरदर्शी महिला थीं, जो एक समृद्ध राज्य की स्थापना की हर बारीकियों को समझती थीं।

एनी बेसेंट ने उनकी प्रशंसा करते हुए कहा, "दूर-दूर तक सड़कों पर छायादार पेड़ लगाए गए थे, कुएं बनाए गए थे और यात्रियों के लिए विश्राम गृह बनाए गए थे। गरीबों, बेघरों, अनाथों सभी को उनकी आवश्यकता के अनुसार मदद की गई। भील, जो लंबे समय से सभी काफिलों के लिए पीड़ा का सबब बने हुए थे, उन्हें उनकी पहाड़ी स्थिरता से हटा दिया गया और उन्हें ईमानदार किसानों के रूप में बसने के लिए राज़ी किया गया। हिंदू और मुसलमान समान रूप से प्रसिद्ध रानी का सम्मान करते थे और उनकी लंबी उम्र के लिए प्रार्थना करते थे।"

अहिल्याबाई न केवल एक शानदार प्रशासक थीं, बल्कि एक बहुत ही पवित्र और धार्मिक महिला भी थीं, जिन्होंने कई मंदिरों का निर्माण कराया। भारत ने इस्लामिक आक्रमणकारियों को देखा था जो भारत में मंदिरों को नष्ट करने के मिशन पर थे। देवी अहि़ल्या क्रूर आक्रमणकारियों द्वारा किए गए नुकसान की भरपाई करने के लिए आगे आईं। मंदिरों के निर्माण के अलावा, उन्होंने उन मंदिरों को भी पुनर्जीवित किया जिन्हें मुगल आक्रमणकारियों ने नष्ट कर दिया था। उन्होंने अपने कार्य को केवल मालवा क्षेत्र तक ही सीमित नहीं रहने दिया, बल्कि

इसका विस्तार पूरे भारत में किया। कुछ प्रसिद्ध मंदिर जिनका उन्होंने जीर्णोद्धार कराया उनमें काशी विश्वनाथ और सोमनाथ मंदिर थे।

होल्कर भगवान शिव के प्रबल भक्त थे। रानी अहिल्या ने भी महादेव भक्त होने के नाते बारह ज्योतिर्लिंगों पर अनेक निर्माण कार्य कराए। भारत भर में मंदिरों की एक श्रृंखला है जिसका निर्माण अहिल्याबाई ने करवाया था। कुछ स्थान जहाँ उन्होंने मंदिर बनवाए, वे हैं श्रीनगर, केदारनाथ, बद्रीनाथ, प्रयाग, हरिद्वार, पुरी, रामेश्वरम, उडुपी, नासिक, महाबलेश्वर, ओंकारेश्वर, पुणे, इंदौर, गोकर्ण, आदि। सूची काफी लंबी है। रानी अहिल्याबाई वास्तव में धर्म और हिंदू संस्कृति की रक्षक थीं। साथ ही, यह कहना भी गलत नहीं होगा कि रानी अहिल्याबाई होल्कर की अखिल भारतीय उपस्थिति थी, जो उनके समय के शासकों के लिए दुर्लभ थी।

अहिल्या एक अच्छी राजनीतिक रणनीतिकार भी थीं। उन्होंने पेशवा को भारत में अंग्रेज़ों का मराठा साम्राज्य के प्रति संदिग्ध इरादों के बारे में चेतावनी दी थी। वह जानती थीं कि अंग्रेज़ों भारतीयों को अपने नियंत्रण में रखने के लिए गंदी चालें चलते हैं और उनका भारत छोड़ने का कोई इरादा नहीं था। पेशवा को एक पत्र में उन्होंने लिखा:

“बाघ जैसे अन्य जानवरों को ताकत या युक्ति से मारा जा सकता है, लेकिन भालू को मारना बहुत मुश्किल है। यह तभी मरेगा जब आप इसे सीधे चेहरे पर मारेंगे, अन्यथा, एक बार इसकी शक्तिशाली पकड़ में फंस जाने पर, भालू अपने शिकार को गुदगुदी करके मार डालता है। अंग्रेजों का यही तरीका है। इसे देखते हुए, उन पर विजय पाना कठिन है।”

अहिल्या के निर्णय अनुकरणीय थे और उनका उद्देश्य एक मज़बूत और प्रगतिशील समाज बनाना था। उनके कई असाधारण निर्णयों में से एक था अपनी बेटी की शादी एक गरीब लेकिन साहसी व्यक्ति, यशवंत राव से करना, जो शासक वर्ग से नहीं था। आमतौर पर, शासकों के परिवारों में यह प्रवृत्ति नहीं थी, लेकिन

अहिल्या जन्म और वंश से अधिक क्षमताओं और गुणों को महत्व देती थीं। यशवंत राव ने डकैतों से बहादुरी से लड़ाई की थी और अहिल्या को तुरंत पता चल गया था कि वह उनकी बेटी के लिए एक उपयुक्त व्यक्ति है और शासकों के परिवार में स्वागत के योग्य है। आखिरकार, उनके गुणों के कारण ही उनका भी इस परिवार में स्वागत हुआ था।

अहिल्याबाई के जीवन की कई घटनाओं से पता चलता है कि एक समझदार और मज़बूत महिला होने के नाते, वह हमेशा महिलाओं की भलाई की परवाह करती थीं। वह चाहती थीं कि वे आगे बढ़ें और मालवा राज्य के विकास में अपना योगदान दें। उन्होंने महिलाओं को शिक्षित करने, 'सती-प्रथा' रोकने और विधवा महिलाओं को स्वतंत्र होने में मदद करने की पूरी कोशिश की। स्वयं एक योद्धा होने और युद्ध-आवश्यकताओं पर अच्छी पकड़ होने के कारण, वह महिलाओं की एक सेना बनाना चाहती थीं जो अपने राज्य के लिए लड़ सकें। वह एक शेरनी थीं और अपने राज्य की महिलाओं से भी यही चाहती थीं।

अपनी सोची-समझी योजना के अनुसार अहिल्याबाई ने महिलाओं की एक मज़बूत सेना बनाई, जिन्हें उन्होंने हथियारों, तोपखाने और सैन्य अभियान की बारीकियों का ज्ञान दिया था। ये साहसी महिलाएँ उन गिद्धों से मुकाबला करने के लिए तैयार थीं, जिनकी नज़र उनके राज्य पर थी। यह वह समय था जब वह और उनकी सेना राघोबा से लड़ने के लिए तैयार थी। राघोबा (पेशवा के चाचा) अहिल्याबाई के खिलाफ साज़िश रच रहे थे। यह सोचकर कि चूंकि वह एक महिला है और वह भी विधवा है, इसलिए वह कड़ा रुख नहीं अपनाएगी और उसके नापाक मंसूबों के आगे झुक जाएगी, उसने उनके खिलाफ साज़िश रची। निःसंदेह उसने स्पष्ट रूप से अहिल्या को कम आंका था। अहिल्याबाई हमेशा अपने क्षेत्र में होने वाली घटनाओं पर नज़र रखती थीं और उन्हें साज़िश के बारे में

पता चल जाता था। उन्होंने राघोबा को एक संदेश भेजा, जिसमें उसे चेतावनी दी गई कि वह मालवा पर नज़र भी डालने की हिम्मत न करें।

उनका संदेश था, "यदि आपकी सेना मेरे क्षेत्र की ओर किसी भी नापाक इरादे से क्षिप्रा नदी पार करने की कोशिश करेगी तो आप हमारी तलवारें देखेंगे। कोई भी कदम उठाने से पहले सोचें। हमारे क्षेत्र को जीतने का आपका सपना कभी पूरा नहीं होगा। मेरी स्त्रियों की सेना आपका सामना करेगी। यदि मैं युद्ध हार जाऊँ तो कोई मुझ पर हँसेगा नहीं, परन्तु यदि आप हारेंगे तो आप हँसी का पात्र बनेंगे ।"

संदेश पढ़कर राघोबा दंग रह गए। वह बस इतना ही कह सके, "हे भगवान! कहाँ से वह एक असहाय और अभागी औरत लगती है? वह एक शेरनी है! उससे लड़ना अपने सम्मान को खतरे में डालने जैसा होगा।"

अंततः राघोबा ने उनके राज्य पर कब्ज़ा करने का विचार त्याग दिया। पेशवा माधव राव ने भी राघोबा को होल्कर राज्य से दूर रहने की सलाह दी। उन्होंने उनसे कहा, "खांडे राव की सम्मानित विधवा ही होल्कर राज्य की वास्तविक शासक हैं।"

देवी अहिल्या को सभी से काफी सम्मान मिला। उन्होंने यह साबित कर दिया कि कुछ लड़ाइयाँ युद्ध के मैदान में उतरने के बजाय केवल ज्ञान और शक्तिशाली शब्दों से जीती जा सकती हैं। ऐसी कई अन्य घटनाएं हुईं जब उन्होंने सख्त रुख अपनाया और अपने सिद्धांतों से कभी समझौता नहीं किया, भले ही इसके लिए उन्हें अपने ही मंत्रियों के खिलाफ खड़ा होना पड़ा।

सौम्य और माँ जैसी छवि वाली अहिल्याबाई ने बहुत ही सरल जीवन व्यतीत किया और समर्पण के साथ अपनी धार्मिक प्रथाओं का पालन किया। वह सुबह जल्दी उठतीं और गाय और तुलसी के पौधे का दर्शन करतीं जिन्हें वह पवित्र मानती थीं। वह भगवत गीता, वेद, पुराण आदि हिंदू धर्म की पवित्र पुस्तकें पढ़ती

और सुनती थीं और गरीबों को खाना खिलाती थीं। वह शाकाहारी भोजन करती थीं और फिर सफेद साड़ी पहनकर अपने दरबार में जाती थीं। वह अपने दरबार में लंबे समय तक बैठकर विभिन्न मुद्दों और चिंताओं का समाधान करती थीं और निर्णय लेती थीं। उनका जीवन बहुत ही अनुशासित, नियमित और अपने राज्य और प्रजा के प्रति समर्पित था।

भले ही अहिल्याबाई एक शासक के रूप में बेहद सफल थीं, लेकिन उनका निजी जीवन त्रासदियों की एक गाथा था। जब उनकी बेटी के पति की मृत्यु हो गई, तो उनकी बेटी मुक्ताबाई ने 'सती' होने का फैसला किया। मुक्ताबाई ने पहले ही अपने बेटे नाथोबा को खो दिया था, जिसे रानी अहिल्या बहुत प्यार करती थीं और अपना उत्तराधिकारी मानती थीं। देवी अहिल्या ने मुक्ताबाई को अपना जीवन समाप्त न करने के लिए मनाने की पूरी कोशिश की। वह चाहती थीं कि मुक्ताबाई अपनी माँ की तरह बनें, शासन करें और होल्कर परिवार का नाम आगे बढ़ाएं।

"मुक्ता बेटी, अपना जीवन खत्म मत करो । एक समय ऐसा भी था जब मैं भी इसी दौर से गुज़री थी। लेकिन मैंने मालवा के लोगों के लिए जीने का फैसला किया। अगर मैंने अपना जीवन समाप्त कर लिया होता, तो हमारे क्षेत्र, लोगों और निश्चित रूप से, मेरे परिवार की देखभाल कौन करता? सती मत बनो मेरी बेटी। मेरे लिए जियो।" देवी अहिल्या ने मुक्ताबाई को समझाने की कोशिश की। ठीक इसी तरह उनके ससुर ने उन्हें समझाया था और उन्होंने इस प्रथा को, जो कि एक सामाजिक बुराई थी, अस्वीकार करने का सही निर्णय लिया था।

"माँ, मेरे जीवन में कुछ भी नहीं बचा है। मैंने अपना बेटा खो दिया है और अब, अपने पति को भी खो चुकी हूँ। मैं टूट गई हूँ। मैं आपकी तरह साहसी और मज़बूत नहीं हूँ," खोई हुई सी मुक्ताबाई ने भावना रहित स्वर में उत्तर दिया।

अहिल्याबाई ने ज़ोर देकर कहा, "मैं तुम्हें मज़बूत बनाने और अपना जीवन फिर से जीने में मदद करूंगी, मेरी बेटी। लेकिन कृपया सती मत हो।"

"माँ, तुम बूढ़ी हो गई हो। तुम कब तक मेरा साथ दोगी और कब तक मेरे साथ रहोगी? मेरे सामने मेरा पूरा जीवन है जिसे मैं अब एक बोझ और दुःख से भरा हुआ देखती हूँ। मैं यह जीवन नहीं जी सकती। मुझे इसे ख़त्म करना होगा।" मुक्ताबाई अड़ी हुई थीं और उन्हें आश्वस्त नहीं किया जा सका।

राजमाता अहिल्याबाई अपनी बेटी के सती होने के भयावह दृश्य को अत्यंत दुःख के साथ देखती रहीं। अग्नि उनकी बेटी को अपनी चपेट में ले रही थी और वह स्तब्ध, असहाय खड़ी थीं। सफल अभियानों का नेतृत्व करने वाली शक्तिशाली योद्धा रानी अपनी ही बेटी को बचाने में विफल रही थीं। दर्द गहरा था। वह पहले ही अपने पति, बेटे, पोते, दामाद को खो चुकी थीं और अब, उनकी बेटी भी नश्वर दुनिया छोड़ चुकी थी। यह परिवार का अंत था। देवी अहिल्या ने एक बार फिर खुद को मज़बूत किया और मालवा, उसके लोगों और मराठा साम्राज्य के लिए मज़बूत बनी रहीं।

देवी अहिल्याबाई को हमेशा एक निडर मराठा रानी, एक विद्वान राजनीतिज्ञ के साथ-साथ एक रणनीतिकार और सबसे बढ़कर, सभी समय की सबसे पसंदीदा और सम्मानित रानियों में से एक के रूप में याद किया जाएगा। अपनी किताब 'भारत एक खोज' में, जवाहर लाल नेहरू ने अहिल्याबाई के शासन का वर्णन इस प्रकार किया है,

"मध्य भारत में इंदौर की अहिल्याबाई का शासन तीस वर्षों तक चला। यह उस काल के रूप में लगभग प्रसिद्ध हो गया है, जिसके दौरान उत्तम व्यवस्था और अच्छी सरकार कायम रही और लोग समृद्ध हुए। वह एक बहुत ही सक्षम शासिका और व्यवस्थापक थीं, उनके जीवनकाल के दौरान उनका बहुत सम्मान किया गया और उनकी मृत्यु के बाद लोगों ने उन्हें संत माना।"

अहिल्याबाई का 1795 में सत्तर वर्ष की आयु में निधन हो गया, लेकिन उनके शासन की महिमा पीढ़ियों के बाद भी जीवित है। एनी बेसेंट के शब्दों में, "इंदौर ने लंबे समय तक अपनी महारानी के निधन का शोक मनाया। उनका शासनकाल बहुत खुशहाल था और उनकी स्मृति को आज तक गहरी श्रद्धा के साथ संजोया गया है।"

हो सकता है कि कुछ विदेशी विद्वानों ने भारतीय समाज को पितृसत्तात्मक और एकांतप्रिय समाज के रूप में चित्रित किया हो, जहाँ महिलाएँ अलग-थलग थीं और शायद ही कभी आगे आती थीं, लेकिन अहिल्याबाई एक ज्वलंत उदाहरण हैं कि यह सच नहीं है। कई वर्षों तक, उनका गौरवशाली शासन गुमनाम रहा, लेकिन बदलते समय और नए जमाने के इतिहासकारों और विद्वानों के प्रयत्न से खोए हुए नाम धीरे-धीरे उभर रहे हैं और जनता में व्यापक रूप से साझा किए जा रहे हैं। एक महान शासक, व्यवस्थापक, मंदिरों की रक्षक और एक प्रखर राजनीतिज्ञ देवी अहिल्याबाई होल्कर एक ऐसा नाम है जिस पर हम भारतीयों को हमेशा गर्व रहेगा।

7

रेशमा पठान

- *शोले गर्ल के नाम से मशहूर भारतीय फिल्म इंडस्ट्री की पहली सफल स्टंट महिला।*
- *इनका जन्म 21 अगस्त 1954, को मुंबई में हुआ, और इनका विवाह शकूर पठान से हुआ। इन्हें क्रिटिक्स चॉइस फिल्म अवार्ड्स (सीसीएफए) में असाधारण उपलब्धि पुरस्कार, शूरवीर पुरस्कार, दृश्य के पीछे की महिलाएँ पुरस्कार भी दिए गए हैं।*

"चल धन्नो,आज तेरी बसंती की इज़्ज़त का सवाल है।" प्रतिष्ठित भारतीय फिल्म शोले का यह प्रसिद्ध संवाद और दृश्य जहाँ अभिनेत्री हेमा मालिनी तांगा चला रही हैं और डाकू गब्बर के गुंडों से बचने के लिए कुछ खतरनाक स्टंट करती हैं, आज भी सभी सिनेमा प्रेमियों के बीच ताज़ा है और याद किया जाता है। फिल्म शोले में असली एक्शन महिला हेमा मालिनी नहीं बल्कि रेशमा पठान हैं। तांगे का पहिया गिरने से रेशमा के पैर में गंभीर चोटें आईं और उन्हें अस्पताल में भर्ती होने की सलाह दी गई, लेकिन उन्होंने टांके लगवाए और फिल्म क्रू के साथ रहीं। उन्हें अपनी बहन की शादी के लिए पैसों की जरूरत थी और इसके लिए उन्होंने फिल्म में अपना काम जारी रखा। स्टंट करना वास्तव में गंभीर होने के साथ-साथ

जोखिम भरा भी है और इसे अपना करियर बनाने वाली महिला में वास्तविक साहस की आवश्यकता होती है।

फिल्मों में स्टंट करना आमतौर पर पुरुषों का काम रहा है, लेकिन उस रूढ़िवादिता को तोड़ते हुए रेशमा भारतीय फिल्म उद्योग की पहली सफल और बहुप्रतीक्षित स्टंटवुमन बन गईं । उस समय की लगभग सभी प्रमुख अभिनेत्रियों, जैसे मीना कुमारी, हेमा मालिनी, श्रीदेवी, रेखा, डिंपल कपाड़िया और मीनाक्षी शेषाद्रि के लिए स्टंट डबल की भूमिका निभाते हुए, रेशमा ने पांच सौ से अधिक फिल्मों में कुछ आश्चर्यजनक स्टंट किए हैं। यह कार्य उनके आजीविका का माध्यम बना।

नायिकाओं के लिए स्टंट करने का काम पहले पुरुष करते थे , लेकिन एक पुरुष का शरीर नायिका के लिए आमतौर पर बड़ा अजीब और विचित्र दिखता था। रेशमा इस पेशे में आईं और जल्द ही तहलका मचाने लगीं। वह 1970 और 1980 के दशक की प्रमुख नायिकाओं की पसंदीदा बन गईं, जो अपने बॉडी डबल एक्शन के लिए रेशमा को पसंद करती थीं। रेशमा की सफलता को देखकर उनके समकालीन पुरुष स्टंट कलाकार कहते थे, "तुम्हारे हाथ-पैर टूट जाएंगे, तुम्हारा चेहरा विकृत हो जायेगा। फिर तुमसे शादी कौन करेगा?"

इस पर रेशमा दो टूक जवाब देतीं - "कौन शादी करना चाहता है?" हालाँकि उनका जवाब उन लोगों को शांत करने के लिए था जो उनकी सफलता से ईर्ष्या करते थे, बाद में रेशमा ने स्टंटमैन शकूर पठान से शादी कर ली और इस तरह उन्हें अपना उपनाम मिला। रेशमा ने शादी करके घर बसाने का फैसला इसी शर्त पर किया था कि उनके जीवनसाथी को उनके पेशे से कोई आपत्ति न हो, जिसे वह कभी नहीं छोड़ना चाहती थीं। सौभाग्य से, रेशमा को शकूर के रूप में एक ऐसा जीवनसाथी मिल गया।

रेशमा एक गरीब परिवार से थीं, जिसे जीविकोपार्जन के लिए संघर्ष करना पड़ता था। उनका जन्म 21 अगस्त 1954 को मुंबई में हुआ था और वह पांच भाई-बहनों में सबसे बड़ी थीं। उसके पिता ने खर्चों को पूरा करने के लिए फाउंटेन पेन की मरम्मत और उसे बेचने का कार्य किया। वह बहुत छोटी थीं जब उसकी माँ को तलोजा और ट्रॉम्बे से चावल की तस्करी के आरोप में सायन में पुलिस ने गिरफ्तार कर लिया था। उसके छोटे भाई-बहन घर पर ही रहे और वह पुलिस स्टेशन के बाहर बैठी अपनी माँ की रिहाई का इंतज़ार कर रही थी। पुलिसकर्मियों ने उसे कई बार घर वापस जाने के लिए कहा, लेकिन वह नहीं मानी। एक पुलिसकर्मी चिढ़ गया और उसने उससे फिर कहा, "तुम यहाँ भूखी क्यों बैठी हो? घर जाओ और कुछ खाओ।"

रेशमा ने निडरता से उत्तर दिया, "जब आपने घर के कमाने वाले को ही थाने में बिठा रखा है तो मैं घर कैसे जाऊँ?" उनके पिता अक्सर बीमार रहते थे और खर्चों को पूरा करना परिवार के लिए एक बड़ी चिंता थी। बाद में किसी तरह उनकी माँ को रिहा कराया गया और परिवार ने राहत की सांस ली।

रेशमा बचपन से ही टॉमबॉय थीं। वह आमतौर पर पैंट और शर्ट पहनती थीं और उनके पिता उन्हें बेटे की तरह मानते थे। उन्हें अपने इलाके की बॉस-गर्ल बनना पसंद था और वह आमतौर पर अपने इलाके में इधर-उधर उछलती-कूदती रहती थीं। स्टंट डायरेक्टर अजीम भाई ने एक बार अपने क्षेत्र में रेशमा की हरकतों को देखा और उन्हें फिल्मों में स्टंट करने का सुझाव दिया। वह सहमत हो गईं क्योंकि वह अपने परिवार के लिए कमाना चाहती थीं। लेकिन रेशमा के पिता उनके फिल्मों में काम करने और इस खतरनाक पेशे को अपनाने के खिलाफ थे।

शुरू में रेशमा अपने पिता को मना नहीं सकीं लेकिन उनकी माँ उनके फैसले के पक्ष में थीं। अजीम भाई ने उनसे कहा कि स्टंट कलाकार के रूप में काम शुरू करने से पहले उन्हें यह देखना चाहिए कि स्टंट कैसे किए जाते हैं। उन्होंने उन्हें उस

स्टूडियो में बुलाया जहाँ फिल्म 'एक खिलाड़ी बावन पत्ते' की शूटिंग चल रही थी। यह साल 1968 की बात है और उस वक्त रेशमा की उम्र महज़ चौदह साल थी। एक स्टंट सीन करना था जहाँ कैबरे डांस करते समय अभिनेत्री को एक निर्धारित स्थान पर गिरना था। एक लड़का एक्ट्रेस लक्ष्मी छाया के लिए स्टंट कर रहा था, लेकिन वह सीन सही से नहीं कर पा रहा था। तभी अजीम भाई ने स्टंट के लिए निर्देशक को रेशमा का नाम सुझाया।

एक लड़की का नाम सुनते ही सभी की भौंहें तुरंत तन गईं और सभी की एक ही प्रतिक्रिया थी - 'वह एक लड़की है; वह स्टंट कैसे कर सकती है?' लोगों को महिलाओं को स्टंट करते देखने की आदत नहीं थी। उनके लिए, यह हमेशा एक पुरुष था जो महिला की तरह दिखने के लिए कपड़े पहनता था और नायिका के लिए स्टंट डबल की भूमिका निभाता था। लेकिन रेशमा ने चुनौती स्वीकार की। उसने कपड़े पहने और स्टंट किया। स्टंट करने के बाद, वह थोड़ी देर के लिए उसी स्थिति में रुकी रहीं और उपस्थित सभी लोगों की तालियों की आवाज के बीच उन्होंने अपना सिर ऊपर उठाया। उन्होंने एक ही टेक में अपना कार्य बखूबी निभाया था और इस तरह बॉलीवुड की साहसी स्टंटवुमन रेशमा पठान का जन्म हुआ!

उन्हें स्टंट के पैसे मिले। स्टंट यूनियन के मानदंडों के अनुसार उनके पहले अभिनय के लिए 175 रु मिले । उन दिनों उनके लिए यह अच्छी रकम थी। वह केवल चौदह वर्ष की थी और अब, वह अपने परिवार के लिए रोटी कमाने वाली बन गई थीं। जब उन्होंने अपने पिता को फिल्मों में शुरू किए गए काम के बारे में बताया तो उनके पिता ने उन्हें डांटा और बुरी तरह पीटा भी, लेकिन रेशमा केवल एक ही बात जानती थीं कि उन्हें अपने परिवार के लिए कमाना है और उन्हें गरीबी से बाहर निकालना है। बहुत हुआ बुरा वक्त; उनके भाग्य ने उन्हें अपने जीवन स्तर को उन्नत करने का मौका दिया था और वह उसे जाने नहीं देना चाहती

थीं। धीरे-धीरे, उन्हें अपने पिता से भी सराहना मिली, जो शुरू में उनके काम के खिलाफ थे।

रेशमा ने सभी के संदेह को दूर कर दिया था कि केवल पुरुष ही एक्शन सीन कर सकते हैं। जब रेशमा इस पेशे में आईं तो वह कुछ पुरुष स्टंट कलाकारों के लिए भी खतरा बन गईं, जो हीरोइनों के लिए स्टंट डबल थे। उन्हें अपने कुछ सहकर्मियों द्वारा ईर्ष्या, क्रोध और अपमानजनक व्यवहार का सामना करना पड़ा लेकिन रेशमा ने हार बिल्कुल नहीं मानी। वह बस इतना जानती थीं कि उन्हें घर में सभी के लिए मेज़ पर खाना रखना है और इसके लिए उन्हें काम करना होगा, चाहे कुछ भी हो।

रेशमा को अपने करियर के दौरान कई बार चोटें लगीं, लेकिन वह डटी रहीं। फिल्म शोले के अलावा अन्य फिल्मों की शूटिंग के दौरान भी उन्हें चोटें आईं। रेशमा फिल्म 'ऋण' में दुर्गा खोटे की बॉडी-डबल का रोल कर रही थीं , जब एक ट्रक ने उन्हें ज़ोरदार टक्कर मार दी। फिल्म '*ज्योति*' में, रेशमा ने हेमा के लिए बॉडी डबल की और बैल की लड़ाई के दौरान, वह दो बार बैल से टकरा गईं। उनके द्वारा शोले में किए गए शानदार स्टंट के लिए उनकी सराहना करते हुए निर्देशक रमेश सिप्पी ने एक बार कौन बनेगा करोड़पति के सेट पर कहा था, "उसने एक इतना खतरनाक शॉट दिया है जहाँ एक घोड़ा तीव्र गति से आ रहा है और वह एक बच्चे को घोड़े से बचाने के लिए कूदती है और तेज़ी से मुड़ती है।" उनके पूरे करियर में जोखिम लगातार बना रहा, लेकिन कोई भी दुर्घटना, चोट या डर रेशमा के जज़्बे को कम नहीं कर सकी।

रेशमा का मानना है कि स्टंट कलाकार भी अभिनेता होते हैं, क्योंकि वे अभिनेताओं के सबसे कठिन कार्य को अंजाम देते हैं। कई बार उन्हें यह देखकर बुरा लगता था कि स्टंट कलाकारों को मुख्य अभिनेताओं और अभिनेत्रियों के समान सम्मान और पहचान नहीं दी जाती है। रेशमा को भी ऐसे अनुभव हुए।

वह सेट पर कभी बैठी होतीं थीं और अचानक कोई एक्ट्रेस आ जाती थी तो उनसे उनके लिए सीट खाली करने को कहा जाता था। इससे उन्हें दुख तो हुआ, लेकिन फिर उन्हें समझ आया कि फिल्में इन एक्टर और एक्ट्रेस के नाम पर ही चलती हैं। लोग उन्हें स्क्रीन पर देखना पसंद करते हैं। वह यह भी मानती हैं कि अगर वह ग्रेजुएट होतीं तो भी उन्हें उतने पैसे नहीं मिलते, जितने इस पेशे में मिलते हैं। इसके अलावा, उस समय फिल्म उद्योग में स्टंटवुमेन की कमी थी और अपने काम के लिए उन्हें जो प्रशंसा मिल रही थी, उसे देखकर उन्हें पता चल गया था कि उनके काम की हमेशा मांग रहेगी। सबसे महत्वपूर्ण बात यह है कि वह अपने पेशे से प्यार करती थीं और खुश थीं कि वह अपने परिवार के लिए पर्याप्त कमाई करने में सक्षम थी।

जब रेशमा ने मूवी स्टंट आर्टिस्ट एसोसिएशन ऑफ इंडिया का हिस्सा बनने के लिए आवेदन किया, तो सभी की भौंहें तन गईं। एक बार फिर वही सवाल खड़ा हुआ, "एक महिला होने के नाते वह स्टंट एसोसिएशन की सदस्य कैसे बन सकती हैं?" कुछ अन्य लोगों ने कहा, "महिलाओं के प्रवेश से एसोसिएशन खराब हो जाएगा।"

रेशमा को यह बात बिल्कुल बकवास लगी और उन्होंने दृढ़ता से जवाब दिया, "जब आप यूनियन के बाहर लड़कियों का पीछा करते हैं, तो क्या इससे यूनियन की प्रतिष्ठा खराब नहीं होती है? बेहतर है कि आप महिला स्टंट कलाकारों को संघ में अनुमति दें और बाहर की महिलाओं के पीछे भागने के बजाय उन पर ही अपनी किस्मत आज़माएँ।

अंततः, रेशमा इस रूढ़िवादिता को तोड़ते हुए आधिकारिक तौर पर मूवी स्टंट आर्टिस्ट एसोसिएशन ऑफ इंडिया की पहली महिला सदस्य बन गईं। महिलाएँ लगातार बाधाओं को तोड़ रही हैं, कम या कभी न जाने वाले क्षेत्रों पर विजय प्राप्त कर रही हैं और रेशमा ने भी अपने क्षेत्र में ऐसा किया है।

रेशमा को अपने करियर में बार-बार लिंग-भेदभाव का सामना करना पड़ा। एक समय था जब फिल्म 'गंगा की सौगंध' में जोखिम भरे स्टंट करने के लिए उन्हें 90 रुपये की पेशकश की गई थी जबकि स्टंट डबल के लिए प्रति दिन का मानक भुगतान 175 रुपये था। दरअसल, वे उन्हें जूनियर आर्टिस्ट के तौर पर काम पर रखकर स्टंट करवाना चाहते थे। रेशमा कुछ समय तक चुप रहीं लेकिन फिर उन्होंने इस भेदभाव के खिलाफ आवाज उठाने का फैसला किया।

उन्होंने संक्षेप में कहा, "आप मुझसे एक स्टंट डबल बनने के लिए कह रहे हैं और एक जूनियर कलाकार के रूप में मुझे भुगतान कर रहे हैं। यह सही नहीं है। जब तक मुझे काम के लिए उचित भुगतान नहीं मिलेगा, मैं स्टंट नहीं करूंगी।"

कुछ लोगों ने उन्हें धमकी दी, "जो भी तुम्हें मिल रहा है ले लो नहीं तो तुम्हारा जूनियर आर्टिस्ट कार्ड छीन लिया जाएगा।"

लेकिन रेशमा न केवल अपने काम में, बल्कि अपने तर्कों में भी दुरुस्त थी। वह दृढ़ रहीं और आत्मविश्वास से उसने कहा, "मैं अपना रुख बिल्कुल नहीं बदलूंगी। मैं अपने अधिकारों के लिए लड़ूंगी और एक महिला होने के कारण आप मुझे नजरअंदाज नहीं कर सकते।"

ज़िम्मेदार लोग अच्छी तरह समझते थे कि रेशमा कोई संकोची महिला नहीं है जो दबाव के आगे झुक जाए। आखिरकार, रेशमा को उनके काम के लिए उचित भुगतान किया गया।

फाइट मास्टर के रूप में अपनी यात्रा के दौरान, रेशमा को नायिकाओं की भूमिकाओं की भी पेश की गई, लेकिन उन्होंने उन्हें स्वीकार नहीं किया, क्योंकि उन प्रस्तावों के बदले उन्हें अपनी गरिमा से समझौता करना पड़ता, जो उन्हें स्वीकार्य नहीं था। कुछ नायकों ने भी उनकी तरफ कुछ अनुचित कदम उठाए, लेकिन रेशमा ने सब कुछ बखूबी संभाल लिया। वह दृढ़ता से कहतीं, "मैं आपके

काम के लिए आपका सम्मान करती हूँ। तो, उस सम्मान को कायम रहने दीजिए।" एक स्टंटवुमन, जो अपने काम में काफी अच्छा कर रही थी, उसका इतना कड़ा और आत्मविश्वासपूर्ण जवाब उद्योग में किसी भी पुरुष को स्पष्ट संकेत था कि वह उन लोगों में से नहीं है, जिनके साथ खिलवाड़ किया जा सकता था।

रेशमा ने खुद को केवल हिंदी फिल्मों तक ही सीमित नहीं रखा। उन्होंने विभिन्न भाषाओं की फिल्मों और यहाँ तक कि द्विभाषी फिल्मों मंगल पांडे, गाँधी और वारियर में भी स्टंट किए हैं। फ़िल्म वारियर का वह दृश्य जहाँ एक स्टंट सीन में इरफान खान घोड़े पर सवार होकर उनके बाल पकड़कर उन्हें घसीटते हैं, वह आज भी उनकी यादों में ताजा है। यह एक जोखिम भरा स्टंट था, लेकिन रेशमा ने इसे बखूबी किया। स्टंट कलाकार होने की सबसे अच्छी बात यह है कि इसका भाषा से कोई लेना-देना नहीं है। यह एक ऐसा कौशल है जिसमें भाषा कोई बाधा नहीं है और रेशमा ने अपनी जीविका चलाने के लिए अपने कौशल का बहुत अच्छे से उपयोग किया।

पहले, स्टंट कलाकारों के लिए शायद ही कोई पुरस्कार होता था। वे आमतौर पर गुमनामी में खो जाते थे, लेकिन रेशमा को खुशी है कि अब स्टंट कलाकारों को पहचाना, सराहा और सम्मानित किया जा रहा है। रेशमा को भी कई पुरस्कारों से नवाज़ा जा चुका है। उन्हें 2019 में क्रिटिक्स चॉइस फिल्म अवार्ड्स (सीसीएफए) में असाधारण उपलब्धि पुरस्कार से सम्मानित किया गया था। इस प्रतिष्ठित पुरस्कार के बारे में सबसे सुखद बात यह है कि यह उन्हें शोले के लेखक जावेद अख्तर और निर्देशक रमेश सिप्पी द्वारा प्रदान किया गया। यह वास्तव में रेशमा के लिए एक अभिभूत करने वाला क्षण था। रेशमा फिल्म पत्रकार, समीक्षक और लेखिका भावना सोमाया की विशेष रूप से कृतज्ञ हैं, जिन्होंने एक स्टंटवुमन के रूप में रेशमा की साहसपूर्ण यात्रा के बारे में पैनल को सूचित किया था।

इसी साल 2019 में रेशमा को शूरवीर अवॉर्ड मिला। उन्हें नेशनल लाडली मीडिया एंड एडवरटाइजिंग अवार्ड्स के 10वें संस्करण में 'वीमेन बिहाइंड-द-सीन' पुरस्कार से भी सम्मानित किया गया है। उनकी उपलब्धियों के लिए हरकी गोल्ड क्लब ने भी उन्हें सम्मानित किया है। कोई व्यक्ति जो लंबे समय तक गुमनामी में रहा, उसे अब आखिरकार उसकी कड़ी मेहनत के लिए पहचाना जा रहा है।

रेशमा के लिए उनकी वर्षों की कड़ी मेहनत की सबसे अच्छी पहचान उनकी बायोपिक "शोले गर्ल" रही है जो 2019 में महिला दिवस पर ज़ी5 पर रिलीज़ हुई थी। यह फिल्म भारतीय फिल्म उद्योग में साहसी और प्रतिभाशाली रेशमा की यात्रा को दर्शाती है। फिल्म का निर्माण साई देवधर और निर्देशन आदित्य सरपोतदार ने किया था। रेशमा पठान की भूमिका अभिनेत्री बिदिता बाग ने निभाई थी। राजनेताओं, अभिनेताओं, खेल सितारों और यहाँ तक कि गैंगस्टरों की भी बायोपिक बनी हैं, लेकिन यह अपनी तरह की एक अनोखी बायोपिक है और इसे लोगों के सामने लाने की बहुत ज़रूरत थी। इसमें बहुत अच्छे से दिखाया गया है कि कैसे स्टंट कलाकार सिल्वर स्क्रीन पर अभिनेताओं और अभिनेत्रियों के लिए एक एक्शन सीन को वास्तविक बनाने में अपनी जान जोखिम में डालते हैं। रेशमा अपनी खुद की बायोपिक देखकर बेहद खुश हुईं, जहाँ उन्होंने एक विशेष उपस्थिति भी दी है। उन्हें उद्धृत करने के लिए, "अब तक, मैं नायिकाओं के लिए बॉडी डबल करती रही हूँ, लेकिन आज, किसी ने मुझे सिल्वर स्क्रीन पर चित्रित किया है। मैं एक स्टार की तरह महसूस कर रही हूँ!" 'द शोले गर्ल' ने इकोनॉमिक टाइम्स: स्पॉट अवार्ड्स में सर्वश्रेष्ठ ओटीटी लॉन्ग फॉर्मेट फिल्म के लिए सिल्वर जीता। एक स्टंटवुमन की बायोपिक को सराहना और पुरस्कार मिलते देखना रेशमा के साथ-साथ निर्माताओं के लिए भी गर्व की अनुभूति थी।

एक स्टंटवुमन के लिए फिल्म उद्योग में इतने लंबे समय तक खुद को बनाए रखना आसान काम नहीं है, लेकिन रेशमा ने शालीनता और आत्मविश्वास के साथ

इसे सफलतापूर्वक किया। रेशमा ने अपने व्यक्तिगत और व्यावसायिक जीवन को भी अच्छे से संतुलित किया, जो कभी-कभी एक अपरंपरागत क्षेत्र की महिला के लिए मुश्किल हो जाता है। रेशमा के बेटे और बहू दोनों डॉक्टर हैं और रेशमा को उन पर बेहद गर्व है। वह अपने जीवन में बहुत कठिन दौर से गुज़री थीं और अपनी शिक्षा पूरी नहीं कर सकीं, लेकिन उन्होंने यह सुनिश्चित किया कि उनका बेटा अच्छी तरह से शिक्षित हो। उन्होंने अपनी बहन के बच्चों का भी पालन-पोषण किया है और यह सुनिश्चित किया है कि उन्हें भी उचित शिक्षा मिले और वे अच्छी तरह से स्थापित हों। सत्तर साल की उम्र में, रेशमा अब एक खुश और तनाव मुक्त महिला हैं, लेकिन उन्होंने फिल्म उद्योग में अपना काम नहीं छोड़ा है। उम्र की परवाह न करते हुए रेशमा का मानना है, "शो जारी रहना चाहिए।"

भारतीय फिल्म उद्योग में एक स्टंटवुमन के रूप में बिताए गए रेशमा पठान के पचपन से अधिक गौरवशाली वर्ष इस बात को स्पष्ट करते हैं कि महिलाएँ किसी से पीछे नहीं है। चाहे विकल्पहीन हो या अपनी पसंद का रास्ता चुनना हो, अगर कोई महिला कुछ करने की ठान लेती है, तो कोई भी ताकत उसे रोक नहीं सकती।

8

सावित्रीबाई फुले

- *एक महान समाज सुधारक, शिक्षक और कवयित्री, जिन्होंने महिला सशक्तिकरण के लिए काम किया।*
- *3 जनवरी 1831 को नायगांव (महाराष्ट्र) में जन्मी, सावित्रीबाई एक सफल शिक्षक एवं समाज सुधारक थीं। इनका विवाह ज्योतिराव फुले से हुआ था, और यह सत्यशोधक समाज एवं बालहत्या प्रतिबंधक गृह से जुडी हुई थीं। इन्होंने काव्य फुले, बावन काशी सुबोध रत्नाकर जैसी पुस्तकें भी लिखी हैं।*

सावित्रीबाई फुले भारत में सामाजिक सुधार, शिक्षा और महिला सशक्तिकरण के क्षेत्र में एक प्रमुख नाम हैं। भारतीय नारीवाद पर कोई भी चर्चा सावित्रीबाई के उल्लेख के बिना पूरी नहीं हो सकती। एक महान सुधारक ज्योतिबा फुले की पत्नी, सावित्रीबाई अपने अंतिम दिनों तक महिलाओं के हितों के लिए लड़ती रहीं और समाज की सेवा करती रहीं।

उन्नीसवीं सदी सामाजिक-धार्मिक सुधारों का युग था। भारत में सामाजिक पुनर्जागरण के इस युग में सावित्रीबाई ने अपने पति के साथ मिलकर समाज में बहुत बड़ा योगदान दिया। भारत की पहली महिला शिक्षिका के रूप में श्रेय प्राप्त करने वाली सावित्रीबाई ने अधिक से अधिक लड़कियों को शिक्षित करने के लक्ष्य के साथ विभिन्न क्षेत्रों में कई स्कूलों की स्थापना की। वह सिर्फ एक शिक्षाविद

और सामाजिक कार्यकर्ता ही नहीं थीं, बल्कि एक कवयित्री भी थीं, जिन्होंने उस समय भारतीय समाज में व्याप्त बुराइयों को दूर करने के लिए अपनी कलम का इस्तेमाल किया था। उनकी ओजस्वी कविता, "जाओ, शिक्षा प्राप्त करो" का एक भाग नीचे दिया गया है, जिसमें वह शिक्षित होने और जाति व्यवस्था को खत्म करने पर ज़ोर देती हैं। उनके शब्द कठोर लेकिन सशक्त थे। नीचे उनकी बहुप्रशंसित कविता का एक अंश दिया गया है:

"आत्मनिर्भर बनो, मेहनती बनो
काम करो, बुद्धि और धन इकट्ठा करो,
ज्ञान के बिना सब खो जाता है
हम बुद्धि के बिना पशु बन जाते हैं,
अब खाली मत बैठो, जाओ, शिक्षा प्राप्त करो
उत्पीड़ितों और त्यागे हुए लोगों का दुख समाप्त करो,
तुम्हारे पास सीखने का सुनहरा मौका है
इसलिए सीखो और जाति की बेड़ियाँ तोड़ो
ब्राह्मण के धर्म ग्रंथों को शीघ्रता से फेंक दो।"

3 जनवरी, 1831 को महाराष्ट्र के नायगांव में एक दलित माली समुदाय में जन्मी, सावित्रीबाई का विवाह नौ साल की उम्र में ज्योतिराव फुले (जिन्हें महात्मा ज्योतिबा फुले भी कहा जाता है) से हुआ था। ज्योतिबा मात्र तेरह वर्ष के थे। उस समय समाज में बाल विवाह आम बात थी और सावित्री भी इस बुराई से बच नहीं सकीं।

ज्योतिराव एक पढ़े-लिखे व्यक्ति थे और उन्होंने हिंदू धर्मग्रंथों का व्यापक अध्ययन किया था। उनका मानना था कि सभी मनुष्य समान हैं और जाति-आधारित मानदंड हिंदू समाज की सबसे बड़ी बुराई है। इन सड़े-गले नियमों का ही परिणाम था कि शिक्षा पर एकाधिकार हो गया और यह मुट्ठी भर लोगों तक ही

सीमित रह गई, जबकि अधिकांश लोग इससे वंचित रह गए। यही अज्ञानता हमारे समाज को वह विकास नहीं दे पा रही थी जिसकी इसे आवश्यकता थी।

ज्योतिबा शिक्षा को जन-जन तक पहुँचाना चाहते थे, लेकिन इसके लिए महिलाओं को शिक्षित करना ज़रूरी था। महिलाएँ गृहिणी होती हैं और शिक्षित महिलाएँ परिवार के अन्य सदस्यों पर बहुत बड़ा प्रभाव डालती हैं। लेकिन सवाल यह था कि महिलाओं तक कैसे पहुँचा जाए? उन दिनों यह एक बड़ी समस्या थी। उन्हें महिलाओं को प्रशिक्षित करने के लिए शिक्षित महिलाओं की आवश्यकता थी। तभी उन्होंने सोचा कि क्यों न इसकी शुरुआत अपनी पत्नी सावित्रीबाई से की जाए? इसके अलावा, सावित्री को पढ़ने-लिखने में गहरी रुचि थी और इसी रुचि को देखते हुए ज्योतिबा ने उन्हें पढ़ाना-लिखाना शुरू किया। बाद में, सावित्रीबाई को औपचारिक शिक्षा प्रदान की गई।

सावित्रीबाई के विचार पूरी तरह से अपने पति से मेल खाते थे। वास्तव में, वह एक साहसी नारीवादी और शिक्षा की एक मज़बूत और मुखर समर्थक बन गईं। महिलाएँ उन सामाजिक बुराइयों से लड़ने का सबसे बड़ा हथियार थीं जो भारतीय समाज को दीमक की तरह खा रही थीं।

बेहद प्रगतिशील विचारों वाली सावित्रीबाई और उनके पति ने 1948 में पुणे के भिडे वाडा में पहला गर्ल्स स्कूल स्थापित किया और सावित्रीबाई इसकी पहली प्रधानाध्यापिका बनीं। महिलाओं और दलितों के अलावा निचली जातियों के अन्य लोगों को भी सावित्रीबाई द्वारा शिक्षित और जागृत किया जा रहा था। इसके लिए सावित्री को समाज के कठोर और विशेषाधिकार प्राप्त लोगों से काफी आलोचना का सामना करना पड़ा। प्रतिगामी मानसिकता वाले कई लोगों का मानना था कि अगर महिलाएँ लिखना सीख जाएं तो वे किसी भी पुरुष को पत्र लिख सकती हैं और गलत रास्ते पर जा सकती हैं। इसके अलावा, शिक्षा उच्च जाति के पुरुषों का विशेषाधिकार था।

लोगों ने सावित्री के लिए परेशानियाँ खड़ी करनी शुरू कर दीं। कई लोगों ने उन पर पथराव किया, गोबर फेंका और यहाँ तक कि भद्दी टिप्पणियाँ भी कीं, क्योंकि वे महिलाओं और अन्य वंचित लोगों की शिक्षा के खिलाफ थे। उत्पीड़न की हद यह थी कि सावित्रीबाई को अपने साथ एक अतिरिक्त साड़ी रखनी पड़ती थी, ताकि स्कूल जाते समय जो साड़ी उन्होंने पहनी थी वह अगर गंदी हो जाए, तो स्कूल पहूँचने के बाद वह दूसरी साड़ी पहन सकें।

निम्न जाति की महिला होते हुए भी सावित्रीबाई ने समाज की यथास्थिति को चुनौती दी थी। कई लोग उन्हें रोकना चाहते थे क्योंकि वह एक तरह से महिलाओं को उच्च वर्ग के पुरुषों के आधिपत्य पर सवाल उठाने के लिए तैयार कर रही थीं। लेकिन सावित्री अविचल रही। बल्कि उन्हें उन पुरुषों पर दया आती थी। बलवंत सखाराम कोल्हे, जो सावित्रीबाई को जानते थे, उन्होंने अपने संस्मरण में लिखा है कि सावित्रीबाई उन सभी पुरुषों से कहती थीं, जो उन्हें परेशान करने और डराने-धमकाने की कोशिश करते थे, "मैं समाज की अपनी बहनों को पढ़ाने का पवित्र कार्य करती हूँ। आप लोग मुझपर जो पत्थर या गोबर फेंकते हैं, मुझे फूल जैसे लगते हैं। भगवान आप पर कृपा करें!"

स्थिति तब और खराब हो गई जब वह रास्ते में जा रही थी तभी एक गुंडा उनके सामने आ गया और उन्हें धमकी दी कि अगर उन्होंने महिलाओं और निचली जाति के लोगों को पढ़ाना बंद नहीं किया तो गंभीर परिणाम भुगतने होंगे। बहुत सारे लोग इकट्ठा हो गए और मूकदर्शक बने इस तनातनी को देख रहे थे, लेकिन उन्होंने सावित्रीबाई की मदद के लिए कुछ नहीं किया। तभी सावित्रीबाई ने उस आदमी को शेरनी की तरह ज़ोरदार तमाचा मारा। एक महिला का ये करारा जवाब देखकर वह शख्स और जनता दोनों हैरान रह गए। वह आदमी शर्मिंदगी के मारे भाग गया। यह घटना जंगल में आग की तरह फैल गई। उन दिनों महिलाएँ किसी पुरुष से ऊँची आवाज़ में बात करने के बारे में सोच भी नहीं

सकती थीं और यहाँ एक महिला ने एक पुरुष को सबके सामने जोरदार थप्पड़ मारने की हिम्मत की थी। लेकिन वह सावित्रीबाई थीं, एक निडर महिला जो एक मिशन पर थीं।

महिलाओं को जागृत करते हुए सावित्री ने सरल प्रश्न रखे थे- "शिक्षा केवल उच्च जाति के पुरुषों के लिए ही विशेषाधिकार क्यों है?", "निचली जाति की महिलाएँ या सामान्य महिलाएँ भी पढ़ाई के बारे में क्यों नहीं सोच सकतीं?", "क्या युवा विधवाएँ फिर से अपना जीवन नहीं जी सकती हैं?", "किसी को समाज में अछूत का टैग कैसे दिया जा सकता है?" ये सरल, किन्तु शक्तिशाली प्रश्न, सदियों पुरानी सामाजिक बुराइयों पर सीधा प्रहार थे, जिन्हें भारतीय समाज में अत्यधिक रूढ़िवादी लोगों द्वारा नियंत्रित किया जा रहा था।

समाज के एक वर्ग का दबाव इतना था कि सावित्रीबाई के ससुर ने अपने बेटे और बहू को घर छोड़ने के लिए कह दिया। लेकिन यह जोड़ी अपने विचारों में अटल थी। उनके मन में अपने लक्ष्य बिल्कुल स्पष्ट थे। 1951 में उन्होंने पुणे में लड़कियों के लिए तीन स्कूल खोले और ये स्कूल बेहद सफल रहे। इन स्कूलों में पढ़ने वाली लड़कियाँ सरकारी स्कूलों के लड़कों की तुलना में बहुत अच्छा प्रदर्शन कर रही थीं। सावित्रीबाई विज्ञान और गणित पर ज़ोर देने के साथ आधुनिक शिक्षा लेकर आईं। सावित्रीबाई और उनके पति की मेहनत ऐसी थी कि ब्रिटिश सरकार को उनके काम की सराहना करनी पड़ी। 1852 में दंपत्ति को सरकार द्वारा सम्मानित किया गया और सावित्रीबाई को सर्वश्रेष्ठ शिक्षिका घोषित किया गया।

सावित्रीबाई अनेक प्रकार से महिलाओं के उत्थान के लिए संघर्ष करती रहीं। उन्होंने बाल विवाह, सती प्रथा का विरोध किया और विधवाओं के अधिकार और उनके पुनर्विवाह की वकालत की। उन दिनों कम उम्र में विधवा हो जाने वाली लड़कियों के साथ यौन शोषण के मामले भी सामने आते थे। सावित्रीबाई ने 1852 में महिला सेवा मंडल नामक संगठन की स्थापना की, जिसने महिलाओं

के अधिकारों के लिए आवाज़ उठाई। उन दिनों विधवाओं पर सबसे अधिक अत्याचार होता था। उनमें से कुछ सती हो गईं और अगर जीवित रहीं तो समाज के लोगों ने किसी न किसी तरह उनका जीवन नरक बना दिया। विधवा का सिर मुंडवा दिया जाता; वह पुनर्विवाह के बारे में सोचने की हिम्मत भी नहीं कर सकती थी और ज़्यादातर बहिष्कृत जीवन जीती थी। सावित्रीबाई उन महिलाओं की ऐसी दयनीय दुर्दशा नहीं देख सकती थीं जो बिना किसी गलती के इतना कुछ सह रही थीं। उन्होंने नाई की हड़ताल का आयोजन किया, जिसका उद्देश्य युवा विधवाओं के सिर मुंडवाने का विरोध करना था।

विधवाओं के हितों के लिए लड़ते हुए, सावित्रीबाई ने अपने पति के साथ 1963 में 'बालहत्या प्रतिनिधि गृह' की स्थापना की। यह विधवाओं और बलात्कार पीड़ितों के लिए आश्रय गृह था। आश्रय ने इन महिलाओं को उन बच्चों को जन्म देने में मदद की जो बलात्कार और शोषण के कारण पैदा हुए थे। सावित्रीबाई ने इन महिलाओं के पुनर्वास में मदद की और उन्हें अपने जीवन को एक नई शुरुआत देने के लिए सशक्त बनाया। इस आश्रय गृह ने शिशुहत्या को कम करने में भी काफी मदद की। यह कुछ ऐसा था जिसके बारे में शासकों, प्रशासकों और समाज के अन्य तथाकथित रक्षकों को सोचना चाहिए था और इस पर काम करना चाहिए था, लेकिन समाज के राक्षसों से लड़ने के लिए एक दलित महिला की ज़रूरत पड़ी।

सावित्रीबाई और ज्योतिबा फुले निःसंतान थे। समाज के सामने एक उदाहरण स्थापित करने और जातिवाद की रेखाओं को धुंधला करने के लिए, दंपति ने एक ब्राह्मण विधवा काशीबाई के एक लड़के को गोद लिया और उसका पालन-पोषण किया। उनका दत्तक पुत्र यशवंतराव बड़ा होकर डॉक्टर बना। सावित्रीबाई ने विभिन्न सामाजिक बुराइयों को खत्म करने और महिलाओं और वंचितों के जीवन को आसान बनाने के लिए अपनी क्षमता में सब कुछ किया।

सावित्रीबाई ने 1873 में ज्योतिबा द्वारा स्थापित एक सुधार समाज, सत्यशोधक समाज (सत्य साधक) के लिए लगन से काम किया। इस संगठन का मुख्य उद्देश्य "शूद्रों" की मुक्ति के लिए काम करना और किसी भी सामाजिक गुलामी और बंधन को खत्म करना था। सावित्रीबाई महिला शाखा की प्रमुख बनीं। जब 1876-78 का भीषण अकाल भारत में पड़ा, तो सावित्रीबाई ने अपने संगठन सत्य शोधक समाज के माध्यम से भारी संख्या में अकाल प्रभावित लोगों को खाना खिलाया। उन्होंने समूह बनाये और महाराष्ट्र तथा दक्षिण के आपदा प्रभावित क्षेत्रों की यात्रा की। उन्होंने अपनी टीम के साथ अकाल प्रभावित इलाकों में जरूरतमंदों को कपड़े और ज्वार और बाजरा जैसे खाद्यान्न वितरित किए। अकाल के दौरान काम करते हुए भी वह अपने पति को पत्र लिखती रहीं।

जब भी सावित्रीबाई ज्योतिबा से दूर होती थीं तो वे उन्हें पत्र लिखती रहती थीं। वे पत्रों के माध्यम से लगातार एक-दूसरे के संपर्क में रहते थे। ये प्रेम पत्र नहीं थे; बल्कि ये दर्शाते हैं कि एक पति और पत्नी के बीच एक आदर्श समझ कैसी हो सकती है। यही तो प्यार है। 1856 में सावित्रीबाई द्वारा लिखे गए पत्रों में से एक का अंश इस प्रकार है:

अक्टूबर 1856

सत्य के अवतार, मेरे भगवान ज्योतिबा,

एक दिन जब हम बात कर रहे थे तो मेरे भाई ने कहा, "तुम्हें और तुम्हारे पति को उचित रूप से बहिष्कृत किया गया है क्योंकि तुम दोनों अछूतों की सेवा करते हो…"

मैंने कहा, "मेरे पति एक देवता तुल्य व्यक्ति हैं। वह इस संसार में तुलना से परे है, कोई उनकी बराबरी नहीं कर सकता। उनका मानना है कि अछूतों को सीखना चाहिए और स्वतंत्रता प्राप्त करनी चाहिए। वह अछूतों के लिए शिक्षा

सुनिश्चित करने के लिए ब्राह्मणों का सामना करते हैं और उनसे लड़ते हैं क्योंकि उनका मानना है कि वे भी दूसरों की तरह इंसान हैं और उन्हें सम्मानित इंसानों की तरह रहना चाहिए।" इससे आप अनुमान लगा सकते हैं कि पुणे में कितने निकृष्ट लोग हैं जो लोगों के दिमाग में ज़हर घोलते हैं और हमारे खिलाफ अफवाहें फैलाते हैं। लेकिन हम उनसे क्यों डरें? अपना यह नेक काम हम क्यों छोड़ें? हम इससे उबरेंगे और भविष्य में सफलता भी हासिल करेंगे।

विनम्र अभिवादन के साथ,

आपकी,

सावित्री

एक अन्य पत्र में जब वह अकाल के दौरान राहत कार्य कर रही थीं, तब सावित्री ने लिखा:

"आपने गरीबों और जरूरतमंदों के लिए परोपकारी और कल्याणकारी कार्य शुरू किया है। मैं भी अपने हिस्से की ज़िम्मेदारी निभाना चाहती हूँ। मैं आपको विश्वास दिलाती हूँ कि मैं हमेशा आपकी मदद करूंगी। मैं कामना करती हूँ कि इस ईश्वरीय कार्य को और अधिक लोगों से मदद मिलेगी।"

ज्योतिबा को लिखे गए प्रत्येक पत्र में, अपने पति के लिए उनका प्यार, प्रशंसा और दृढ़ समर्थन स्पष्ट रूप से दिखाई देता था। ये सभी पत्र मराठी में लिखे गए थे और अब सभी के लिए उदाहरण हैं कि एक रिश्ता कितना खूबसूरत और परिपक्व हो सकता है।

1890 में ज्योतिबा की मृत्यु के बाद सावित्रीबाई व्याकुल हो गईं। उन्होंने अपने जीवन का सबसे बड़ा सहारा खो दिया था, जिसने उन्हें हमेशा प्रेरित किया था और समाज की बुराइयों और ऊँच-नीच के खिलाफ उनकी सभी लड़ाइयों में उनके साथ खड़े रहे थे। लेकिन वह अटूट साहस वाली एक मज़बूत महिला थीं। वह अपना काम करती रहीं।

1897 में महाराष्ट्र में प्लेग महामारी फैली। सावित्रीबाई अपने दत्तक पुत्र यशवन्तराव के साथ मिलकर लोगों की सेवा करने लगीं। सावित्रीबाई प्लेग से संक्रमित मरीजों को अपने बेटे के क्लिनिक में लाती थीं और उनका बेटा उनका इलाज करता था। महामारी के दौरान बीमार लोगों की सेवा करते समय वह इस बीमारी की चपेट में आ गईं और 10 मार्च, 1897 को इस नेक आत्मा ने संसार को अलविदा कह दिया।

सावित्रीबाई न केवल एक अग्रणी नारीवादी और समाज सुधारक थीं, बल्कि एक अच्छी कवयित्री भी थीं। उनके दो लोकप्रिय कविता संग्रह हैं, 'काव्य फुले' और 'भवन काशी सुबोध रत्नाकर'। उनका संपूर्ण काव्य उनके विचारों, भावनाओं और उनके द्वारा जीवन भर किए गए सामाजिक कार्यों का प्रतिबिंब है। अपनी एक कविता, 'द ग्रेटेस्ट वेल्थ' में वह इस बात पर जोर देती हैं कि कैसे ज्ञान सबसे बड़ी शक्ति है। वह लिखती हैं:

"प्रातः काल,
अपना प्रक्षालन करें,
साफ सुथरा होकर,
माता-पिता और बड़ों का सम्मान करें।
भगवान का नाम स्मरण करें
पढ़ाई में डूब जाएं ,
इन अनमोल दिनों को बर्बाद मत करें,
घर जाने की ज़िद करके।
खूब पढ़ें, शिक्षित बनें,
ज्ञान को अपना ईश्वर मानें,
लगन से इसका लाभ उठाएं,
पूरे मन से एकाग्रचित्त हों।

ज्ञान ही धन है,
सभी धन से महान,
बुद्धिमान वही माना जाता है,
जो इसे प्राप्त करता है।"

सावित्रीबाई कई वर्षों तक एक भूली-बिसरी सी योद्धा बनी रहीं, शायद कई लोगों की जातिवादी और लिंगवादी मानसिकता के कारण ऐसा हुआ। पिछले कुछ वर्षों में ही लोग उनके बारे में अधिक से अधिक बात कर रहे हैं और लिख रहे हैं। बहुत से लोग अभी भी उनके जीवन भर किए गए सामाजिक कार्यों के महत्व से अनजान हैं। उन्हें उन्नीसवीं सदी की सबसे महान महिला योद्धा कहना गलत नहीं होगा। इस महान मुक्तिदाता को सम्मानित करने के लिए 2014 में पुणे विश्वविद्यालय का नाम बदलकर सावित्रीबाई फुले पुणे विश्वविद्यालय कर दिया गया। महाराष्ट्र राज्य सरकार इस महान शिक्षिका की विरासत का सम्मान करने के लिए महिला शिक्षकों को क्रांतिज्योति सावित्रीबाई फुले पुरस्कार देती है। महान महिला प्रतीक, सावित्रीबाई को सम्मानित करने के लिए कई अन्य पुरस्कार और मान्यताएँ हैं।

सावित्रीबाई भारतीय समाज में नारीवाद की अग्रदूत थीं। यदि हम ऐसे समाज में रह रहे हैं जो महिला सशक्तीकरण और विभिन्न क्षेत्रों में कई महिला उपलब्धियों का दावा करता है, तो इसके लिए सावित्रीबाई फुले को बहुत बड़ा श्रेय दिया जाना चाहिए। हमारे बीच सावित्रीबाई जैसी और भी महिलाओं की ज़रूरत है, जो पथ प्रदर्शक बन सकें और समाज में क्रांतिकारी बदलाव ला सकें, जहाँ अभी भी प्रतिगामी तत्व यहाँ-वहाँ बिखरे हुए हैं।

9

फाल्गुनी नायर

- *भारतीय अरबपति व्यवसायी महिला; नायका की संस्थापक और सीईओ।*
- *19 फरवरी 1963, मुंबई (महाराष्ट्र) में जन्मी महिला उद्यमी। इन्होंने सिडेनहैम कॉलेज ऑफ कॉमर्स एंड इकोनॉमिक्स, मुंबई; भारतीय प्रबंधन संस्थान, अहमदाबाद से अपनी शिक्षा संपूर्ण की। इनके जीवनसाथी का नाम संजय नायर है, और इनके बच्चे अद्वैता नायर और अंचित नायर अपनी माँ का उनके व्यवसाय में हाथ बताते हैं।*

"व्यवसाय में केवल पुरुष ही जोखिम उठा सकते हैं, यह गलत धारणा है।"

-फाल्गुनी नायर

सौंदर्य और फैशन ब्रांड 'नायका' की गतिशील संस्थापक और सीईओ फाल्गुनी नायर ने भारत में पूरे ई-कॉमर्स व्यवसाय जगत को इस स्व-निर्मित अरबपति व्यवसायी महिला की ओर ध्यान आकर्षित करने के लिए मजबूर कर दिया है। अपने करियर के चरम पर और उस उम्र में जब लोग आमतौर पर जोखिम लेने से बचते हैं, उच्च वेतन वाली कॉर्पोरेट नौकरी छोड़कर, फाल्गुनी नायर ने अपनी उद्यमशीलता की यात्रा शुरू की। उनतालीस साल की उम्र में निवेश बैंकिंग में अपना बेहद सफल करियर उन्होंने छोड़ दिया।

कोटक महिंद्रा समूह के साथ अठारह वर्षों तक काम करने के बाद, उन्होंने 2012 में कोटक महिंद्रा बैंक के प्रबंध निदेशक के पद से इस्तीफा दे दिया। उन्होंने पहले से ही जीवन में अपना लक्ष्य निर्धारित कर लिया था। सौंदर्य उत्पादों के प्रति उनके प्यार ने आखिरकार उन्हें अपने स्टार्टअप नायका, जो कि एक सौंदर्य और कल्याण खुदरा कंपनी है, शुरू करने पर मजबूर कर दिया। स्टार्टअप का नाम 'नायिका' शब्द से लिया गया है, जिसका इस संदर्भ में अर्थ है, 'अपने जीवन की अभिनेत्री और जो सुर्खियों में है'।

"हमारा प्रतीक प्यूपा के तितली में परिवर्तन को दर्शाता है। एक युवा लड़की भी इसी तरह के बदलाव से गुज़रती है। तितली स्वतंत्रता, गति, ऊर्जा और अनुग्रह का प्रतिनिधित्व करती है। यह बात फाल्गुनी ने एक इंटरव्यू में मीडिया को बताई।

फाल्गुनी ऑनलाइन ई-कॉमर्स व्यवसाय की ताकत में विश्वास करती थीं और इसके अलावा, विभिन्न ब्रांडों के सौंदर्य उत्पादों की मांग और आसान आपूर्ति के बीच एक अंतर था। सफल उद्यमी वही है जो वर्तमान बाज़ार की स्थितियों के साथ-साथ इस अंतर को भी सही ढंग से समझता है और सही रणनीति के साथ इसे पूरा करता है। फाल्गुनी ने यही किया।

पहले, महिलाएँ सौंदर्य प्रसाधन और बालों की देखभाल के उत्पाद लोकल स्टोर्स से खरीदती थीं, लेकिन उन्हें वे सभी विकल्प एक ही स्थान पर नहीं मिल पाते थे जिनकी उन्हें ज़रूरत थी। उनके पसंदीदा ब्रांड, नवीनतम उत्पाद और वे सभी विशेषताओं वाले उत्पाद जिनकी उन्हें आवश्यकता थी, निश्चित रूप से इन दुकानों में नहीं मिलते। इसलिए, महिलाओं ने या तो जो कुछ भी मिला उससे समझौता कर लिया या फिर एक दुकान से दूसरी दुकान तक भागती रहीं। यह एक बड़ी समस्या और अवसर था जिसका फाल्गुनी ने रणनीतिक रूप से फायदा उठाया। उन्होंने 'नायका' को एक ऑनलाइन सौंदर्य उत्पाद खुदरा मंच के रूप में शुरू किया। परिश्रमपूर्वक बनाई गई योजनाबद्ध रणनीतियों के साथ, केवल कुछ

वर्षों के अंतराल में, नायका ने सफलता की ऊँची उड़ान भरना शुरू कर दिया। नायका अपनी खुद की उत्पाद श्रृंखला भी लेकर आई है जिसने अपना वफादार ग्राहक आधार हासिल किया है।

महिला सशक्तिकरण को लेकर काफी मुखर रहने वाली फाल्गुनी ने मीडिया को दिए एक इंटरव्यू में कहा, "मैं उन महिलाओं के लिए खड़ी होना चाहती थी जो पुरुषों या अन्य महिलाओं के लिए नहीं, बल्कि अपने लिए सुंदर बनना चाहती हैं।" मेकअप के प्रति उनके प्यार और बिजनेस में रोमांच की चाहत के कारण ही उन्होंने नायका की योजना बनाई थी। फाल्गुनी को लगता है कि अधिक से अधिक महिलाओं को कार्य और उद्यमशीलता की दुनिया में आना चाहिए और इसके लिए उच्च शिक्षा, विशेष रूप से एस टी ई एम (STEM - विज्ञान, प्रौद्योगिकी, इंजीनियरिंग और गणित) शिक्षा पर जोर दिया जाना चाहिए।

इसके अलावा, महिलाओं को अपना खुद का काम शुरू करने के लिए पारिवारिक संसाधनों और धन तक आसान पहुँच होनी चाहिए।

फाल्गुनी ने हमेशा महिलाओं को समान अधिकार दिए जाने पर जोर दिया है, ताकि वे अपने सपनों को पंख दे सकें। 2021 में फिक्की (FICCI) के वार्षिक सम्मेलन को संबोधित करते हुए वह इसके बारे में बहुत मुखर थीं। उनके शब्दों में, "महिलाओं के लिए समान अवसर हों। मुझे लगता है कि भारतीयों ने बहुत अच्छा प्रदर्शन किया है; हमने एक देश के रूप में, शिक्षा, एस टी ई एम शिक्षा, उच्च शिक्षा पर बहुत ज़ोर दिया है और मुझे लगता है कि यह हर जगह वैश्विक संख्या में दिखाई दे रहा है। लेकिन मैं महिलाओं के लिए समान अवसर और इस तथ्य को स्वीकार करना चाहूंगी कि उनके लिए, उनके सपने और करियर महत्वपूर्ण हैं और वे जो हासिल करना चाहती हैं, उनके परिवार को उन्हें समर्थन करना चाहिए।

फाल्गुनी ने यह सुनिश्चित किया है कि उनका संगठन बड़ी संख्या में महिलाओं को काम पर रखे। संगठन के भीतर भी, जो महिलाएँ सक्षम और प्रतिबद्ध हैं, उन्हें

प्रोत्साहित किया जाता है और बड़ी ज़िम्मेदारियाँ लेने के लिए पूरा समर्थन दिया जाता है। विभिन्न श्रेणियों और विभागों में कई महत्वपूर्ण पदों पर महिलाएँ हैं। फाल्गुनी का प्रयास नायका को महिला सशक्तिकरण के लिए एक मंच के रूप में स्थापित करना है और वह इसमें सफल रही हैं।

फाल्गुनी का जन्म 19 फरवरी 1963 को मुंबई के एक गुजराती परिवार में हुआ था। उनके पिता, उनकी माँ के साथ, एक छोटा सा व्यवसाय चलाते थे। फाल्गुनी के पिता महिलाओं के लिए अच्छी शिक्षा में विश्वास रखते थे और वह अपनी बेटी के लिए भी यही चाहते थे। एक अच्छा वातावरण और माता-पिता का समर्थन मिलना एक बच्चे के लिए एक बड़ा प्लस पॉइंट होता है। इस मामले में फाल्गुनी भाग्यशाली रहीं। सिडेनहैम कॉलेज ऑफ कॉमर्स से स्नातक की पढ़ाई पूरी करने के बाद, फाल्गुनी ने 1985 में भारत के शीर्ष बिजनेस स्कूल, आईआईएम, अहमदाबाद से एम बी ए किया।

फाल्गुनी अपने पिता के व्यवसाय में शामिल हो सकती थीं और इसे आगे ले जा सकती थीं, लेकिन इसके बजाय उन्होंने अपनी अलग पहचान बनाने का फैसला किया। वह एम ए फर्ग्यूसन कंपनी में प्रबंधन सहयोगी के रूप में शामिल हुईं और बाद में कोटक महिंद्रा समूह में चली गईं। फाल्गुनी ने संजय नायर से शादी की, जिनसे उनकी मुलाकात आईआईएम अहमदाबाद में हुई थी। यह वास्तव में स्वर्ग में बनी एक जोड़ी थी, जब एक गुज्जू लड़की, फाल्गुनी मेहता एक पंजाबी लड़के, संजय नायर के साथ शादी के बंधन में बंधी। उनके जुड़वां बच्चे हुए, एक बेटी, अद्वैता और एक बेटा, अंचित। वे एक आदर्श परिवार की तरह जीवन व्यतीत कर रहे हैं। अद्वैत और अंचित दोनों नायका को नई ऊँचाइयों पर ले जाने के लिए अपनी माँ के साथ काम कर रहे हैं।

फाल्गुनी ने अपने उद्यम नायका के लिए एक सपना देखा, भारत में कॉस्मेटिक खुदरा उद्योग में क्रांति लाने का सपना। कंपनी की शुरुआत केवल तीन सदस्यों

और 60 ऑर्डर के साथ हुई थी। आज, नायका बहुआयामी और बहु-भौगोलिक व्यवसाय वाला एक बड़ा ब्रांड है। 2018 में, 'नायका फैशन' लॉन्च किया गया था, जिसमें पांच खंडों - पुरुष, महिला, बच्चे, तकनीक और घर को लक्षित करने वाले 1500+ ब्रांड हैं। यह समझते हुए कि भारत में बढ़ती क्रय शक्ति के साथ विविध आबादी है, फाल्गुनी भारतीय, अंतर्राष्ट्रीय, लग्जरी और उभरते लेबल और डिजाइनरों का मिश्रण लेकर आईं। यह हर किसी की पसंद के अनुरूप था।

कुल मिलाकर, नायका के पास विभिन्न श्रेणियों में फैले उत्पादों की विस्तृत श्रृंखला के साथ 2400+ ब्रांड हैं। इसकी शुरुआत ऑनलाइन रिटेल से हुई और 2022 तक इसके विभिन्न शहरों में 140+ फिजिकल स्टोर फैल गए। नायका भारत से बाहर भी अपने उत्पादों की आपूर्ति कर रहा है और अधिक मजबूत अंतर्राष्ट्रीय उपस्थिति के लिए पूरी तरह तैयार है। पिछले दशक में भारत में स्टार्टअप बूम देखा गया है, बहुत सारे उद्यमी विभिन्न नए विचारों के साथ आ रहे हैं। कारोबारी माहौल भी जोखिम-अनुकूल है। हालाँकि, हर स्टार्टअप नायका जैसी शानदार सफलता का स्वाद नहीं चख पाता। आज, नायका भारत के सबसे बड़े सौंदर्य प्रसाधन और जीवन शैली ब्रांडों में से एक और भारत में यूनिकॉर्न बनने वाले बहुत कम स्टार्टअप में से एक है। यह सब इसके मज़बूत इरादों वाली संस्थापक फाल्गुनी नायर के कारण संभव हुआ है।

नायका की सफलता की कहानी दलाल स्ट्रीट में इसकी आई पी ओ लिस्टिंग से मची हलचल का ज़िक्र किए बिना अधूरी है। नायका का आई पी ओ 2021 में आया था और सूचीबद्ध होने के तुरंत बाद, इसके शेयरों ने इंट्राडे ट्रेडिंग में अपनी लिस्टिंग कीमत को लगभग दोगुना कर दिया, जिससे जबरदस्त शुरुआत हुई। इससे ब्यूटी स्टार्टअप में निवेशकों का उत्साह और विश्वास स्पष्ट रूप से दिखा। नायका के शेयरों में इतनी जोरदार उछाल ने फाल्गुनी को भारत के अरबपति

क्लब में उठा दिया। यह उस महिला के लिए एक बड़ी उपलब्धि थी, जिसने कुछ ही सालों में अपने स्टार्टअप की किस्मत बदल दी।

जब लिंग भेदभाव और विशिष्टता की बात आती है, तो फाल्गुनी लिंग पहलू पर जोर देने और 'महिला उद्यमी' कहलाने के बजाय एक उद्यमी कहलाना पसंद करती हैं। उनका मानना है कि व्यवसाय स्थापित करने और सफलता की राह में हर व्यक्ति की अपनी-अपनी बाधाएं होती हैं। इसलिए, लिंग निर्दिष्ट करने का कोई मतलब नहीं है।

नायका आज एक बड़ा ब्रांड है, लेकिन इस खूबसूरती और फैशन ई-कॉमर्स को बनाने के पीछे संघर्षों की कहानियाँ हैं। स्टार्टअप के लिए पूंजी जुटाना सबसे बड़ी चुनौती थी। उस समय, ई-कॉमर्स भारत में बहुत आजमाई हुई और परखी हुई व्यावसायिक अवधारणा नहीं थी और निवेशक ऑनलाइन स्टार्टअप में निवेश करने को लेकर संशय में थे। इसके अलावा, एक ऑनलाइन ब्यूटी रिटेल स्टार्टअप ऐसा कुछ नहीं था जिससे आम तौर पर लोग परिचित थे। एक मजबूत आपूर्ति श्रृंखला बनाने की आवश्यकता थी जिसके बिना उत्पाद जनता तक नहीं पहुँच सकते थे। कठिनाइयाँ किसी भी सफल यात्रा का हिस्सा होती हैं और नायका के साथ भी ऐसा ही था।

कोविड के दौरान, नायका को कई अन्य व्यवसायों की तरह नुकसान हुआ। जब पूरी दुनिया अपने जीवन के लिए संघर्ष कर रही थी, सौंदर्य और कॉस्मेटिक उत्पाद खरीदना निश्चित रूप से लोगों की प्राथमिकता नहीं थी, लेकिन फाल्गुनी ने रणनीतिक रूप से योजनाबद्ध कदमों के माध्यम से संकट को पार किया। उन्होंने इन संकटों को ग्राहकों की बदलती जरूरतों के साथ तालमेल बिठाने के अवसर के रूप में लिया। लोगों को नौकरी से निकालने या कोई गलत निर्णय लेने के बजाय, उन्होंने मार्केटिंग लागत में भारी कटौती की, जो कंपनी के राजस्व का एक बड़ा हिस्सा था।

तमाम चुनौतियों के बावजूद, अपने निर्णयों और उनके परिणामों के मामले में फाल्गुनी हमेशा बहुत आशावादी और सकारात्मक व्यक्ति रही हैं। उनके अपने शब्दों में, "मुझे लगता है कि ब्रह्मांड आपकी मदद करने के लिए है और मैं बड़ी आस्तिक हूँ। ऐसे संयोग होते हैं जो घटित होते हैं और आपको कुछ ऐसे उत्तर मिलते हैं जिनकी आप वास्तव में तलाश कर रहे थे। धैर्य और विश्वास से चीजें आगे बढ़ती हैं और कोई भी आपको नहीं रोक पाएगा। मैं बिल्कुल भी निराशावादी दृष्टिकोण नहीं रखती हूँ।"

फाल्गुनी को गुजराती होने पर गर्व है और उनका मानना है कि उद्यमिता उनके खून में है। हमेशा शानदार ढंग से साड़ी पहनने वाली, चेहरे पर शांत और संयमित आभा के साथ, फाल्गुनी स्वाभाविक रूप से साहसी और जोखिम लेने वाली महिला हैं । जैसा कि उन्होंने व्यक्त किया, "मैं कभी भी एक अच्छी तैराक नहीं थी, लेकिन मैं हमेशा सबसे पहले कूदती थी । मेरे मन में यह विचार कभी नहीं आया अगर मेरा एक पैर टूट गया तो क्या होगा।" यही वह रवैया है जिसने उन्हें वह बनाया जो वह आज हैं।

फाल्गुनी से अक्सर उनके नेतृत्व और सफलता के मंत्र के बारे में पूछा जाता है और इसके लिए उनका एक बहुत ही स्पष्ट विचार है – "रिटेल पूरी तरह से विस्तार के बारे में है।" वह अपने खुदरा व्यवसाय के प्रत्येक चरण में गुणवत्ता निष्पादन के बारे में बहुत ही विस्तृत और विशेष रूप से उन्मुख हैं। प्रतिबद्धता एक ऐसी चीज़ है जिसकी वह कसम खाती हैं और व्यवसाय के लिए जो कुछ भी करती हैं उसमें अपना सौ प्रतिशत देती हैं। बॉस को ऑनलाइन ब्यूटी रिटेल कंपनी के दीर्घकालिक विकास के प्रति इतना भावुक, सकारात्मक और प्रतिबद्ध देखकर, कर्मचारियों का प्रेरित होना और कड़ी मेहनत करना स्वाभाविक है। यही बात 'नायका' की सफलता की कहानी को दर्शाती है।

फाल्गुनी ने अपने शानदार करियर के दौरान कई पुरस्कार और प्रशंसाएं बटोरी हैं। उन्हें 2017 में इकोनॉमिक्स टाइम्स स्टार्टअप अवार्ड्स में "वीमेन अहेड" पुरस्कार दिया गया था। उन्हें फोर्ब्स एशिया द्वारा 'एशिया की शक्तिशाली बिजनेसवुमेन, 2019' में से एक के रूप में सूचीबद्ध किया गया था। उन्हें वोग इंडिया द्वारा 'बिजनेसपर्सन ऑफ द ईयर 2019' के रूप में भी नामित किया गया है। उन्हें 'ईवाई एंटरप्रेन्योर ऑफ द ईयर, 2021' पुरस्कार से सम्मानित किया गया है। उन्हें डिजिटल उद्यमिता श्रेणी में 'फिक्की लेडीज ऑर्गनाइजेशन (एफएलओ) अवार्ड' भी मिला है। उन्हें मिले कई पुरस्कारों में से ये कुछ प्रमुख पुरस्कार हैं। फाल्गुनी, जो अपने अनुकरणीय व्यावसायिक कौशल के लिए जानी जाती हैं, टाटा मोटर्स लिमिटेड, एंड्योरेंस ग्रुप, एसीसी लिमिटेड, डाबर इंडिया और टाटा टेक्नोलॉजीज सहित कई बड़ी कंपनियों के बोर्ड में सदस्य के रूप में भी काम कर रही हैं।

इस सफल व्यवसायी महिला की अपनी पसंदीदा चीज़ें हैं जो वह व्यवसाय न करने पर भी करना पसंद करती हैं। फाल्गुनी को हिमालय में ट्रेकिंग करना पसंद है। वसंत ऋतु में खिलने वाले जंगली, मनमोहक फूलों और सर्दियों में चादर की तरह ढकने वाली बर्फ के साथ हिमालय की खूबसूरत हरी घास की वादियाँ, उन्हें बहुत आकर्षित करती हैं। आराम के समय वह टीवी देखना और किताबें पढ़ना पसंद करती हैं। हालांकि फाल्गुनी और उनके पति, दोनों का अपने कार्य प्रोफ़ाइल के कारण बहुत व्यस्त कार्यक्रम रहता है, फिर भी वे अपने पारिवारिक जीवन को बहुत अच्छी तरह से संतुलित करते हैं और एक साथ छुट्टियाँ मनाते हैं। परिवार फाल्गुनी की मजबूत सहायता प्रणाली है।

फाल्गुनी की सफलता की कहानी उन सभी लोगों, विशेषकर महिलाओं को एक मजबूत संदेश देती है, जो सोचते हैं कि उनके जीवन में कुछ नया शुरू करने के लिए बहुत देर हो चुकी है। उम्र सिर्फ एक संख्या है और सपनों की ओर

कदम बढ़ाने में कभी देर नहीं होती। इसके अलावा, फाल्गुनी का कोई गॉडफादर नहीं था, न ही उन्हें वह साम्राज्य विरासत में मिला जो आज उनके पास है। यह केवल उनकी दृष्टि, समर्पण और कड़ी मेहनत थी जिसने 'नायका' ब्रांड का निर्माण किया। फाल्गुनी के शब्दों में, "महिलाओं को अपने जीवन की स्पॉटलाइट खुद पर केंद्रित करने की आवश्यकता है। मुझे उम्मीद है कि मेरी तरह और भी महिलाएँ अपने लिए सपने देखने की हिम्मत करेंगी।"

10

कल्पना चावला

- *अंतरिक्ष में उड़ान भरने वाली भारतीय मूल की पहली महिला।*
- *17 मार्च 1962 को करनाल (हरियाणा) में जन्मी, कल्पना ने अपनी शिक्षा टैगोर बाल निकेतन सीनियर सेकेंडरी स्कूल, करनाल; पंजाब इंजीनियरिंग कॉलेज; टेक्सास विश्वविद्यालय; कोलोराडो विश्वविद्यालय से पूरी की। इनका विवाह जीन-पियरे हैरिसन से हुआ और यह एक अंतरिक्ष यात्री के रूप में दुनिया भर में जानी जाती हैं। इन्हे कांग्रेसनल स्पेस मेडल ऑफ ऑनर, नासा विशिष्ट सेवा मेडल और नासा स्पेस फ्लाइट मेडल प्रदान किया गया है।*

"मेरे लिए सबसे अच्छी बात हवा में तैरना और अपना वजन महसूस न करना है और सूर्यास्त के ठीक बाद एक खिड़की से लटक कर आकाश के बड़े, काले गुंबद में तारों को देखना, जैसे पृथ्वी नीचे घूम रही हो।"

- कल्पना चावला

अंतरिक्ष यात्री कल्पना चावला के ये शब्द बताते हैं कि वह तारों, आकाश और अंतरिक्ष से जुड़ी हर चीज़ को लेकर कितनी भावुक थीं। वह आकाश और सितारों से प्यार करती थीं, लेकिन दुर्भाग्य से, वह बहुत जल्द एक सितारा बन गईं और इस

नश्वर दुनिया को छोड़ कर चली गईं। 1 फरवरी, 2003 वह दिन था जो दुनिया ने डरावनी दृष्टि से अमेरिकी अंतरिक्ष यान 'कोलंबिया' का, पृथ्वी के वायुमंडल में पुनः प्रवेश करते समय आकाश में विस्फोट होते देखा। इस त्रासदी के घटित होने से पहले, कैनेडी अंतरिक्ष केंद्र में हर कोई कोलंबिया एसटीएस-107 और उसके चालक दल के सात सदस्यों, जिन्होंने कुछ महत्वपूर्ण प्रयोग किए थे, के अंतरिक्ष में 15 दिनों के प्रवास के बाद पृथ्वी पर लौटने का बेसब्री से इंतजार कर रहा था। नासा के 'एक्सेंट एंड एंट्री' फ्लाइट डायरेक्टर लेरॉय कैन ने शटल कमांडर रिकी हस्बैंड को शटल को पृथ्वी पर वापस लाने के लिए हरी झंडी दे दी। लेकिन, नियति को कुछ और ही मंज़ूर था। तकनीकी खराबी के कारण, अंतरिक्ष यान नष्ट हो गया और चिंगारी, आग, धुआं और मलबा फैल गया।

भारतीय मूल की अंतरिक्ष यात्री कल्पना चावला सहित चालक दल के सभी सात सदस्यों की मृत्यु हो गई। जहाँ भारत ने अपनी प्रतिभाशाली बेटी की मौत पर शोक व्यक्त किया, वहीं यह घटना अंतरिक्ष कार्यक्रमों के इतिहास में एक बड़ी त्रासदी थी। यह कई लोगों के लिए एक भयानक स्मृति बनकर रह गई।

17 मार्च 1962 को हरियाणा के करनाल ज़िले में बनारसी लाल चावला और संज्योति चावला के घर जन्मी कल्पना चावला भारत का गौरव थीं। कल्पना के पिता विभाजन के दौरान मुल्तान (अब पाकिस्तान में) से करनाल आ गए थे और आजीविका कमाने के लिए अलग-अलग काम में हाथ आज़माया था। आखिरकार, उन्होंने टायर निर्माण व्यवसाय स्थापित किया। चार भाई-बहनों में सबसे छोटी, कल्पना को उनके परिवार वाले प्यार से 'मोंटो' कहकर बुलाते थे, क्योंकि स्कूल जाने से पहले तक उन्हें कोई औपचारिक नाम नहीं दिया गया था। टैगोर बाल निकेतन स्कूल में प्रवेश के दौरान, जब प्रिंसिपल को पता चला कि कल्पना का कोई औपचारिक नाम नहीं है, तो उन्हें एक नाम तय करने के लिए कहा गया। कल्पना ने स्वयं कुछ विकल्पों में से एक नाम चुना।

कल्पना का अर्थ है विचार या आईडिया। कल्पना अपने नाम के अनुरूप थीं। उनके ऊँचे सपने थे और वह बचपन से ही आकाश के तारों से आकर्षित थीं। वह आमतौर पर रात में छत पर जाती थीं और टिमटिमाते तारों को देखती थीं। उन्हें हवाई जहाज के प्रति भी बड़ा आकर्षण था। उनका घर करनाल में एक फ्लाइंग क्लब, 'करनाल एविएशन क्लब', के पास था। जब भी हवाई जहाज़ उनके घर के ऊपर से उड़ते तो कल्पना अक्सर स्वप्निल आँखों से देखती रहतीं। कभी-कभी, वह अपने भाई के साथ, साइकिल से विमानों का पीछा करती थीं, यह पता लगाने के लिए कि वे कहाँ जा रहे हैं।

कोलंबिया मिशन पर जाने से पहले अपने बचपन के दिनों को याद करते हुए कल्पना ने मीडिया से कहा था, "हम अपने पिता से पूछते कि क्या हमें उनमें से किसी एक विमान में यात्रा करने को मिल सकती है? उन्होंने हमें पुष्पक और ग्लाइडर की सवारी कराई। मुझे लगता है कि यह वास्तव में एयरोस्पेस इंजीनियरिंग से मेरी निकटतम कड़ी है। इसके अलावा, बड़े होने पर, हमने जे.आर.डी. के बारे में जाना जिन्होंने भारत में कुछ पहली मेल यानें उड़ाईं, जिनमें से एक अब वहाँ एक हवाई अड्डे पर लटकी हुई है। इस हवाई जहाज़ को देखकर और यह जानकर कि इस व्यक्ति ने उन वर्षों के दौरान क्या किया होगा, निश्चित रूप से मैं मोहित हो गई।"

जो लोग कल्पना को उनके बचपन के दिनों से जानते थे, वे स्पष्ट रूप से देख सकते थे कि रुचियों, सपनों, इच्छाओं और यहाँ तक कि अपनी बातचीत के मामले में वह अन्य बच्चों से कितनी अलग थीं। स्कूल में, जबकि अन्य बच्चे पहाड़, दृश्यावली और अन्य सामान्य चीजें बनाते थे, कल्पना बादलों में हवाई जहाज़ बनाती थीं। वह उनके लिए दृश्यावली थी। जुनून अपनी जगह बना ही लेता है, चाहे कुछ भी हो। यहाँ तक कि शिल्प कक्षाओं में भी, वह विभिन्न मॉडलों के विमान बनाती थीं। इसमें कोई शक नहीं, वह अपने बचपन के दिनों से ही बहुत अलग थीं।

वह छोटे बाल रखती थीं और बड़ी होने पर भी उन्हें मेकअप या फैशन में कोई दिलचस्पी नहीं थी। उनकी दुनिया अलग थी और उसमें किसी भी तरह की व्याकुलता के लिए कोई जगह नहीं थी। उन्हें केवल कुछ ही चीज़ें पसंद थीं - तारे, आकाश और विमान।

अपनी स्कूली शिक्षा पूरी करने के बाद कल्पना ने इंजीनियरिंग की पढ़ाई के लिए दाखिला लेने का फैसला किया। लेकिन उन दिनों एक आम मानसिकता थी कि इंजीनियरिंग लड़कों के लिए अच्छी है और मेडिकल लड़कियों के लिए। हाँ, लड़कियाँ शिक्षण कार्य भी कर सकती हैं जो काम और घर के बीच संतुलन बनाने के लिए उपयुक्त है। उनके पिता ने भी उन्हें एक ऐसी स्ट्रीम लेने का सुझाव दिया जो एक लड़की के लिए बिल्कुल उपयुक्त हो। लेकिन कल्पना का सपना फ्लाइट इंजीनियर बनने का था और इसके लिए उन्हें इंजीनियरिंग की डिग्री लेना ज़रूरी था। कल्पना अपने फैसले पर अडिग रहीं और उनकी माँ ने उनका भरपूर समर्थन किया। अंततः, परिवार के अन्य लोगों ने हार मान ली और कल्पना को वह करने दिया जो वह चाहती थीं।

कल्पना चंडीगढ़ चली गईं और पंजाब इंजीनियरिंग कॉलेज में इंजीनियरिंग में दाखिला लिया। उन्होंने एयरोनॉटिकल इंजीनियरिंग को अपनी स्ट्रीम के रूप में चुना, जिसे आमतौर पर भारत में उन दिनों कोई लड़की नहीं अपनाती थी। काउंसलर और कुछ स्टाफ ने उन्हें एयरोनॉटिक्स के बजाय कोई अन्य स्ट्रीम चुनने सलाह दी, क्योंकि कॉलेज में उस विशेष स्ट्रीम में कोई लड़की नहीं थी। कुछ लोगों ने उन्हें इलेक्ट्रिकल इंजीनियरिंग लेने का सुझाव दिया क्योंकि यह एक महिला के लिए एयरोनॉटिक्स से कहीं बेहतर विकल्प था। लेकिन कल्पना का निर्णय नहीं बदला। उन्होंने एक सपना संजोया था और समर्पण के साथ उसे पूरा करने की राह पर थीं।

कॉलेज में लड़कियों के लिए अलग से कोई छात्रावास नहीं था; इसलिए, कल्पना गैराज के ऊपर एक छोटे से कमरे में अकेली रहती थीं। इससे उन्हें किसी भी तरह से परेशानी नहीं हुई। वह अपनी पढ़ाई के प्रति बहुत ईमानदार थीं लेकिन खाली समय में अपने शौक भी पूरे करती थीं। उन्होंने बहुत सारी किताबें पढ़ीं, संगीत सुना और कराटे भी सीखा।

कल्पना ने 1982 में शानदार अंकों के साथ अपनी इंजीनियरिंग पूरी की और अपने कॉलेज से पास होने वाली पहली महिला एयरोनॉटिकल इंजीनियर बनीं। उन्होंने एक नई राह बनाई और इस क्षेत्र में लड़कियों को एक नई दिशा और नई संभावनाएं दिखाई। अब लड़कियाँ निश्चित रूप से एयरोनॉटिकल इंजीनियरिंग को अपनाने के बारे में सोच सकती थीं, जिसे आमतौर पर लड़कों का विषय माना जाता है। अब, काउंसलर निश्चित रूप से किसी लड़की को इलेक्ट्रिकल ब्रांच लेने के लिए मनाने की कोशिश नहीं करेंगे। यदि कल्पना ऐसा कर सकती है, तो अन्य भी कर सकते हैं।

एक प्रभावशाली अकादमिक रिकॉर्ड, कुछ शानदार परियोजनाएं और अच्छी पेपर प्रस्तुतियों के साथ, कल्पना को एयरोस्पेस इंजीनियरिंग में मास्टर डिग्री के लिए टेक्सास विश्वविद्यालय, अमेरिका में प्रवेश मिला। लेकिन विदेश जाने के लिए उन्हें अपने परिवार वालों को मनाने में काफी मशक्कत करनी पड़ी। लोगों को अपनी आकांक्षाओं के बारे में बताना, उन्हें समझाना और अपने लक्ष्यों को प्राप्त करने के लिए आगे बढ़ना, शायद अब कल्पना के लिए एक सामान्य बात बन गई थी।

टेक्सास में अपनी मास्टर डिग्री करते समय, कल्पना की मुलाकात अपने जीवन के प्यार, जीन-पियरे हैरिसन से हुई। लंबा और सुंदर जीन एक उड़ान प्रशिक्षक था। कल्पना और जीन की रुचियाँ समान थीं और जल्द ही उन्हें एक-दूसरे से प्यार हो गया। उनकी शादी 1983 में हुई जब कल्पना सिर्फ इक्कीस साल

की थीं। जीन ने कल्पना की पढ़ाई और उनके करियर की महत्वाकांक्षाओं का पूर्णरूपेण समर्थन किया। ऐसा जीवनसाथी मिलना जिससे विचार मेल खाते हों, एक महिला के लिए – जिसकी आसमान छूती महत्वाकांक्षाएं हों – बड़ी बात है और कल्पना वास्तव में भाग्यशाली थीं।

अपनी मास्टर डिग्री पूरी करने के बाद, कल्पना ने कोलोराडो विश्वविद्यालय से एयरोस्पेस इंजीनियरिंग में 1988 में डॉक्टरेट की उपाधि प्राप्त की। एयरोस्पेस में ज्ञान के लिए कल्पना की अतृप्त भूख उनकी महत्वाकांक्षाओं के पीछे प्रेरक कारक थी।

सभी आवश्यक शैक्षणिक योग्यताओं से लैस, कल्पना 1988 में नासा एम्स रिसर्च सेंटर में शामिल हुईं और पावर-लिफ्ट कम्प्यूटेशनल फ्लूइड डायनामिक्स पर काम करना शुरू किया। गहन अनुसंधान से अनुभव प्राप्त करने के बाद, कल्पना 1993 में ओवरसेट मेथड्स इंक, कैलिफोर्निया में उपाध्यक्ष और अनुसंधान वैज्ञानिक के रूप में शामिल हुईं। कल्पना अपने करियर में बहुत अच्छा कर रही थीं, लेकिन उनका वास्तविक सपना अभी भी साकार होना बाकी था।

अमेरिका की स्वाभाविक नागरिक बनने के बाद, उन्होंने नासा अंतरिक्ष यात्री कोर के लिए आवेदन किया और अंततः दिसंबर 1994 में उनका चयन किया गया। वह अब एक अंतरिक्ष यात्री उम्मीदवार थीं। धीरे-धीरे और लगातार कल्पना अपने सबसे बड़े लक्ष्य के करीब पहुँच रही थीं। उन्होंने वर्षों तक कड़ी मेहनत की, अध्ययन किया, शोध किया और समय-समय पर अपने रास्ते में आने वाली बाधाओं से जूझती रहीं और वह लक्ष्य तक पहुँच गईं। वह 1995 में ह्यूस्टन में नासा के जॉन स्पेस सेंटर में शामिल हुईं। कल्पना ने करनाल से ह्यूस्टन तक एक लंबा सफर तय किया था और यह सब उनके जुनून, या विशिष्ट रूप से कहें तो अंतरिक्ष के प्रति उनके जुनून के कारण संभव हुआ था।

1997 में कल्पना अंततः अंतरिक्ष की यात्रा कर सकीं। अंतरिक्ष शटल कोलंबिया, उड़ान एसटीएस-87, उन्हें कुछ अन्य अंतरिक्ष यात्रियों के साथ ले

गई। वह उड़ान के लिए मिशन विशेषज्ञ थीं। इस मिशन के साथ, कल्पना अंतरिक्ष में यात्रा करने वाली भारतीय मूल की पहली महिला और राकेश शर्मा के बाद दूसरी भारतीय बनीं। उन्होंने इतिहास रचा था और सभी भारतीयों के लिए एक प्रेरणा की प्रतीक बन गई थीं। जब कल्पना अंतरिक्ष यान पर थीं तब भारत के तत्कालीन प्रधान मंत्री श्री इंद्र कुमार गुजराल ने उनसे लंबी बातचीत की। उन्होंने उनकी खूब तारीफ की - "कल्पना, हमें आप पर गर्व है। हममें से प्रत्येक को आप जैसे व्यक्ति पर गर्व है, जिन्होंने ऐसा अग्रणी कार्य किया है। अंतरिक्ष के क्षेत्र में आपने जो किया है उसे देखकर भारत के युवाओं और महिलाओं को विशेषकर गर्व हो रहा है। मेरी तरफ से हार्दिक बधाई।"

कल्पना 2003 में अपने दूसरे अंतरिक्ष मिशन पर एक बार फिर कोलंबिया एसटीएस-107 के मिशन विशेषज्ञ के रूप में गईं, लेकिन दुर्भाग्य से, वह कभी पृथ्वी पर वापस नहीं आ सकीं। हमने एक महान अंतरिक्ष यात्री और एक असाधारण महिला को खो दिया। उनके पिता ह्यूस्टन में घर पर अपनी बेटी का इंतज़ार कर रहे थे, लेकिन दुर्भाग्य से, वह उसे फिर कभी नहीं देख सके।

जैसा कि व्याकुल पिता ने व्यक्त किया, "मैं उस समय ह्यूस्टन में उसके घर पर था, उसके अंतरिक्ष अभियान से लौटने का इंतजार कर रहा था। लेकिन मुझे पता चला कि मैंने अपनी प्यारी बेटी को खो दिया है। वह बचपन से ही हवाई जहाजों और वायुयानों से आकर्षित थी... वह हमेशा सितारों का सपना देखती थी और मुझे लगता है कि वह उस दिन सितारों में विलीन हो गई।" दर्द असहनीय था।

कल्पना के अवशेषों का अंतिम संस्कार किया गया और संयुक्त राज्य अमेरिका के ज़ायन नेशनल पार्क में बिखेर दिया गया। यह एक अग्रणी अंतरिक्ष यात्री का दुखद अंत था, जो यदि जीवित होती तो अंतरिक्ष विज्ञान में और भी अधिक योगदान देती। सात अंतरिक्ष यात्रियों की जान लेने वाला अंतरिक्ष मिशन

तकनीकी खामियों के कारण पहले ही विलम्बित हो चुका था। कई लोगों का मानना है कि कोलंबिया अंतरिक्ष शटल दुर्घटना को टाला जा सकता था, हालाँकि अन्य लोगों की राय अलग है। इस अंतरिक्ष यान दुर्घटना का कारण जो भी हो, अंतरिक्ष यात्रियों को खोना उन देशों और उनके परिवारों के लिए बहुत बड़ा दर्द है।

भले ही कल्पना अधिक समय तक जीवित नहीं रहीं, लेकिन दुनिया भर में कई लड़कियों के लिए जो अंतरिक्ष के रहस्य को समझने का सपना देखती हैं, वह एक आदर्श हैं। जैसा कि उन्होंने कहा, "सपनों से सफलता तक का रास्ता मौजूद है। आपके पास इसे खोजने की दृष्टि हो, इस तक पहुँचने का साहस हो और इसका पालन करने की दृढ़ता हो।" अंतरिक्ष गर्ल कल्पना चावला ने ऐसे कई प्रेरक वक्तव्य दिए हैं। वह जानती थीं कि बहुत से लोग अपने सपनों को केवल इसलिए छोड़ देते हैं क्योंकि उन्हें अपने सपनों की राह में आने वाली जटिलताओं और बाधाओं का सामना करना पड़ता है। इसके अलावा, एक विकासशील देश भारत में जहाँ उस समय सीमित संसाधन थे, हर किसी के लिए एक कुशल अंतरिक्ष यात्री बनना आसान नहीं था। लेकिन जहाँ चाह होती है, वहाँ राह ज़रूर होती है और कल्पना ने इसे बखूबी साबित कर दिखाया। अपने दृढ़ साहस के साथ, करनाल की लड़की नासा में एक कुशल अंतरिक्ष यात्री बन गई।

कल्पना को उनकी उपलब्धियों के लिए भारत और अमेरिका दोनों सरकारों द्वारा मरणोपरांत सम्मानित किया गया है। उन्हें दिए गए कुछ पुरस्कार कांग्रेसनल स्पेस मेडल ऑफ ऑनर, नासा स्पेस फ्लाइट मेडल और नासा विशिष्ट सेवा मेडल हैं। तमिल नाडु सरकार हर साल हिम्मत और साहसी उद्यम के लिए कल्पना चावला पुरस्कार देती है। हरियाणा सरकार वैज्ञानिकों को सौर क्षेत्र में अधिक योगदान देने के लिए प्रोत्साहित करने के लिए कल्पना चावला हरियाणा स्कॉलर पुरस्कार प्रदान करती है। कल्पना के सम्मान में, भारत में शैक्षणिक संस्थानों और सड़कों का नाम भी उनके नाम पर रखा गया है। कल्पना की भले ही असामयिक

मृत्यु हो गई, लेकिन उनकी विरासत पीढ़ियों तक चलती रहेगी, जो हमें सपने देखने, साहस करने और उसे पूरा करने की याद दिलाती रहेगी।

"आपको यात्रा का आनंद अवश्य लेना चाहिए, क्यों चाहे आप वहाँ पहुँचें या न पहुँचें, आपको रास्ते में आनंद अवश्य लेना चाहिए।" ये कल्पना के ओजस्वी शब्द थे। वास्तव में, रास्ते में आने वाली प्रतिकूल परिस्थितियों की परवाह किए बिना, उन्होंने अपनी यात्रा का आनंद लिया। वह अपने सपनों को लेकर अडिग थीं और समझौता करने को तैयार नहीं थीं। कोई भी नकारात्मक विचार उन्हें कभी निराश नहीं कर सकता था। अंतरिक्ष यात्री डॉ. कल्पना चावला के बारे में बात करते हुए हर भारतीय का दिल गर्व से चौड़ा हो जाता है। कल्पना को अंतरिक्ष कार्यक्रम में उनकी सेवा के लिए हमेशा याद किया जाएगा।

11

किरण बेदी

- *भारतीय पुलिस सेवा में शामिल होने वाली पहली महिला, पूर्व टेनिस खिलाड़ी, एक सामाजिक कार्यकर्ता और राजनीतिज्ञ।*
- *इनका जन्म 9 जून 1949 को अमृतसर (पंजाब) में हुआ। अब यह भारतीय जनता पार्टी से जुडी हुई हैं और जनता के लिए कार्य करती हैं। इनके पति बृज बेदी (मृतक) एवं सुपुत्री साइना बेदी हैं। इन्हे इनके कार्यों के लिए रेमन मैग्सेसे पुरस्कार, राष्ट्रपति पुलिस पदक और संयुक्त राष्ट्र पदक आदि प्रदान किया गया है।*

"सशक्त महिलाएँ, जो कठिन या अपरंपरागत पदों पर पहुँचती हैं, वे विकल्प चुनती हैं, बलिदान नहीं।" ये शब्द किरण बेदी के हैं जो पहली महिला आईपीएस अधिकारी, सामाजिक कार्यकर्ता, टेनिस खिलाड़ी, लेखिका और राजनीतिज्ञ हैं। इसमें कोई शक नहीं कि निडर किरण बेदी प्रतिभा की धनी हैं। भारत में कई लड़कियाँ किरण बेदी को अपना आदर्श मानती हैं। किरण के जीवन का हर हिस्सा न केवल लड़कियों के लिए, बल्कि हर उस व्यक्ति के लिए प्रेरणास्रोत है, जो उनकी तरह चमकना चाहता है और जिस भी क्षेत्र में जाए, वहाँ अपनी अमिट छाप छोड़ना चाहता है।

भारतीय पुलिस की आयरन लेडी के नाम से भी मशहूर किरण बेदी 1972 में भारतीय पुलिस सेवा में शामिल हुईं और पैंतीस साल के करियर में उन्होंने विभिन्न क्षेत्रों में कुछ अद्भुत सुधार किए। ऐसे समय में जब हर जगह भ्रष्टाचार व्याप्त था और आमतौर पर पुलिस अधिकारियों को राजनेताओं के दबाव में झुकना पड़ता था, किरण बेदी ने राजनेताओं की परवाह किए बिना अपने पूरे करियर में अनुकरणीय कार्य करना जारी रखा।

किरण बेदी को 'क्रेन बेदी' नाम भी दिया गया है और ऐसा इसलिए है क्योंकि उन्होंने अपने अंदाज में अद्भुत काम किया है। यह वह समय था जब भारत दिल्ली में 1982 के एशियाई खेलों की तैयारी कर रहा था। एशियाई खेलों से ठीक एक साल पहले उन्हें उपराज्यपाल ने अपने कार्यालय में बुलाया था।

"किरण, क्या आप जानती हैं कि मैंने आपको क्यों बुलाया है?" राज्यपाल ने पूछा.

"नहीं सर," अनिश्चितता भरे स्वर में किरण ने जवाब दिया।

"दिल्ली में एशियाई खेल होने में सिर्फ एक साल बचा है और आप देख सकती हैं कि दिल्ली में यातायात की स्थिति कितनी दयनीय है। मैं चाहता हूँ कि आप दिल्ली के ट्रैफिक पर पूरा नियंत्रण रखें।"

किरण जानती थीं कि यह एक बड़ी ज़िम्मेदारी है और हमेशा की तरह, वह नया और चुनौतीपूर्ण काम करने के लिए तैयार थीं। "सर, यह चुनौतीपूर्ण कार्य करना मेरा सौभाग्य होगा," किरण ने आत्मविश्वास से उत्तर दिया, लेकिन उन्हें नहीं पता था कि यह ज़िम्मेदारी उन्हें एक लोकप्रिय नाम देगी - "क्रेन बेदी"।

इस नए काम को हाथ में लेते ही बेदी एक्शन मोड में आ गईं। वह सुबह जल्दी उठती थीं और अपने सफेद एंबेसडर में दिल्ली की सड़कों पर निकल जाती थीं। लाउडस्पीकर और माइक्रोफोन के साथ वह ट्रैफिक को नियंत्रित करती थीं।

उस समय दिल्ली की सड़कों पर महिला अधिकारी किरण बेदी को देखना आम बात हो गई थी और लोगों ने इस बदलाव की काफी प्रशंसा की थी।

किरण को क्रेन की जरूरत थी और पुलिस विभाग के पास क्रेन नहीं थी। इसलिए, किरण ने क्रेन किराए पर ली और गलत तरीके से पार्क किए गए वाहनों को खींचना शुरू कर दिया। यह वास्तव में शहर में ट्रैफिक-जाम को नियंत्रित करने की दिशा में एक बड़ा कदम था। ड्राइवर किरण से डरते थे और कहते थे, "चलो अपनी गाड़ी ठीक से पार्क करो नहीं तो क्रेन बेदी आ जाएंगी।" किरण न सिर्फ गाड़ी छीन लेती थीं, बल्कि तत्काल जुर्माना भी लगा देती थीं।

फिर, एक दिन, एक अप्रत्याशित घटना घटी। सब-इंस्पेक्टर निर्मल सिंह, जो बेदी को रिपोर्ट करते थे, सड़क पर गलत तरीके से पार्क किए गए एक वाहन को खींच ले गए । बाद में पता चला कि वह तत्कालीन प्रधानमंत्री इंदिरा गांधी की गाड़ी थी। इस तथ्य को जानने के बावजूद, किरण ने सब-इंस्पेक्टर का समर्थन किया, क्योंकि उसने अपने कर्तव्य के साथ न्याय किया था, चाहे गाड़ी किसी की भी हो।

किरण के लिए गलत का मतलब गलत था और इससे कोई फर्क नहीं पड़ता कि दोषी कौन था। अपने निडर और कड़क स्वभाव के कारण किरण कई बार राजनेताओं की नाराजगी का शिकार हो जाती थीं। लेकिन, राजनीतिक दल और राजनेताओं की परवाह किए बिना वह समर्पण भाव से अपना कर्तव्य निभाती रहीं।

वर्षों तक कार्य के विभिन्न क्षेत्रों में किसी व्यक्ति की ऐसी सत्यनिष्ठा, समर्पण और प्रतिबद्धता देखना बहुत दुर्लभ है। उन्होंने जो भी ज़िम्मेदारी उठाई उसमें उनके मनोबल और बच्चों जैसे उत्साह को नहीं भूलना चाहिए। उनके अनुसार, "मेरे एजेंडे में कुछ भी अधूरा नहीं है। प्रत्येक दिन के लिए मैं जो कुछ भी कर

सकती हूँ वह करती हूँ । सरल! अगर मुझे आज मरना पड़े, तो मैं बिना किसी अधूरे काम के चली जाऊंगी।"

9 जून, 1949 को अमृतसर में प्रकाश लाल पेशावर और प्रेम लता पेशावर के घर जन्मी किरण बेदी चार बहनों - शशि, रीता और अनु में से दूसरी थीं। उनके पिता परिवार के कपड़ा व्यवसाय में लगे थे और लॉन टेनिस भी खेलते थे। किरण ने अमृतसर के सेक्रेड हार्ट कॉन्वेंट स्कूल से पढ़ाई की। भले ही स्कूल उनके घर से काफी दूर था, उनके पिता ने अपनी सभी चार बेटियों के लिए अच्छी शिक्षा पर ज़ोर दिया।

स्कूल में किरण नेशनल कैडेट कॉर्प्स (एनसीसी) का हिस्सा थीं। उन्होंने 1968 में अमृतसर के सरकारी महिला कॉलेज से आर्ट्स (अंग्रेजी ऑनर्स) में डिग्री के साथ स्नातक की उपाधि प्राप्त की। उन्होंने 1970 में चंडीगढ़ में पंजाब विश्वविद्यालय से राजनीति विज्ञान में मास्टर डिग्री प्राप्त की। हालाँकि, यह उनके लिए शिक्षा का अंत नहीं था। अधिक से अधिक जानने और अपने कौशल में विविधता लाने की चाहत उनमें जीवित रही। बाद में, उन्होंने 1988 में दिल्ली विश्वविद्यालय से कानून में स्नातक की डिग्री भी हासिल की और फिर 1993 में आईआईटी दिल्ली के सामाजिक विज्ञान विभाग से पी एच डी किया। और फिर, उस ज्ञान का अपने व्यावहारिक कार्य के साथ तालमेल बिठाना, उनके पूरे करियर में स्पष्ट दिखा है।

इससे बहुत पहले कि लोग किरण बेदी को एक साहसी पुलिसकर्मी, स्टील की महिला और भारत की पहली महिला आईपीएस अधिकारी के रूप में जानते थे, किरण भारतीय लॉन टेनिस में अपना नाम बना चुकी थीं। अपने पिता से प्रेरित होकर किरण ने नौ साल की छोटी उम्र में ही लॉन टेनिस खेलना शुरू कर दिया था। 1960 और 1970 के दशक में, वह खबरों में रहीं और राष्ट्रीय दैनिक समाचार पत्रों के खेल अनुभागों में अपनी जगह बनाई। अपनी किशोरावस्था के दौरान, उन्होंने अपने लंबे बालों को छोटा करवा लिया, क्योंकि वे उनके खेल में हस्तक्षेप

करते थे। इससे पता चलता है कि वह कितनी समर्पित थीं। वह अपनी नियमित पढ़ाई के अलावा सभी खेलों में रुचि रखती थीं।

लॉन टेनिस में उनके नाम कई जीत दर्ज हैं। उन्होंने 1966 और 1972 में दो बार जूनियर नेशनल लॉन टेनिस चैम्पियनशिप जीती। उन्होंने 1974 में अखिल भारतीय हार्ड कोर्ट टेनिस चैम्पियनशिप, 1975 में अखिल भारतीय अंतर्राज्यीय महिला लॉन टेनिस चैम्पियनशिप और 1976 में राष्ट्रीय महिला लॉन टेनिस चैम्पियनशिप भी जीती। इतना ही नहीं उन्होंने कई अंतर्राष्ट्रीय मैचों में भी भारत का प्रतिनिधित्व किया। आईपीएस में शामिल होने के बाद भी उन्होंने लगभग तीस साल की उम्र तक पेशेवर टेनिस खेलना जारी रखा।

किरण बेदी अक्सर अमृतसर के सर्विस क्लब में जाती थीं, जहाँ उन्होंने आई पी एस में शामिल होने से पहले टेनिस खेला था। सर्विस क्लब जाने वाले कुछ वरिष्ठ सिविल सेवकों ने उन्हें भारतीय पुलिस सेवा के लिए प्रयास करने का सुझाव दिया था। तभी उन्होंने इस बारे में गंभीरता से सोचना शुरू किया। इसके अलावा, सर्विस क्लब में ही उनकी मुलाकात अपने भावी पति ब्रिज बेदी से हुई। वह उनसे नौ साल बड़े थे और विश्वविद्यालय स्तर पर टेनिस खेलते थे। प्यार परवान चढ़ा और उन्होंने 1972 में शादी कर ली। उनकी एक बेटी है, सुकृति।

जब किरण 1972 में भारतीय पुलिस सेवा में शामिल हुईं, तो वह अस्सी पुरुषों के बीच एकमात्र महिला थीं। वह आई पी एस अधिकारी बनने वाली पहली महिला भी थीं। उस समय जब भारत कई मामलों में परिवर्तन देख रहा था, अपनी आँखों में सपने लिए एक युवा महिला के रूप में, वह समाज के उत्थान के लिए काम करना चाहती थीं और अन्याय, भ्रष्टाचार से लड़कर लोगों को सशक्त बनाना चाहती थीं। उन्हें अपने सपनों को हासिल करने के लिए पुलिस सेवा में प्रवेश सबसे अच्छा विकल्प लगा।

पहली आई पी एस अधिकारी बनना उनके मन में नहीं था; वह तो बस अपने सपने पूरे करना चाहती थीं। "उस समय, मुझे नहीं पता था कि मैं भारतीय पुलिस सेवा में शामिल होने वाली भारत की पहली महिला बनने जा रही हूँ। मैं प्रथम बनने के लिए शामिल नहीं हुई । मैं पहली बनी, ऐसा हो गया," यह बात बेदी ने यू एन पीस कीपिंग और यू एन पुलिस को दिए एक साक्षात्कार में कही।

बेदी को उनकी पहली पोस्टिंग 1975 में दिल्ली में मिली। उन्होंने शहर में अपराध से लड़ने के लिए लगातार काम किया। बाद में उन्होंने डी सी पी ट्रैफिक के तौर पर भी अपना जलवा दिखाया। दिल्ली में डी सी पी ट्रैफिक के रूप में अपनी सराहनीय सेवा देने के बाद, उन्हें एक हाई प्रोफाइल मिशन पर गोवा स्थानांतरित कर दिया गया। 1983 में जब राष्ट्रमंडल शासनाध्यक्षों का सम्मेलन होना था, तब उनसे यातायात को नियमित करने की अपेक्षा की गई थी। अपनी प्रत्येक पोस्टिंग और प्रत्येक कार्यभार में, उन्होंने यह साबित कर दिया कि एक महिला पुलिस अधिकारी अपने अद्भुत रणनीतिक कौशल, ईमानदारी और अपने काम के प्रति जुनून के साथ न केवल सर्वोत्तम परिणाम दे सकती है, बल्कि अपने समकालीनों के लिए एक उदाहरण भी प्रस्तुत कर सकती है।

किरण बेदी को वापस दिल्ली स्थानांतरित कर दिया गया और उन्होंने युवाओं के बीच बढ़ती ड्रग्स की समस्या से निपटने के लिए काम किया। उन्होंने कुछ अन्य अधिकारियों की मदद से डिटॉक्स केंद्रों की स्थापना की और बाद में इन केंद्रों ने 'नवज्योति पुलिस फाउंडेशन' का आकार ले लिया। इस फाउंडेशन ने नशीली दवाओं के दुरुपयोग के खिलाफ लड़ने और पीड़ितों और नशे की लत के शिक़ार लोगों के पुनर्वास में मदद करने का काम किया। इस फाउंडेशन को बाद में 'नवज्योति इंडिया फाउंडेशन' का नाम दिया गया।

नशीली दवाओं के खतरे के प्रति बेदी की गहरी चिंता के कारण ही उन्होंने अपनी पीएच.डी. की जिसमें उनकी थीसिस का शीर्षक था "नशीली दवाओं का

दुरुपयोग और घरेलू हिंसा"। बेदी अपनी प्रोफ़ाइल में काम की विविधता के लिए तत्पर रही हैं, लेकिन एक चीज़ जो एक पुलिसकर्मी के रूप में उनके करियर के दौरान और उसके बाद भी उनके साथ रही, वह थी उनकी कड़ी मेहनत, स्पष्ट विचार और सर्वश्रेष्ठ देने के प्रति झुकाव।

इस दबंग महिला की सभी बेहतरीन उपलब्धियों में से, सबसे अधिक चर्चा जेल सुधारों की है जो उन्होंने तिहाड़ जेल में किया, जिसे सबसे खतरनाक अपराधियों वाला सबसे कठिन जेल माना जाता था। आई जी, तिहाड़ जेल के रूप में किरण की पोस्टिंग जेल के निवासियों के लिए एक आशीर्वाद के रूप में आई। उन्होंने जेल में सुधारों पर काम किया। उन्होंने जेल वासियों के लिए योग, ध्यान और कई उपयोगी गतिविधियाँ शुरू कीं। राफ-साफ़ अधिकारी के रूप में जानी जाने वाली किरण बेदी को जेल में सुधारों को लागू करते समय किसी बात के उत्तर में 'नहीं' सुनना पसंद नहीं था। जेल में सुधार नर्क को आश्रम में बदलने जैसा था, लेकिन बेदी ने अपनी रचनात्मकता, साहस और निडरता से ऐसा कर दिखाया।

जैसा कि उन्होंने अपनी किताब 'यह हमेशा संभव है' में व्यक्त किया है, "मैंने गैंगवारों, जेलों के भीतर से कैदियों द्वारा जबरन वसूली केंद्र चलाने और बड़े पैमाने पर भ्रष्टाचार, हिंसा और दिल दहला देने वाली त्रासदियों की कहानियों के बारे में सुना था। लेकिन मैं एक सैनिक थी, जो इस नर्क में कमान संभालने के लिए कर्तव्यबद्ध थी।"

तिहाड़ जेल में बदलाव लाने के लिए किए गए उनके शानदार काम के लिए उन्हें रेमन मैग्सेसे पुरस्कार से सम्मानित किया गया। चूंकि उन्होंने अपने काम से जबरदस्त लोकप्रियता हासिल की, इसलिए उनके कई वरिष्ठ उनसे ईर्ष्या करने लगे। ईर्ष्या एक स्वाभाविक मानवीय प्रवृत्ति हो सकती है, लेकिन यहाँ एक दूसरा पहलू भी था। एक महिला द्वारा यथास्थिति को चुनौती देना और पुलिस प्रशासन में

सुधार लाने का साहस करना ऐसी बात नहीं थी, जिसकी लोगों को आदत हो। कई लोगों ने उन पर कैदियों को बहुत अधिक विशेषाधिकार देने का आरोप लगाया। लेकिन, किरण को इसकी कोई परवाह नहीं थी। उन्होंने वही किया जो उन्हें लगा कि अच्छे बदलाव लाने के लिए जरूरी है।

लगभग पैंतीस साल तक सेवा देने के बाद किरण ने स्वैच्छिक सेवानिवृत्ति ले ली। भले ही उन्होंने सेवानिवृत्ति ले ली, लेकिन वह निश्चित रूप से समाज की सेवा के अपने इरादों को खत्म करने के मूड में नहीं थीं। वह सामाजिक सक्रियता और लेखन पर ध्यान केंद्रित करना चाहती थीं। उन्होंने अपनी सेवानिवृत्ति के बाद एक बेहद लोकप्रिय कोर्ट रूम रियलिटी शो 'आप की कचहरी' की मेजबानी की। 2011 में, जब अरविंद केजरीवाल ने उन्हें आमंत्रित किया, तो वह इंडिया अगेंस्ट करप्शन (IAC) आंदोलन में अन्ना हज़ारे के साथ शामिल हो गईं। लेकिन जब अरविंद केजरीवाल ने राजनीतिक पार्टी बनाई तो वह आई ए सी से अलग हो गईं। बाद में किरण बेदी भारतीय जनता पार्टी में शामिल हो गईं और यहीं से उनके राजनीतिक करियर की शुरुआत हुई।

उनके प्रशंसनीय कार्य, बेहतरीन प्रशासनिक कौशल और एक ईमानदार छवि को देखते हुए, उन्हें 2015 में दिल्ली राज्य चुनाव के लिए भाजपा के सीएम उम्मीदवार के रूप में नामित किया गया। उन्होंने काफी मेहनत से प्रचार किया और कृष्णा नगर चुनावी सीट से चुनाव लड़ीं। लेकिन दुर्भाग्य से वह आम आदमी पार्टी के उम्मीदवार से हार गईं। आम आदमी पार्टी सत्ता में आई और अरविंद केजरीवाल दिल्ली के मुख्यमंत्री बने।

भले ही बेदी राज्य विधानसभा चुनाव में हार गईं, लेकिन एक और बड़ी जिम्मेदारी उनका इंतजार कर रही थी। वह एक ईमानदार महिला थीं और उन्होंने जीवन भर जो भी काम किया उसमें अपना सर्वश्रेष्ठ प्रयास किया और उनके

इस गुण को पहचानते हुए उनकी पार्टी ने उन्हें पुडुचेरी का उपराज्यपाल नियुक्त किया। उन्होंने 2016 से 2021 तक राज्यपाल के रूप में कार्य किया।

जैसे ही बेदी राजनीति में कूदीं, इस नई शुरुआत के साथ कुछ उनकी आलोचना भी हुई। कुछ लोगों ने उन्हें सत्ता की भूखी, अति महत्वाकांक्षी और तानाशाही प्रवृत्ति वाली महिला कहा। सब कुछ नजरअंदाज करते हुए बेदी वही करती रहीं जो उन्हें अच्छा लगा। सफल महिलाओं के लिए समाज के कुछ वर्गों द्वारा लगातार आलोचना का विषय बने रहना सामान्य बात है। ये आलोचक किसी को भी नहीं बख्शते। एक पुलिसकर्मी के रूप में बेदी ने पहले ही अपने करियर में सबसे कठिन परिस्थितियों को संभाला था; उन्होंने राजनीति में अपने करियर पर किसी भी नकारात्मक प्रभाव को बढ़ने नहीं दिया।

किरण बेदी एक अद्भुत प्रेरक वक्ता भी हैं। उन्होंने कई किताबें लिखी हैं और विभिन्न मंचों पर कई प्रेरणादायी भाषण दिए हैं। उनके उद्धरण मनोबल बढ़ने वाले और सशक्त होते हैं। उनकी कुछ उल्लेखनीय पुस्तकें हैं, '*हिम्मत है*', 'लीडरशिप ऐंड गवर्नेंस: ऐज़ आई सी', '*यह संभव है*' और 'फ़ियरलेस गवर्नेंस'।

तेजतर्रार सुपर कॉप के नाम से मशहूर निडर और सख्त महिला किरण बेदी ने एक प्रभावशाली विरासत बनाई है, जिसकी हमेशा सराहना की जाएगी। सत्तर वर्ष से ऊपर की महिला किरण बेदी अजेय हैं और अपने काम और प्रेरक भाषणों के माध्यम से लोगों को प्रेरित करती रहती हैं। उनका जीवन इस बात का ज्वलंत उदाहरण है कि यदि कोई व्यक्ति अनुशासन और समर्पण के साथ अपने मिशन के लिए कार्य करे तो कुछ भी असंभव नहीं है।

12

फूलन देवी

- *दस्यु सुंदरी/बैंडिट क्वीन के नाम से विख्यात; एक महिला जो समाज में भेदभाव और यौन शोषण का सामना करने के बाद डकैत बन गई।*
- *10 अगस्त 1963 को जन्मी, फूलन देवी की 25 जुलाई 2001 को हत्या कर दी गई। वह समाजवादी पार्टी की एक नेता भी थीं।*

कुछ लोग अदालतों में न्याय के लिए संघर्ष करते हैं, कुछ लोग भगवान से न्याय की प्रतीक्षा करते हैं और कुछ ऐसे भी होते हैं जो नियंत्रण अपने हाथों में लेते हैं और अपने लिए न्याय करने का निर्णय लेते हैं। ऐसी ही एक ज्वलंत उदाहरण है "बैंडिट क्वीन" के नाम से मशहूर फूलन देवी, जिन्होंने बार-बार भीषण शारीरिक यातनाएँ झेलने के बाद भी हार नहीं मानी और अपने उत्पीड़क को अपने अंदाज में दंडित करने का फैसला किया। बाल विवाह, घरेलू उत्पीड़न और कई बार बलात्कारों की शिकार फूलन ने चंबल क्षेत्र में अपना दस्यु गिरोह बनाने के लिए बंदूक उठाई। कुछ लोग उन्हें खूंखार डकैत कहते हैं तो कुछ उन्हें दलित समुदाय के लिए मसीहा के रूप में देखते हैं। फूलन देवी के शब्द, "लेकिन जिसे उन्होंने अपराध कहा, मैंने उसे न्याय कहा," यह साबित करते हैं कि वह कितनी तेज़ तर्रार और निर्भीक थीं।

उन्होंने ग्यारह साल जेल में बिताए और रिहा होने के बाद उन्होंने ज़ोर-शोर से राजनीति में प्रवेश किया। वह दो बार सांसद बनीं। संसदीय चुनाव में उनकी

जीत स्पष्ट रूप से साबित करती है कि तमाम विवादों के बावजूद, फूलन देवी को जनता से प्यार और समर्थन प्राप्त था। उनका जीवन बिल्कुल अपरंपरागत और असाधारण था।

2001 में उनकी मृत्यु के बाद भी उनकी लोकप्रियता खत्म होती नहीं दिखी। समाज के सबसे निचले और दबे-कुचले तबके के बीच उन्होंने जो महिला रॉबिन हुड की छवि बनाई थी, वह लोगों के दिमाग से मिटी नहीं। हालाँकि, सैंतीस साल की कम उम्र में उनकी हत्या कर दी गई थी, लेकिन उनके जीवन में लेखकों, फिल्म निर्माताओं, पत्रकारों और यहाँ तक कि लोक कथाओं का वर्णन करने वालों को आकर्षित करने के लिए बहुत कुछ था। उनकी मौत के दो दशक बाद भी उनका नाम बार-बार मीडिया में सामने आता रहता है।

10 अगस्त, 1963 को उत्तर प्रदेश के जालौन जिले में एक गरीब मल्लाह (नाविक) परिवार में जन्मी फूलन देवी के जन्म का जश्न नहीं मनाया गया। ऐसा सिर्फ इसलिए था क्योंकि वह एक लड़की थीं। फूलन का बचपन से ही विद्रोही और संघर्षशील रवैया था। जब उनके चाचा और उनके परिवार ने धोखे से उनके पिता की ज़मीन हड़पने की कोशिश की, तो वह उनके खिलाफ खड़ी हो गई थीं जब फूलन के दादा-दादी का एक के बाद एक निधन हो गया, तो विस्तृत परिवार में समस्याएं पैदा हुईं और तभी खेत की ज़मीन को लेकर विवाद शुरू हो गया। ज़मीन में एक विशाल नीम का पेड़ था जिसे फूलन का चचेरा भाई माया दीन काटना चाहता था और फिर उस ज़मीन का उपयोग करना चाहता था। फूलन नहीं चाहती थीं कि नीम का पेड़ काटा जाए क्योंकि वह इस पेड़ को देखते हुए बड़ी हुई थीं और उन्हें इससे विशेष लगाव था। इसके अलावा, उन्हें लगा कि उनके चाचा और उनका बेटा उनके परिवार पर अपनी इच्छा थोपने की कोशिश कर रहे हैं। ऐसा इसलिए था क्योंकि फूलन के पिता का कोई बेटा नहीं था। फूलन ने गाँव की कुछ लड़कियों को इकट्ठा किया और खेत पर धरना दिया। गाँव के लोगों और

परिवार के बुजुर्गों ने उन्हें रोकने की कोशिश की, लेकिन वह नहीं मानी। बाद में माया दीन ने उन्हें ईंट से तब तक बुरी तरह पीटा जब तक वह बेहोश नहीं हो गईं। इस पूरे प्रकरण से गाँव में उन पर विद्रोही का ठप्पा लग गया।

कुछ महीने बाद फूलन के विद्रोही स्वभाव को देखकर उनके चाचा और गाँव वालों ने उनके परिवार को उनकी शादी के लिए मना लिया। हालाँकि फूलन शादी नहीं करना चाहती थीं, लेकिन उस समय वह शायद ही कुछ कर पातीं। उनकी शादी महज ग्यारह साल की उम्र में उनसे तीन गुना उम्र के आदमी से कर दी गई। उनकी इच्छा के विरुद्ध जब उनकी शादी हो रही थी, तो उन्होंने अपने चचेरे भाई माया दीन को कुटिलता से मुस्कुराते हुए देखा। फूलन को पता था कि उसने ही उसे अपने रास्ते से हटाने की योजना बनाई थी।

उनके पति और ससुराल वालों ने उनका उत्पीड़न और उनसे दुर्व्यवहार इस हद तक किया कि वह तंग आ गईं। वह अपने पति का घर छोड़कर अपने माता-पिता के घर लौट आईं। उस समय उस समुदाय में किसी लड़की के लिए ऐसा करना एक अपरंपरागत बात थी। एक लड़की का अपने पति को छोड़कर अपने माता-पिता के घर पर रहना एक कलंक था और सामाजिक मानदंडों द्वारा स्वीकार्य नहीं था। फूलन ने शायद सोचा था कि अपने माता-पिता के घर वापस आने से उनके दुखों का अंत हो जाएगा, लेकिन उन्होंने शायद ही सोचा था कि यह उनके लिए आगे आने वाले कठिन जीवन की शुरुआत थी।

उनके परिवार का चाचा के परिवार के साथ जमीन विवाद खत्म नहीं हुआ था और फूलन लगातार अपने चाचा के ख़िलाफ़ आवाज़ उठाती रहीं। फूलन के चचेरे भाई माया दीन ने उन्हें डकैती के झूठे मामले में फंसा कर चुप कराने की योजना बनाई। माया दीन के कुछ दोस्त उच्च जाति के परिवारों से थे और कुछ के राजनीतिक संबंध भी थे। चोरी के आरोप में फूलन देवी को जेल में डाल दिया गया। कहा जाता है कि उन्हें कुछ दिनों तक जेल में भी रखा गया था। किसी तरह

वह पुलिस की गिरफ्त से बाहर तो आ गईं, लेकिन जिंदगी मुश्किल थी। उन्हें जाति से बहिष्कृत कर दिया गया और गाँव की लड़कियों को उनसे बात न करने की हिदायत दी गई।

फूलन के माता-पिता ने उन्हें उनके पति के घर वापस भेजने का फैसला किया, लेकिन उनका पति पुत्ती लाल उन्हें वापस लाने के लिए तैयार नहीं था। फूलन के माता-पिता ने उसे उपहार दिए और उसे और उसके परिवार को समझाने की बहुत कोशिश की। अंततः पुत्ती लाल मान गया। फूलन को अनिच्छा से वापस जाना पड़ा, लेकिन पुत्ती लाल के लिए फूलन, जो अब सोलह वर्ष की हो चुकी थीं, को नियंत्रित करना मुश्किल हो गया। वह पहले से कहीं अधिक सख्त और निडर थीं। वह निश्चित रूप से उन लोगों में से नहीं थीं जो सभी शारीरिक और मानसिक शोषण को चुपचाप सह लें। उनके ससुराल वालों ने उन्हें वापस उनके माता-पिता के घर भेज दिया।

"शादी से पहले, मैंने सोचा था कि मेरे अग्रबाहुओं पर खनकती चूड़ियों की आवाज़ आनंददायक होगी। मैं अपने पैरों में पायल और गले में चाँदी के हार पहनने के सपने देखती थी लेकिन जब से मुझे पता चला कि वे उस आदमी के लिए क्या प्रतिनिधित्व करते हैं जिसने उन्हें दिया था, तब से और नहीं। एक हार उस रस्सी के टुकड़े से अधिक सुंदर नहीं है जो एक बकरी को पेड़ से बांधता है, उसे स्वतंत्रता से वंचित करता है।" ये फूलन के शब्द हैं जो दर्शाते हैं कि कैसे छोटी सी उम्र में सपने बेरहमी से चकनाचूर हो जाते हैं और मन पर अमिट छाप छोड़ जाते हैं।

लेकिन हालात चाहे जो भी हों, वह पितृसत्तात्मक समाज के आगे झुकने को तैयार नहीं थीं। वह चुप रहने और गलत कामों को नज़रअंदाज़ करने के लिए पैदा नहीं हुई थीं।

किसी तरह फूलन का संबंध कुछ स्थानीय डाकुओं से हो गया। गिरोह का सरगना बाबू गुज्जर फूलन पर मोहित हो गया और उसे अपने साथ ले गया। जब फूलन ने उसकी यौन मांगों के आगे झुकने से इनकार कर दिया, तो उसने उनके साथ बार-बार बलात्कार किया। लेकिन फूलन को एक तारणहार मिल गया। बाबू गुज्जर के गैंग का एक डाकू विक्रम मल्लाह, जो फूलन देवी को पसंद करता था, उन्हें इस तरह के शारीरिक शोषण से गुजरते हुए नहीं देख सकता था। इसके अलावा, वह भी फूलन के समान मल्लाह समुदाय से था। वह अपने ही समुदाय की लड़की पर इस तरह के अत्याचार कैसे बर्दाश्त कर सकता था? उस समय भारतीय समाज पर जाति का बड़ा प्रभाव था।

विक्रम ने बाबू को मार डाला और डाकू गिरोह का नेता बन गया। उसने घोषणा की कि फूलन अब उसकी है और किसी को भी उसे छूने की हिम्मत नहीं करनी चाहिए। तो आखिरकार फूलन को एक राक्षस के चंगुल से छुड़ा लिया गया। हालाँकि विक्रम उनसे प्यार करता था और उनके साथ अच्छा व्यवहार करता था, फिर भी फूलन को एक आदमी की संपत्ति माना जाता था। लेकिन फूलन को फिर भी उसकी संगत ठीक लगी थी। इसके अलावा, वह जानती थीं कि जीवन ने उनके पास कोई विकल्प नहीं छोड़ा है। सब कुछ के बावजूद, उनके प्रति विक्रम के स्नेह ने सचमुच उनका दिल जीत लिया।

विक्रम ने उन्हें प्रशिक्षण देना शुरू किया और दोनों ने मिलकर गिरोह पर शासन किया। उनके गिरोह ने आस-पास के गाँवों को लूटा, लेकिन वे महिलाओं का सम्मान करते थे। वे जानते थे कि उनके निशाने पर कौन हैं और उनके साथ क्या करना है। इस पूरे समय में, फूलन अपने पति पुत्ती लाल को नहीं भूली थीं, जिसने उन्हें छोटी उम्र में इतना परेशान किया था। वह अपने गिरोह के साथ, गाँव गईं और अपना बदला की में जलते हुए दिल को शांत करने के लिए उसे काफी यातना दी। उन्होंने पुत्ती लाल को घायल कर दिया और जीवन भर उसे तड़पने लिए छोड़ दिया।

कूटनीतिक और दिमागी खेल के मामले में विक्रम पूरी तरह से फूलन पर निर्भर था। फूलन ने अपने गिरोह के अभियानों से पहले और बाद में जनता से दूर छिपे मंदिरों में जाने और देवी दुर्गा की पूजा करने की परंपरा बना ली थी। फूलन का मानना था कि वह माँ दुर्गा ही थीं जिन्होंने उन्हें समाज की बुराइयों से लड़ने की शक्ति दी और उन्हीं के आशीर्वाद से वह जीवित हैं।

विक्रम मल्लाह और फूलन देवी ने मिलकर अमीर और ऊँची जाति के लोगों में डर पैदा कर दिया। लेकिन उनका आनंदमय साथ अधिक समय तक नहीं टिक सका। उच्च जाति के दो पूर्व डकैतों, श्री राम और लाला राम को जेल से रिहा कर दिया गया। उन्होंने फूलन के गिरोह के कुछ अन्य लोगों के साथ मिलकर विक्रम मल्लाह की हत्या कर दी। विक्रम को मृत पड़ा देखकर फूलन को बहुत दुख हुआ।

"विक्रम अचानक उठ बैठा और मुझे लगा कि पुलिस ने हमें घेर लिया है। मैं हमारी राइफलें लेना चाहती थी लेकिन उन्हें हटा दिया गया था। फिर, विक्रम आगे गिर गया," अपने अतीत का वह भयानक दृश्य याद करते हुए फूलन ने एक लेखिका माला सेन को यह सुनाया था।

श्रीराम और लाला राम फूलन को ज़बरदस्ती अपने साथ ले गए। उसे बंधक बनाकर रखा गया और ऊँची जाति के कई लोगों ने उनके साथ बलात्कार किया। उसे पीटा गया, दुर्व्यवहार किया गया और बहुत सारी यातनाएँ झेलने के लिए मजबूर किया गया। ठाकुर समुदाय के लोग उन्हें लगातार याद दिलाते रहे कि निचली जाति के मल्लाह समुदाय से होने के कारण, वह एक गिरोह पर शासन करने के बारे में सोचने की हिम्मत भी कैसे कर सकती है? उन्होंने फूलन को बताया कि यह उसकी नियति थी - बलात्कार किया जाना, पीटा जाना ।

फूलन की जगह कोई भी लड़की होती तो पूरी तरह टूट जाती या अपनी जान दे देती, लेकिन दुनिया को यह दिखाने के लिए कि किसी भी चीज की अति बुरी होती है फूलन को ज़िंदा रहना पड़ा । किसी महिला को इस हद तक प्रताड़ित

मत करो कि वह अपनी कोमलता भूल जाए और अपने साथ हुए गलत कामों का खतरनाक तरीके से बदला लेने के लिए क्रूर अवतार धारण कर ले।

फूलन पर इतनी भयानक यातनाओं के पीछे एक बड़ा कारण जातिवाद था। जातिवाद और ऊंची-नीची जातियों के बीच नफरत के इस दानव ने मानव मन को दीमक की तरह खा लिया था। हिंदू समाज ने अपने लोगों के बीच जाति व्यवस्था द्वारा पैदा किए गए मतभेदों और दरारों के कारण कई निम्न स्तर देखे हैं। हालांकि आज के समय में स्थिति में काफी सुधार हुआ है, लेकिन उन दिनों ऐसा नहीं था। जातिवाद के अलावा, समाज में प्रचलित कठोर पितृसत्ता भी एक संकोची लड़की को खूंखार डाकू में बदलने के लिए समान रूप से जिम्मेदार थी।

श्री राम और लाला राम की कैद में फूलन देवी की प्रताड़ना कई हफ्तों तक जारी रही। लेकिन फिर, उनके कुछ पुराने दोस्तों ने कुछ ग्रामीणों के साथ मिलकर उन्हें कैद से भागने में मदद की। फूलन देवी को जिस शारीरिक और मानसिक आघात से गुज़रना पड़ा था, उससे बाहर आने में कई महीने लग गए। भले ही वह फिर से स्वस्थ हो गईं, लेकिन जिन राक्षसों ने उनकी गरिमा को तार-तार कर दिया था और उन्हें एक जीवित लाश में बदल दिया था, उनसे बदला लेने की आग उनमें जीवित थी। फूलन ने विक्रम मल्लाह के समर्थक मान सिंह के साथ मिलकर एक गैंग बनाया। फूलन अपने नए गैंग के साथ चंबल इलाके में सक्रिय हो गईं।

फूलन देवी श्री राम और लाला राम से बदला लेने के लिए आक्रोशित थीं। उन दोनों ने उन्हें उनके जीवन का सबसे बुरा सपना दिया था। लेकिन, कई महीनों के बाद भी फूलन को उनकी जानकारी नहीं थी। ठीक से रणनीति बनाने के बाद, फूलन देवी अपने गिरोह के साथ यूपी के बेहमई गांव में गईं, जहाँ लाला राम और श्री राम ने उन्हें बंदी बना बनाया था। वह 14 फरवरी, 1981 का दिन था। उन्होंने मांग की कि गाँव वाले श्री राम और लाला राम को उनके सामने लाएँ, लेकिन

किसी ने भी उन दोनों व्यक्तियों का पता नहीं बताया। गाँव वालों की चुप्पी से क्रोधित फूलन ने उन्हें अपने अंदाज में सज़ा देने का फैसला किया। यह सही कहा गया है कि जब एक महिला बदला लेने का फैसला करती है, तो शैतान भी पीछे बैठकर खेल देखता है!

फूलन ने अपने आदमियों को सभी ठाकुर पुरुषों को बाहर लाने और उनके सामने एक पंक्ति में खड़ा करने का आदेश दिया। ठाकुरों को पंक्तिबद्ध किया गया और गिरोह के सदस्यों द्वारा गोली मार दी गई। उस गोलीबारी में 20 लोगों की मौत हो गई और इस पूरे हमले को "बेहमई नरसंहार" का नाम दिया गया। फूलन देवी अपराध जगत की निर्विवाद रानी बन गईं और साथ ही, समाज में प्रचलित जाति व्यवस्था द्वारा दबाए गए दलित समुदाय के लिए एक रक्षक और वीरांगना बन गईं। यह घटना राष्ट्रीय समाचार बन गई जिससे राजनीति में भी बड़ी हलचल मच गई। यूपी की कानून व्यवस्था पर उंगलियाँ उठीं और यूपी के तत्कालीन मुख्यमंत्री वी.पी. सिंह को इस्तीफा देना पड़ा।

इस घटना के बाद, यूपी और मध्य प्रदेश दोनों सरकारों ने डाकुओं पर कड़ी कार्रवाई शुरू की। पुलिस चंबल के इलाकों में घुस गई और फूलन के गिरोह के कई सदस्य मारे गए। यही वह समय था जब फूलन ने अपनी शर्तों पर आत्मसमर्पण करने का फैसला किया। दबंग दस्यु रानी ने इस शर्त पर आत्मसमर्पण करने का फैसला किया कि उसे मौत की सज़ा नहीं दी जाएगी।

फरवरी 1983 में लंबी बातचीत के बाद फूलन देवी मान सिंह और गिरोह के अन्य सदस्यों के साथ मध्य प्रदेश के भिंड में आत्मसमर्पण करने पहुँचीं। पुलिस काफी समय से आत्मसमर्पण की बात कर रही थी और यह घटना उस समय की सबसे अधिक उत्सुकता से प्रतीक्षित और महत्वपूर्ण घटनाओं में से एक थी। पत्रकार, मानवाधिकार कार्यकर्ता, महिलावादी और हजारों लोग 'दस्यु सुंदरी' की एक झलक पाने के लिए उमड़ पड़े।

मध्य प्रदेश के मुख्यमंत्री अर्जुन सिंह ने भी फूलन देवी को उनकी मांग के अनुसार माँ दुर्गा की तस्वीर के सामने आत्मसमर्पण करते हुए देखा था। खाकी वर्दी और लाल शॉल ओढ़े एक औसत सी दिखने वाली, छोटे कद की लड़की, जिसने समाज में हो रहे गलत कामों को अपने तरीके से चुनौती देने का साहस किया था, सबके सामने थी। आखिरकार बैंडिट क्वीन ने अपने साथियों सहित आत्मसमर्पण कर दिया।

जब उन पर मुकदमा चल रहा था तब उन्होंने लगभग ग्यारह साल जेल में बिताए। लेकिन जैसा कि कहा जाता है, किस्मत का पहिया बदलता है और फूलन के साथ भी ऐसा ही हुआ। 1990 के दशक के दौरान उत्तर प्रदेश की राजनीति में बदलाव आया, जब पिछड़ी और निचली जाति के नेता सत्ता के केंद्र में आ गये। फूलन देवी को पहले पैरोल पर रिहा किया गया और फिर बाद में समाजवादी पार्टी के मुलायम सिंह यादव ने अपने कार्यकाल के दौरान उन्हें सभी आरोपों से बरी कर दिया। यहीं से फूलन के राजनीति में आने की राह बनने लगी।

जेल से बाहर आने के बाद फूलन देवी ने अपने ही मल्लाह समुदाय के एक व्यक्ति उम्मेद सिंह से शादी कर ली। उन्होंने इस शादी को अपने 'समुदाय का फैसला' बताया। वह अपने पति के साथ दक्षिणी दिल्ली में बस गईं। अब वह केवल एक सुखमय वैवाहिक जीवन चाहती थीं।

1996 में, उन्होंने समाजवादी पार्टी के टिकट पर मिर्ज़ापुर निर्वाचन क्षेत्र से लोकसभा चुनाव लड़ा। इस सीट पर निषाद समुदाय का दबदबा था और फूलन ने प्रचंड बहुमत से चुनाव जीता। उन्होंने एक बार फिर 1999 में उसी निर्वाचन क्षेत्र से चुनाव लड़ा और फिर से निर्वाचित हुईं। निचली जाति की एक उत्पीड़ित लड़की से एक खूंखार डाकू और फिर दो बार सांसद बनने तक का सफर दर्द, यातना, आघात के साथ-साथ उतार-चढ़ाव से भरा था, लेकिन फूलन ने इसे एक निडर दृष्टिकोण के साथ जीया!

फूलन में ईश्वर प्रदत्त कुछ मजबूत गुण थे; एक तो यह कि वह बेहद सक्रिय छठी इंद्रिय के कारण बहुत चालाक थीं और दूसरा, उनका ज़बरदस्त आकर्षण। एक महिला में ये दो गुण एक घातक संयोजन बनाते हैं और यह फूलन देवी जैसी विद्रोही के लिए एकदम सही था। अपने डर के बारे में बात करते हुए और अपशकुन को भांपते हुए फूलन ने एक बार एक प्रेस कॉन्फ्रेंस में कहा था, "हर दिन, मैं डर के साथ जीती हूँ। एक रात जंगल में, मैं कैम्प फायर के पास बैठी थी और मुझे अपनी जांघों पर कुछ फिसलता हुआ महसूस हुआ। मुझे एहसास हुआ कि यह एक साँप था। मैंने तुरंत उसे उठाया और एक तरफ फेंक दिया, लेकिन मुझे पता था कि यह एक अपशकुन था, इसलिए हमने अपनी बंदूकें उठाईं और भाग गए। दस मिनट बाद, हमने अपने शिविर स्थल पर एक बड़े पुलिस दल की रोशनी देखी। भगवान अपने संकेत स्वयं भेजते हैं।"

फूलन का जीवन अचानक समाप्त हो गया जब 25 जुलाई 2001 को शेर सिंह राणा ने दिल्ली में उनके बंगले के बाहर उन्हें गोली मार दी। कहा जाता है कि राणा ने बेहमई नरसंहार का बदला लेने के लिए फूलन की हत्या कर दी थी। उनकी मौत की खबर ने पूरे देश को झकझोर कर रख दिया क्योंकि किसी को भी उम्मीद नहीं थी कि साहसी और तेज़ तर्रार फूलन का देहांत इतनी जल्दी हो जाएगा, खासकर तब जब उनकी उथल-पुथल भरी जिंदगी बेहतर होने लगी थी। वह सिर्फ सैंतीस साल की थीं और उनकी आंखों में महिलाओं और समाज के दबे-कुचले तबके के लिए काम करने के सपने थे, लेकिन दुर्भाग्य से, वह उन्हें साकार नहीं कर सकीं।

फूलन देवी का रोमांचक जीवन कई किताबों में दर्ज किया गया है और कई फिल्म रूपांतरणों के लिए प्रेरणा भी रहा है। 'फूलन देवी' नाम से एक बंगाली फिल्म 1985 में अशोक रॉय द्वारा बनाई गई थी। यह फिल्म हिंदी में भी रिलीज़ हुई थी। बाद में शेखर कपूर ने फूलन देवी के जीवन पर बहुत प्रशंसित फिल्म

'बैंडिट क्वीन' बनाई। यह फिल्म 1994 में रिलीज़ हुई और व्यावसायिक रूप से सफल रही और कई पुरस्कार भी जीते। फिल्म की सफलता के बावजूद, फूलन देवी फिल्म में अपने चरित्र चित्रण करने के तरीके से बहुत खुश नहीं थीं। इस पर उन्होंने असहमति जताई, हालाँकि बाद में मामला सुलझ गया।

कई लोगों के लिए फूलन देवी एक कुख्यात डकैत और कानून तोड़ने वाली महिला थीं, जिनका अंत उनके भाग्य अनुरूप ही हुआ, लेकिन कई अन्य लोगों के लिए, वह एक विद्रोही, मजबूत और साहसी महिला और एक अग्रणी थीं, जिन्होंने भयानक दमनकारी परिस्थितियों के खिलाफ खड़े होने का साहस किया और सामाजिक न्याय के लिए आवाज उठाई। जैसा कि कहा जाता है, अच्छी महिलाएँ इतिहास नहीं बनातीं, साहसी महिलाएँ इतिहास बनाती हैं और ऐसी ही एक महिला फूलन देवी थीं।

13

लता मंगेशकर

- *मेलोडी क्वीन और भारत की महानतम पार्श्व गायिकाओं में से एक।*
- *इनका जन्म 28 सितम्बर, 1929 को इंदौर (मध्य प्रदेश) में हुआ था। इनके भाई बहनों में कुछ जाने माने नाम हैं, जैसे - मीना खादिकारकर, आशा भोसले ,उषा मंगेशकर, हृदयनाथ मंगेशकर। अपने जीवनकाल में यह संसद सदस्य (राज्यसभा) रही हैं, और इन्हे पद्म भूषण (1969) दादा साहब फाल्के पुरस्कार (1989) महाराष्ट्र भूषण (1997) पद्म विभूषण (1999) भारत रत्न (2001) आदि श्रेष्ठ पुरस्कार भी दिए गए।*

"लता मंगेशकर का कौन सा गाना आपको सबसे ज्यादा पसंद है?" यह शायद किसी व्यक्ति से पूछा जाने वाला सबसे कठिन प्रश्न होगा। कई दशकों तक उनके द्वारा गाए गए इतने सारे मधुर और सुपर-हिट गीतों में से सर्वश्रेष्ठ का चयन करना वास्तव में कठिन है। लता मंगेशकर - जिन्हें प्यार से "मेलोडी क्वीन", "नाइटिंगेल ऑफ इंडिया" और "वॉयस ऑफ मिलेनियम" इन नामों से पुकारा जाता है - भारत की सबसे महान गायिकाओं में से एक हैं। लगभग आठ दशकों के करियर और विभिन्न भाषाओं में कई हजारों गाने के साथ, मंगेशकर ने वास्तव में अपने पीछे एक अद्भुत विरासत छोड़ी है।

लता मंगेशकर के बारे में सोचते हुए, जो छवि तुरंत दिमाग में आती है वह सफेद साड़ी पहने और माथे पर सुंदर बिंदी लगाए बैठी एक शांत महिला की है।

मंगेशकर एक सांस्कृतिक प्रतीक थीं, जिन्होंने न केवल भारत में, बल्कि दुनिया भर में अपनी पहचान बनाई। एक बहुमुखी और हर स्थिति के अनुकूल पार्श्व गायिका होने के नाते, उन्होंने मोहम्मद रफ़ी और किशोर कुमार जैसे पुराने ज़माने के महान नामों के साथ काम किया, और यहाँ तक कि वर्तमान समय के संगीत उस्ताद ए.आर.रहमान के साथ भी काम किया। उन्होंने कई बॉलीवुड अभिनेत्रियों के लिए अपनी पार्श्वगायन आवाज़ दी। बॉलीवुड की अधिकांश खूबसूरत अभिनेत्रियों को सिल्वर स्क्रीन पर लता के गानों पर लिप-सिंक करते हुए देखा जा सकता है। लता की आवाज़ इतनी जादुई और बहुमुखी थी कि यह लोकप्रिय भारतीय गायन के हर एक और लगभग सभी रूपों के अनुकूल थी। कर्नाटिक गायक टी.एम. कृष्णा के शब्दों में, "उनकी आवाज़ किसी लिए भी, किसी भी स्थिति और किसी भी युग के लिए काम करती थी।"

पद्म भूषण, पद्म विभूषण और भारत रत्न जैसे लगभग सभी शीर्ष नागरिक सम्मानों से सम्मानित मंगेशकर भारत का गौरव थीं। वह एम.एस. सुब्बुलक्ष्मी के बाद 2001 में भारत रत्न प्राप्त करने वाली बाद दूसरी गायिका हैं। वह दादा साहेब फाल्के पुरस्कार, राष्ट्रीय फिल्म पुरस्कार, महाराष्ट्र राज्य फिल्म पुरस्कार, फिल्मफेयर पुरस्कार और कई अन्य पुरस्कारों से सम्मानित हैं। उस उम्र में भी उन्हें पुरस्कार मिलते रहे जब गायक आमतौर पर अपने पेशेवर जीवन से संन्यास ले लेते थे। लता की आवाज़ इतनी जादुई थी कि वह नीरस संगीत को भी जीवंत बना देती थीं।

28 सितंबर 1929 को इंदौर में पंडित दीनानाथ मंगेशकर और शेवंती मंगेशकर के घर जन्मीं लता जी को जन्म के समय "हेमा" नाम दिया गया था। पंडित दीनानाथ एक मराठी थिएटर कलाकार, संगीतकार और एक अद्भुत हिंदुस्तानी शास्त्रीय गायक थे। अपने नाटक के एक पात्र "लतिका" से प्रेरित होकर, उन्होंने अपनी बेटी का नाम बदलकर लता रख दिया। लता मंगेशकर

अपने सभी भाई-बहनों - मीना, आशा, उषा और हृदयनाथ - में सबसे बड़ी थीं। उनके सभी भाई-बहन भी गायन और संगीत में रहे हैं। मंगेशकर परिवार का उपनाम हादिकर था, लेकिन लता के पिता ने अपना उपनाम बदलकर मंगेशकर कर दिया, क्योंकि वह चाहते थे कि उनकी पहचान गोवा में उनके पैतृक शहर मंगेशी से हो।

लता ने अपने पिता से संगीत की शिक्षा लेनी शुरू कर दी और महज़ पांच साल की उम्र में उन्होंने अपने पिता के संगीतमय नाटकों में अभिनय करना शुरू कर दिया। फिर, मंगेशकर परिवार पर एक त्रासदी हुई जब पंडित दीनानाथ की हृदय रोग से मृत्यु हो गई। लता केवल तेरह वर्ष की थीं जब उन्होंने अपने पिता को खो दिया। बड़ा परिवार था और कमाने वाला भी नहीं रहा। दुःख और वित्तीय संकट के इस समय के दौरान, दीनानाथ के करीबी दोस्त, मास्टर विनायक दामोदर कर्नाटकी मंगेशकर परिवार की मदद के लिए आए। वह खुद एक अभिनेता और फिल्म निर्देशक थे। उन्होंने लता को फिल्म इंडस्ट्री में काम करने की सलाह दी। वहाँ से, भारत को लता मंगेशकर नामक एक महान हस्ती का उदय देखना था!

चूँकि लता अपने भाई-बहनों में सबसे बड़ी थीं, इसलिए उन्होंने अपने परिवार का भरण-पोषण करने की ज़िम्मेदारी उठाने का फैसला किया। बहुत कम उम्र में ही उनमें परिपक्वता आ गई थी। मास्टर विनायक, जो एक फिल्म कंपनी, 'नवयुग चित्रपट' के मालिक थे, ने 1942 में लता को अपनी मराठी फिल्म, 'पाहिली मंगलागौर' में एक भूमिका दी। इसी फिल्म में लता को गाने का मौका भी दिया गया।

1945 में जब मास्टर विनायक ने अपना मुख्यालय मुंबई स्थानांतरित किया, तो लता भी अपने परिवार के साथ मुंबई आ गईं। सपनों के शहर में उनके लिए बहुत कुछ था। यही वह समय था जब लता का परिचय हिंदी फिल्मों से हुआ। उन्होंने बॉलीवुड में छोटी भूमिका निभानी शुरू कीं, लेकिन गायन हमेशा उनका

हृदय और उनकी आत्मा थी। इसलिए उन्होंने अभिनय करते हुए उस्ताद अमान अली खान से हिंदुस्तानी शास्त्रीय संगीत भी सीखना शुरू कर दिया।

मुंबई में स्थानांतरित होने से उनके जीवन में एक नया अध्याय और नई संभावनाएं बढ़ीं, लेकिन यह नई शुरुआत कई चुनौतियों के साथ आई। मायानगरी में बसने के दौरान वह किशोरावस्था में थीं और नए लोग और नए शहर को अपना रही थीं। उन्हें एक बड़े परिवार के भरण-पोषण की ज़िम्मेदारी उठानी पड़ी। 1947 में लता के करियर में उनका साथ देने वाले मास्टर विनायक का निधन हो गया। अपने पिता के बाद अब लता ने अपने गुरु को भी खो दिया था। लेकिन लता ने खुद को मानसिक रूप से मज़बूत रखा क्योंकि उन्हें अपने छोटे भाई-बहनों के बारे में भी सोचना था। सचमुच, उन्होंने उस उम्र में एक बड़ी ज़िम्मेदारी उठाई जब लड़कियाँ स्वतंत्र रूप से अपने लापरवाह जीवन का आनंद लेती हैं।

भले ही लता ने अपने करियर की शुरुआत गायन के साथ-साथ अभिनय से भी की थी, लेकिन उन्हें अभिनय कभी पसंद नहीं आया। रोशनी, कैमरा और उसके आस-पास के लोग, किसी तरह उन्हें सहज नहीं बना पा रहे थे। लेकिन, चूंकि बॉलीवुड अभी भी आकार ले रहा था, लता को पर्याप्त कमाई करने के लिए फिल्मों में छोटी सहायक भूमिकाएँ करनी पड़ीं। उन्होंने 2008 में एन डी टी वी को दिए एक साक्षात्कार में स्वीकार किया, "मैंने एक अभिनेत्री के रूप में शुरुआत की। लेकिन मुझे एक्टिंग कभी पसंद नहीं थी। मैं मास्टर विनायक के साथ काम करती थी। मैंने फिल्मों में अभिनय किया, लेकिन मुझे इसमें कभी मज़ा नहीं आया क्योंकि मैं बहुत छोटी थी। मुझे मेकअप करना और कैमरे के सामने हंसना और रोना पसंद नहीं था। इस दौरान मुझे गाना बहुत पसंद था। मैं बचपन से ही गायकी की ओर आकर्षित थी। " कठिन परिस्थितियों ने लता को काफी विचारशील और समायोज्य बना दिया था।

लता को मजबूर (1948) फिल्म के गाने "दिल मेरा तोड़ा ,मुझे कहीं का न छोड़ा" के साथ सफलता मिली। इसके बाद लता ने फिल्म 'महल' का गाना 'आएगा आने वाला' गाने से बड़ी सफलता का स्वाद चखा। इस फिल्म में प्रसिद्ध अभिनेत्री मधुबाला ने अभिनय किया था। यह गाना हिट हो गया और यह उनकी सफलता की कहानी की शुरुआत थी। इसके बाद लता ने कभी पीछे मुड़कर नहीं देखा।

लता ने 1950 और 1960 दशक के कई संगीतकारों के साथ काम किया जैसे शंकर जयकिशन, नौशाद अली, कल्याणजी-आनंदजी, हेमंत कुमार, एस.डी. बर्मन, लक्ष्मीकांत प्यारेलाल और कई लोग। 'मुगल-ए-आज़म' का उनका गाना "प्यार किया तो डरना क्या" काफी प्रतिष्ठित है और आज भी लोग इसे बार-बार गुनगुनाते हैं। उनका एक और लोकप्रिय गाना फिल्म 'अजीब दास्तां है ये, कहाँ शुरू कहाँहां खत्म' जो फिल्म 'दिल अपना और प्रीत पराई' से है' ने कई दिलों को छू लिया और एक पुराने क्लासिक के रूप में अब भी सोशल मीडिया पर ट्रेंड करता रहता है।

प्रमुख ब्लॉक़बस्टर फिल्म 'गाइड' से उनके गाने - 'आज फिर जीने की तमन्ना है', 'गाता रहे मेरा दिल' और 'पिया तोसे नैना लागे रे' - सदाबहार बने रहे हैं। संगीत एस.डी. बर्मन द्वारा तैयार किया गया था और फिल्म में गुज़रे ज़माने के सुपरस्टार वहीदा रहमान और देव आनंद ने अभिनय किया। लता एक सिंगिंग स्टार बन गई थीं और सभी संगीतकारों की पसंदीदा थीं। सिर्फ संगीतकार की ही नहीं, युगल गीतों के लिए भी वह सबसे पसंदीदा थीं। उन्होंने मुकेश, मोहम्मद रफी, मन्ना डे, किशोर कुमार और महेंद्र कपूर जैसे उल्लेखनीय गायकों के साथ युगल गीत गाए।

1963 में लता ने पंडित जवाहर लाल नेहरू के सामने 'ऐ मेरे वतन के लोगों' गाना गाया। यह 1962 में भारत-चीन युद्ध के बाद की बात है। उन्होंने यह गाना इतनी मार्मिकता से गाया कि नेहरू की आँखों में आंसू आ गए। "जिस समय यह

गाना गाया गया, उस समय बहुत तनाव भरा माहौल था। और ये गाना सुनकर पंडित जी की आँखों में आंसू आ गए। मैंने कभी नहीं सोचा था कि यह गाना इतना लोकप्रिय हो जायेगा। इसका श्रेय कवि प्रदीप जी को जाता है।" ये उनके शब्द हैं। यहाँ उन्होंने मशहूर कवि प्रदीप का ज़िक्र किया है, जिन्होंने इस प्रतिष्ठित गीत की रचना की थी।

1970 के दशक में भी लता ने कई गाने रिकॉर्ड किए जो सर्वकालिक हिट बन गए। मीना कुमारी अभिनीत फिल्म 'पाकीज़ा' का गाना 'इन्हीं लोगों ने ले लिया दुपट्टा मेरा', एक प्रमुख चार्टबस्टर बन गया। लता ने राज कपूर की फिल्म 'सत्यम शिवम् सुंदरम' के लिए भी गाने गाए जो से बेहद लोकप्रिय हुए। लता ने भारत के अंदर और बाहर कई संगीत कार्यक्रम किये। उन्होंने चैरिटी कार्यक्रमों में भी गाया। लता सचमुच अपने जुनून को जी रही थीं। उनकी लोकप्रियता तेज़ी से बढ़ रही थी और वह अपनी सफलता का लिए आगे बढ़ रही थीं।

1980 के दशक में, लता ने कई संगीतकारों जैसे राम लक्ष्मण, बप्पी लाहिड़ी, शिव हरि, राजेश रोशन आदि के साथ काम किया। "सिलसिला', 'राम तेरी गंगा मैली', 'बेताब', 'सागर', 'सौतन', 'खुदगर्ज़' और 'कामचोर' के गाने लोगों की ज़ुबां पर चढ़ गए। 1990 के दशक में उन्होंने जतिन-ललित, आनंद-मिलिंद, नदीम-श्रवण, अनु मलिक, उत्तम सिंह, आदेश श्रीवास्तव और दिलीप सेन-समीर सेन जैसे प्रतिभाशाली संगीतकारों के साथ काम किया। उन्होंने जगजीत सिंह के साथ कुछ लोकप्रिय ग़ज़लें गाईं। उन्होंने उस समय के लगभग सभी लोकप्रिय पुरुष गायकों जैसे एस.पी. बालासुब्रमण्यम, कुमार शानू, उदित नारायण, हरिहरन, सोनू निगम और अमित कुमार के साथ भी गाने रिकॉर्ड किए। नए गायक और संगीतकार आते रहे और बॉलीवुड के केंद्र मंच पर कब्ज़ा करते रहे, लेकिन लता अपनी जगह मजबूत और स्थिर रहीं और नई प्रतिभाओं के साथ काम करने के लिए तैयार रहीं।

यशराज फिल्म्स के साथ लता मंगेशकर की खास बॉन्डिंग थी। उन्होंने यशराज बैनर के तहत निर्मित अधिकांश फिल्मों के लिए गाने रिकॉर्ड किए, जैसे 'चांदनी', 'लम्हे', 'दिलवाले दुल्हनिया ले जाएंगे', 'दिल तो पागल है' और 'ये दिल्लगी'। ये सभी फिल्में व्यावसायिक सफलता हासिल करने के अलावा म्यूज़िकल हिट भी रहीं। यशराज फिल्म्स के लिए लता की आवाज़ मिडास टच का काम कर रही थी। वास्तव में, लता की आवाज़ में सबसे कठोर लोगों को भी पिघलाने का जादू था।

नई सहस्राब्दी ने उन्हें शीर्ष नागरिक पुरस्कार, भारत रत्न दिलाया। गायन में अपने शानदार करियर के लिए, मंगेशकर को फ्रांस के सर्वोच्च सम्मान, 'ऑफिसर ऑफ द फ्रेंच लीजन ऑफ ऑनर' की उपाधि से भी सम्मानित किया गया है। 2001 में, उन्होंने फिल्म 'लज्जा' के लिए प्रसिद्ध संगीतकार इलैयाराजा के साथ काम किया। 2000 के दशक में भी उन्होंने कई चार्टबस्टर्स देना जारी रखा। वह गायन का प्रतीक और वास्तव में पीढ़ियों की आवाज़ थीं।

सुर साम्राज्ञी लता मंगेशकर को 1999 में राज्यसभा सांसद के रूप में चुना गया था। बाद में एक आर टी आई से पता चला कि नवंबर 2005 तक अपने पूरे कार्यकाल के दौरान, लता ने एक सांसद के रूप में मिलने वाला कोई भी भत्ता स्वीकार नहीं किया। वेतन लेखा कार्यालय के माध्यम से उन्हें किए गए सभी भुगतान वापस कर दिए गए थे। इस तरह यह महान महिला निस्वार्थ भाव से संगीत, जो कि उनके जीवन का प्रेम था, के प्रति समर्पित थीं।

लता बहुत ही आध्यात्मिक महिला थीं। वह ईश्वर में दृढ़ विश्वास रखती थीं और नियमित रूप से पूजा करती थीं। एन डी टी वी को दिए इंटरव्यू में लता ने कहा, "भजन मेरे पसंदीदा हैं।" उन्होंने मीरा के भजन, भगवत गीता के श्लोक और यहाँ तक कि गायत्री मंत्र भी रिकॉर्ड किया है।

एक आध्यात्मिक व्यक्ति होने के अलावा, वह दिल से एक सच्ची राष्ट्रवादी थीं। कहा जाता है कि कवियों और गायकों का राष्ट्रवाद के निर्माण और आम

जनता में देशभक्ति की भावना जागृत करने में बहुत बड़ा योगदान होता है। लता ने कई देशभक्ति गीत गाए हैं, जैसे 1962 के भारत-चीन संघर्ष में शहीद हुए सैनिकों को समर्पित गीत 'ऐ मेरे वतन के लोगों', फिल्म 'शहीद' से 'मेरा रंग दे बसंती चोला", 'वीर-ज़ारा' का 'ऐसा देश है मेरा' और भी कई अन्य गाने। उनके देशभक्ति गीतों की लंबी सूची है। ये गाने आमतौर पर स्वतंलता दिवस पर सुने जा सकते हैं और आसानी से किसी के भी रोंगटे खड़े कर सकते हैं।

गायन के प्रति लता का समर्पण ऐसा था कि उन्होंने कभी शादी नहीं की। शायद, इसका कारण यह भी था कि उनके जीवन के आरंभ में ही पारिवारिक जिम्मेदारी उनके कंधों पर आ गई थीं। उनका अपने भाई-बहनों के साथ बहुत अच्छा रिश्ता था। उन्होंने उन्हें कभी अकेलापन महसूस नहीं होने दिया। उनका पेशेवर करियर बहुत अच्छा था और जब वह नहीं गा रही होतीं, तो वह कुछ अन्य चीज़ों के आनंद उठातीं जैसे - खाना बनाना, क्रिकेट देखना और फोटोग्राफी। इस तरह की विविध रुचियों के साथ, इसमें कोई संदेह नहीं, वह एक बहुमुखी व्यक्तित्व वाली महिला थीं। इसके अलावा, वह कभी-कभी संगीतकार भी बन जातीं।

राष्ट्र का गौरव, लता दीदी, जैसा कि उन्हें प्यार से बुलाया जाता था, ने 6 फरवरी 2022 को अंतिम सांस ली। वह कोविड से संक्रमित हो गई थीं और उन्हें ब्रीच कैंडी अस्पताल में भर्ती कराया गया था, लेकिन कई अंगों की विफलता के कारण, उनका निधन हो गया। पूरे देश ने शानदार करियर वाली इस महान गायिका की मृत्यु पर शोक व्यक्त किया।

जैसा कि उनका एक गाना है, "रहे ना रहे हम, महका करेंगे, बन के कली, बन के सबा, बागे वफा में"; लता दीदी भले ही आज हमारे बीच नहीं हैं, लेकिन उनके मधुर गाने लाखों चेहरों पर मुस्कान और भावनाएं लाते रहेंगे।

14

लीला सेठ

- *भारतीय कानूनी क्षेत्र में एक शानदार नाम; दिल्ली उच्च न्यायालय की पहली महिला न्यायाधीश और भारत में किसी राज्य की पहली महिला मुख्य न्यायाधीश।*
- *लखनऊ (उत्तर प्रदेश) में 20 अक्टूबर, 1930 को जन्मी लीला सेठ एक सफल न्यायाधीश रहीं। इनके पति प्रेम नाथ सेठ ने सदैव इनका साथ दिया। इनके तीन बच्चे विक्रम सेठ, शांतुम सेठ और आराधना सेठ।*

जब भी कोई महिला ऊँची उड़ान भरने की कोशिश करती है और उस रास्ते पर चलती है जिस पर काफी हद तक पुरुषों का वर्चस्व रहा है, तो उसे सफलता की राह में अवरोधों और हिचकियों का सामना करना पड़ता है। भारतीय कानूनी परिदृश्य में एक प्रतिष्ठित नाम है लीला सेठ जिन्होंने अपनी प्रतिबद्धता और साहस से सभी बाधाओं को पार करते हुए रूढ़िवादिता को तोड़ा। उनका भारतीय संविधान के आदर्शों को जीवन में लाने का सपना था और उन्होंने एक शाश्वत विरासत को संजोकर अपने सपने को साकार किया।

भारतीय कानूनी क्षेत्र में एक लंबी पारी के साथ, लीला के नाम कई चीज़ें पहली बार दर्ज हैं। वह लंदन बार परीक्षा में टॉप करने वाली पहली महिला, दिल्ली की पहली महिला न्यायाधीश और किसी राज्य की उच्च न्यायालय (हिमाचल

प्रदेश) की पहली मुख्य न्यायाधीश बनीं। वह कई जांच आयोगों का हिस्सा बनीं और उनका करियर शानदार रहा।

लीला प्रसिद्ध जस्टिस जे.एस. समिति की सदस्य थीं। वर्मा समिति की स्थापना दिसंबर 2012 में हुए दिल्ली के क्रूर निर्भया बलात्कार मामले के बाद की गई थी। इस बलात्कार के मामले ने पूरे देश को झकझोर कर रख दिया था। न्याय की मांग करते हुए शांतिपूर्ण विरोध प्रदर्शन हुए थे। तब इस तरह के विभत्स्य प्रकृति के यौन उत्पीड़न के मामलों में त्वरित सुनवाई के लिए आपराधिक कानून में संशोधन का सुझाव देने के उद्देश्य से समिति की स्थापना की गई थी।

लीला को बच्चों से विशेष लगाव था और वह उनकी संवेदनशील दुनिया को समझने का प्रयास करती थीं। वह उस समिति का हिस्सा थीं जो लोकप्रिय टेलीविज़न धारावाहिक 'शक्तिमान' का बच्चों पर प्रभाव का अध्ययन करने के लिए बनाई गई थी। यह धारावाहिक बच्चों के बीच इतना लोकप्रिय था कि कई लोगों ने शक्तिमान की नकल करने की कोशिश की। बच्चों द्वारा खुद को आग लगाने या छत से कूदने की कोशिश के कारण मौत के मामले सामने आए। लीला ने एक किताब भी लिखी, "*हम, भारत के बच्चे: हमारे संविधान की प्रस्तावना*", जहाँ उन्होंने युवा पाठकों को हमारे संविधान की प्रस्तावना और सार को समझाने की कोशिश की है।

लीला तीन बच्चों की गौरवान्वित माँ थीं। उनके बच्चों में सबसे बड़े प्रसिद्ध लेखक, विक्रम सेठ और अन्य दो, शांतुम, एक बौद्ध शिक्षक और आराधना, एक फिल्म निर्माता और फोटोग्राफर हैं। लीला एलजीबीटीक्यू समुदाय के अधिकारों के बारे में काफी मुखर थीं और अपने बेटे विक्रम के पूर्ण समर्थन में सामने आईं। वह उसके साथ खड़ी रहीं और स्पष्ट रूप से कहा कि अगर उसे किसी पुरुष से प्यार हो जाता है तो उन्हें कोई आपत्ति नहीं है।

20 अक्टूबर 1930 को लखनऊ में जन्मी लीला को अपने पिता से बहुत लगाव था जो रेलवे में काम करते थे। उन दिनों रेलवे को इंपीरियल रेलवे सर्विस के नाम से जाना जाता था। वह परिवार में दो लड़कों के बाद पैदा हुई थीं और सभी की प्यारी थीं। दुर्भाग्य से, लीला ने ग्यारह साल की उम्र में अपने पिता को खो दिया और परिवार की पूरी ज़िम्मेदारी उनकी माँ पर आ गई। उनकी माँ दृढ़ रहीं और सीमित साधनों के बावजूद भी उन्होंने अपने सभी बच्चों को शिक्षित किया। लीला ने अपनी स्कूली शिक्षा लोरेटो कॉन्वेंट, दार्जिलिंग से की और कोलकाता चली गईं। लीला ने स्टेनोग्राफर के रूप में काम करना शुरू किया। इसी शहर में उनकी मुलाकात प्रेम सेठ (जिन्हें प्रेमो के नाम से भी जाना जाता है) से हुई और बाद में उन्होंने उनसे शादी कर ली।

प्रेमो बाटा शू कंपनी में काम करते थे और शादी के बाद लीला अपने पति के साथ लंदन शिफ्ट हो गईं। यहीं से उनकी किस्मत बदल गई। लंदन में रहते हुए, लीला आगे की पढ़ाई करना चाहती थीं, लेकिन उनका एक बच्चा भी था। सभी विकल्पों पर शोध करने के बाद, लीला ने अंततः कानून का अध्ययन करने का फैसला किया। ऐसा नहीं था कि उन्हें यह विषय पसंद था, बल्कि उन्होंने इसे इसलिए चुना क्योंकि इसके लिए उन्हें नियमित रूप से कक्षाओं में जाने की आवश्यकता नहीं थी और वह आसानी से अपने शिशु की देखभाल कर सकती थीं।

लीला ने परिवार और शिक्षा के बीच संतुलन बनाने की कोशिश करते हुए कड़ी मेहनत की। वह लंदन बार परीक्षा में शामिल हुईं और उसमें टॉप किंया। सभी ब्रिटिश अखबार उनकी प्रशंसा कर रहे थे। अखबारों में से एक ने लंदन बार परीक्षा की पहली महिला टॉपर के लिए एक लेख प्रकाशित किया, जिसका शीर्षक था, "मदर-इन-लॉ" और साथ ही युवा और सुंदर लीला की उनके बच्चे के साथ तस्वीर भी डाली। पीटीआई को दिए एक साक्षात्कार में, लीला ने उन दिनों को याद करते हुए कहा, "हाँ , उन्होंने मुझे एक माँ के रूप में मेरी भूमिका और मेरे

कानूनी करियर को जो शुरू ही हुआ था, संदर्भित करने के लिए एक चतुर शब्दों के जाल के साथ 'मदर-इन-लॉ' कहकर बुलाया। मुझे और मेरे पति को वह मज़ेदार कैप्शन आज भी याद है।"

हालाँकि उन्होंने लंदन बार परीक्षा में टॉप करके ख्याति प्राप्त की, कुछ लोगों को यह भी संदेह था कि एक महिला इस पेशे में बहुत आगे नहीं जा पाएगी और डिग्री बर्बाद हो जाएगी। लेकिन लीला को इन नकारात्मक भावनाओं की कोई परवाह नहीं थी। वह जानती थीं कि वह इस पेशे में बने रहने के लिए इसमें आई हैं और धीरे-धीरे एक ऐसे क्षेत्र में अपनी पहचान बनाने जा रही हैं जो ज्यादातर पुरुष-प्रधान है।

भारत वापस आने के बाद लीला ने पटना उच्च न्यायालय में वकालत शुरू कर दी। वह कई पुरुष समकक्षों के बीच लंदन से लौटी महिला बैरिस्टर थीं। लोग उन्हें आश्चर्य से देखते थे, कभी-कभी संदेह भी करते थे कि एक महिला कानूनी पेशे में कितना आगे तक जा सकती है। लोगों को इस पेशे में महिलाओं को उत्कृष्ट प्रदर्शन करते हुए देखने की आदत नहीं थी और यहाँ आत्मविश्वास से लबरेज यह महिला कानूनी क्षेत्र में राज करने के लिए तैयार थी।

लीला ने एक वरिष्ठ वकील के अधीन वकालत करने का निर्णय लिया। वरिष्ठ वकील यह देखना चाहते थे कि लीला अपने पेशे को लेकर कितनी आश्वस्त और गंभीर हैं। उसने उनसे पूछा, "तुम यहाँ क्यों हो? तुम्हें शादी कर लेनी चाहिए।"

"मैं पहले से ही शादीशुदा हूँ," लीला ने शांति से उत्तर दिया।

"तो फिर तुम्हें एक बच्चे के बारे में सोचना चाहिए।"

"मुझे बच्चा है," लीला ने उत्तर दिया।

"फिर, तुम बच्चे के प्रति निष्पक्ष नहीं हो। आपको बच्चे के लिए भाई या बहन के बारे में सोचना चाहिए।"

"मेरे तीन बच्चे हैं।" यह संक्षिप्त और सारगर्भित उत्तर था।

इस बातचीत के बाद, अपने करियर के प्रति लीला के दृढ़ संकल्प को देखते हुए, वरिष्ठ वकील ने उसे अपने अधीन प्रैक्टिस करने की अनुमति दे दी।

लीला के अलावा पटना हाईकोर्ट में एक और महिला धर्मशीला लाल थीं। दोनों अच्छे दोस्त बन गए क्योंकि दोनों हिम्मती महिलाएँ थीं और जानती थीं कि अदालत में अपनी क्षमता कैसे साबित करनी है। पटना उच्च न्यायालय में अपने अनुभवों को याद करते हुए, लीला ने एक बार मीडिया से कहा था, "हमारे यहाँ बहुत कम महिलाएँ थीं क्योंकि कानूनी क्षेत्र में पूरी तरह से पुरुषों का वर्चस्व था। दबंग बैरिस्टर, धर्मशीला लाल मेरी समकालीन थीं। वास्तव में वह मेरी वरिष्ठ थीं, जो अदालत कक्ष में न्यायाधीशों पर अपनी चूड़ियाँ हिलाने के लिए जानी जाती थीं, अगर वे ध्यान नहीं देते थे।"

एक मामला जो लीला के शुरुआती करियर में निर्णायक मोड़ बन गया, वह बलात्कार का था। लीला को अपनी सहकर्मी धर्मशिला के खिलाफ लड़ना पड़ा, जो आरोपी की तरफ से थीं । प्रारंभ में, लीला अदालत में बलात्कार के विवरण के बारे में बात करने से बहुत झिझक रही थीं। लेकिन अपने प्रतिद्वंद्वी धर्मशिला को संभोग, संभोग की गहराई आदि के बारे में बात करते देखकर, उनके मन में केवल एक ही विचार आया - "यदि वह ऐसा कर सकती है, तो मैं क्यों नहीं!" फिर, लीला ने बिलकुल संकोच नहीं किया और अपनी दलीलों से केस जीत लिया।

लीला ने एक के बाद एक केस जीता और इस पेशे में अपनी स्थिति मज़बूत की। उन्होंने लगभग दस साल पटना उच्च न्यायालय में बिताए और उन्हें शहर से बहुत लगाव हो गया था। वह पटना में औपनिवेशिक युग के एक खूबसूरत, सफेद बंगले में रहती थीं। उनके पति प्रेमो कंपनी बाटा में मैनेजर के तौर पर काम करते थे और कंपनी ने ही उन्हें यह बंगला ऑफर किया था। सेठ दंपत्ति शहर में शानदार मेज़बान के रूप में जाने जाते थे।

लीला के पति का तबादला कोलकाता हो गया। वह भी वहाँ चली गईं और हाई कोर्ट में प्रैक्टिस करने लगीं। बाद में, सेठ दंपति ने फैसला किया कि वे अब शहर-दर-शहर नहीं जाएंगे और आखिरकार, वे दिल्ली में बस गए। लीला को 1978 में दिल्ली उच्च न्यायालय में न्यायाधीश के रूप में नियुक्त किया गया था। लोग दिल्ली उच्च न्यायालय के उत्कृष्ट न्यायाधीश को आश्चर्य के साथ-साथ प्रशंसा से भी देखते थे। वह अपने करियर में आत्मविश्वास और शालीनता के साथ आगे बढ़ रही थीं और साथ ही, हर मोड़ पर यह साबित कर रही थीं कि महिलाएँ पुरुषों के बराबर हैं, यहाँ तक कि कानूनी दाव-पेंच में भी।

एक दिन, जब लीला अदालत में थीं, उन्होंने देखा कि अदालत कक्ष में भीड़ थी। तभी उन्हें पता चला कि भीड़ एक महिला जज को न्याय सुनाते देखने आई थी। यह वास्तव में काफी सुखद था और साथ ही, उनके लिए यह गर्व की बात भी थी। वह महिला सशक्तिकरण की प्रतीक बन गई थीं।

कानूनी पेशे में कई वर्षों तक आश्चर्यजनक रूप से अच्छा काम करने के बाद, उन्हें 1991 में हिमाचल प्रदेश के उच्च न्यायालय का मुख्य न्यायाधीश नियुक्त किया गया। हिमाचल में काम करने के दौरान भी उन्हें लोगों के कट्टर पितृसत्तात्मक व्यवहार का सामना करना पड़ा, लेकिन वह अपना कर्तव्य निभाती रहीं। लिंग भेदभाव उनके लिए कोई नई बात नहीं थी। बहुत से लोग महिलाओं को ऊँचे पदों पर बैठकर आदेश देने के आदी नहीं थे, लेकिन लीला अब लोगों को रणनीतिक रूप से संभालने में माहिर थी। उनके अपने शब्दों में, "चूंकि मैं दो लड़कों की माँ थी, इसलिए मुझे पता था कि पुरुषों के साथ संवेदनशील तरीके से कैसे व्यवहार करना है। मैं उन पर अपनी राय थोपने से पहले आराम से उनकी राय पूछती।"

लीला और उनके पति दोनों को किताबों का शौक था। उन्होंने विभिन्न विधाओं की ढेर सारी किताबें पढ़ीं। एक उत्सुक पाठक में एक लेखक की प्रवृत्ति

होती है और यही बात लीला को एक लेखिका बनाती है। उन्होंने तीन लोकप्रिय किताबें लिखीं, 'ऑन बैलेंस : *ऐन ऑटोबायोग्राफी*' (2003), 'वी, द *चिल्ड्रन ऑफ़ इंडिया*' (2010) और 'टॉकिंग ऑफ़ जस्टिस' (2014)।

लीला ने अपनी आत्मकथा अपने पति को समर्पित की, जो जीवन भर उनके कट्टर समर्थक रहे। 'ऑन बैलेंस' लीला के परीक्षणों और कठिनाइयों के बारे में है और इसका शीर्षक एकदम सही है। कई अन्य मध्यवर्गीय महिलाओं की तरह, लीला ने भी अपने काम और परिवार के बीच संतुलन बनाने के बारे में सोचा और बखूबी बनाया। उन्होंने गर्व से एक उदाहरण स्थापित किया कि जुनून और समर्पण वाली महिला काम में आगे बढ़ सकती है और साथ ही एक शानदार गृहिणी भी बन सकती है।

लीला ने अपनी आत्मकथा में वकील से जज बनने के अपने अनुभव को खूबसूरती से वर्णन किया है। वह लिखती हैं, "जस्टिस प्रकाश नारायण आकर्षक और समझदार व्यक्ति थे और उन्होंने मुझे सहज महसूस कराया। उन्होंने मुझे यह भी सिखाया कि एक खिलाड़ी से अंपायर बनने में कैसे बदलाव लाना है। मुझे अपने मुवक्किल और केस के लिए बहस करने और अपना सर्वश्रेष्ठ देने की आदत थी और फिर जज जो भी फैसला ले। मुझे जल्द ही एहसास हुआ कि मैं अब जज बन गई हूँ और यह ज़िम्मेदारी अब मेरे ऊपर आ गई है।"

समान नागरिक संहिता (यूसीसी) इन दिनों काफी चर्चा में है और इसे लागू करने के लिए समाज के विभिन्न वर्गों से तीखी राय आ रही है। लीला दूरदर्शी थीं और उन्होंने बहुत पहले ही यूसीसी की वकालत की थी। लैंगिक समानता के प्रति उनकी चिंता ही थी जिसकी वजह से वह यूसीसी चाहती थीं। वह मुस्लिम महिलाओं सहित सभी महिलाओं के लिए समान अधिकारों की मुखर समर्थक रही थीं। उनके लिए महिलाओं के अधिकार बहुत मायने रखते थे, चाहे वे किसी भी धर्म के हों। लीला के अनुसार, "मेरे विचार से, समानता, न्याय और गैर-भेदभाव

के सिद्धांत विशेष धर्मों से जुड़े असमान, अन्यायपूर्ण और भेदभावपूर्ण व्यक्तिगत कानूनों से कहीं अधिक महत्वपूर्ण हैं।"

लीला का 5 मई 2017 को छियासी वर्ष की आयु में निधन हो गया। उन्होंने एक सफल और परिपूर्ण जीवन जिया। भारतीय कानूनी परिदृश्य में अपने लंबे और चमकदार करियर वाली तेज तर्रार न्यायविद लीला का नाम हमेशा महिलाओं को बिना किसी हिचकिचाहट के इस पेशे को अपनाने के लिए प्रेरित करेगा। यदि लीला ने सफलतापूर्वक पुरुषों के गढ़ में सेंध लगाई और काम और पारिवारिक जीवन दोनों को खूबसूरती से संतुलित करते हुए खुद को स्थापित किया, तो आज की महिलाएँ भी अदालत में अपनी योग्यता और बुद्धिमत्ता साबित कर सकती हैं।

15

वाणी कोला

- *भारत में सबसे सफल उद्यम पूंजीपतियों में से एक और कलारी कैपिटल की संस्थापक।*
- *वाणी का जन्म 1964 में हैदराबाद में हुआ। आज यह एक सफल उद्यम पूँजीदाता (वेंचर कैपिटलिस्ट) एवं कलारी कै़पिटल की संस्थापक के रूप में मशहूर हैं। इन्होने श्रीनिवास कोला से विवाह किया और इनकी दो पुत्रियां हैं। मिंत्रा, स्नैपडील, अर्बन लैडर, ज़िवामे, आदि इनके कुछ सफल निवेश हैं।*

"सफलता सरल है- जुनून, जुनून, जुनून!" ये शब्द हैं भारतीय उद्यम पूंजीपति (वेंचर कैपिटलिस्ट) वाणी कोला के, जो एक के बाद एक सफलता की कहानी गढ़ रही हैं। उद्यम पूंजीवाद, जिसे अभी भी पुरुषों का गढ़ माना जाता है, ने वाणी कोला को एक चमकते सितारे की तरह उभरते और खुद को भारत में अग्रणी उद्यम पूंजीपतियों में से एक के रूप में स्थापित होते देखा है। वह कलारी कैपिटल की संस्थापक और प्रबंध निदेशक हैं, जो एक प्रारंभिक चरण की निवेश फर्म है जो मुख्य रूप से प्रौद्योगिकी-उन्मुख स्टार्टअप में निवेश करती है।

वाणी कोला को सिलिकॉन वैली में 'एक सीरियल उद्यमी' के रूप में जाना जाता है, जिसे उन्होंने 2006 में भारत लौटने और एक नया अध्याय शुरू करने

के लिए छोड़ दिया था। उन्होंने भारत में स्टार्टअप की क्षमता को समझा और उद्यमियों के सपनों का समर्थन करने का फैसला किया। वह जानती थीं कि एक उद्यमी के लिए धन की व्यवस्था करना और अपने व्यावसायिक विचारों को उड़ान देना कितना मुश्किल है। उनके अपने शब्दों में, "उद्यमिता एक व्यक्तिगत यात्रा है जिसके लिए जबरदस्त आत्म-अनुशासन की आवश्यकता होती है। लोगों को कठिन परिस्थितियों से गुजरते हुए अपने भाग्य की ओर बढ़ते हुए देखना ही मुझे वह करने के लिए प्रेरित करता है जो मैं करती हूँ।" सफल होने के लिए व्यक्ति को उस प्रेरणा की आवश्यकता होती है और वाणी में वह प्रचुर मात्रा में है।

1964 में हैदराबाद में एक मध्यम वर्गीय परिवार में जन्मी वाणी ने उस्मानिया विश्वविद्यालय से इलेक्ट्रिकल इंजीनियरिंग की पढ़ाई की। उन दिनों लड़कियाँ इंजीनियरिंग के बारे में कम ही सोचती थीं। वाणी अपने कॉलेज में चार सौ इंजीनियरिंग छात्रों में छह लड़कियों में से एक थीं। वाणी की आकांक्षाएं ऊँची थीं और वह आगे पढ़ना चाहती थीं। बाद में वाणी 1985 में एरिज़ोना स्टेट यूनिवर्सिटी से मास्टर डिग्री करने के लिए अमेरिका चली गईं। तब तक उनकी शादी हो चुकी थी और उनके पति भी उनके साथ थे।

अपनी पढ़ाई पूरी करने के बाद वाणी ने मिनियापोलिस में एम्प्रोस, कॉन्सिलियम इंक और कंट्रोल डाटा कॉरपोरेशन जैसी कंपनियों के साथ काम किया। उद्यमशीलता के कीड़े द्वारा काटे जाने से पहले उन्होंने एक कर्मचारी के रूप में लगभग बारह वर्षों तक काम किया। उन्होंने 1996 में अपनी फर्म 'राइट वर्क्स' शुरू की। यह एक ई-प्रोक्योरमेंट कंपनी थी और जल्द ही, इसने धूम मचानी शुरू कर दी। चार वर्षों तक कंपनी का सफलतापूर्वक संचालन करने के बाद, उन्होंने इसके 53% शेयर इंटरनेट कैपिटल ग्रुप को बेच दिए और 657 मिलियन डॉलर जुटाए। बाद में उन्होंने कंपनी बेच दी। यह उनका पहला प्रयोग था

और उन्होंने अपनी व्यावसायिक रणनीति का एक चक्र स्थापित किया - 'बनाएं, बढ़ें और बेचें'। अब, यह उनका बिजनेस मंत्र बन गया था।

वाणी इतने में ही रुकने के मूड में नहीं थीं; बल्कि उन्होंने 2001 में ऐंथ ऑर्बिट नाम से एक और कंपनी शुरू की, जिसका उद्देश्य प्रौद्योगिकी वित्तपोषण और बीज विकास (सीड फंडिंग) था। बहुत ही कम समय में कंपनी वित्तीय अनुपालन बाज़ार में अग्रणी खिलाड़ी बन गई। बाद में, उन्होंने सर्टस नाम से एक सॉफ्टवेयर लॉन्च किया, जो सफल रहा और बाद में इसे पेप्सिको ने खरीद लिया।

ऐसा लगता है कि वाणी को किसी कंपनी को खड़ा करने और उसे सफल बनाने में महारथ हासिल है। सिलिकॉन वैली में एक महिला सीरियल उद्यमी बनना उनके लिए आसान नहीं था। लेकिन, अपने धैर्य और बुद्धिमत्ता के माध्यम से, उन्होंने जो कुछ भी शुरू किया उसमें अपनी क्षमता के बल पर सफलता हासिल की। वह अपने सपनों के लिए कड़ी मेहनत करते हुए जमीन से जुड़े रहने में विश्वास करती थीं। "यह बात सच है कि सिलिकॉन वैली विचारों और संभावनाओं से भरी एक जीवंत जगह है। जब मैंने अपनी खुद की कंपनी शुरू की, तो मैं असफलता स्वीकार करने को तैयार थी। ये उन्होंने मीडिया को दिए एक इंटरव्यू में कहा।

अमेरिका में बाईस साल बिताने के बाद और अपनी उद्यमशीलता यात्रा के चरम पर, वाणी ने भारत लौटने का फैसला किया। उस समय जब वह सिलिकॉन वैली में एक सफल व्यवसायी महिला थी, इस तरह का निर्णय लेने के लिए दृढ़ इच्छाशक्ति की आवश्यकता थी, लेकिन वह वाणी थीं, जो जानती थी कि शून्य से बड़ा कैसे बना जाए। उनका दृढ़ विश्वास था कि जोखिम उठाए बिना मील के पत्थर नहीं बनाए जा सकते। इसलिए वह आराम की दुनिया से बहार निकल कर मेहनत करती हुई आगे बढ़ती हैं। वह सोचती हैं कि अपनी आरामदायक दुनिया में रहने से व्यक्ति आत्मसंतुष्ट हो जाता है और इससे निश्चित रूप से सफलता नहीं मिल सकती।

वाणी अपनी मातृभूमि भारत लौट आईं । वर्षों से भारत प्रतिभा-पलायन की एक बड़ी समस्या से जूझ रहा है। सरकार गुणवत्तापूर्ण शिक्षा, अनुसंधान और प्रशिक्षण पर बहुत सारा पैसा और संसाधन खर्च करती है, लेकिन कुछ मूल्यवान मानव पूंजी विदेशों में चली जाती है। भारत की मानव पूंजी को दुनिया भर में विभिन्न क्षेत्रों में देखा जा सकता है और ये लोग वास्तव में हमारे देश के लिए गौरव होते हैं, लेकिन अपने विकास के लिए, भारत को अपनी मानव पूंजी को बनाए रखने की आवश्यकता है। इसके अलावा, भारत विकास संसाधनों, जनशक्ति और बुद्धि वाला एक विशाल देश है, जहाँ अवसरों की पर्याप्त गुंजाइश है।

वाणी इस बात को अच्छे से समझती थीं। सिलिकॉन वैली में अपने बेहद सफल करियर को छोड़कर अपने मूल देश में कुछ करने के लिए लौटने का उनका निर्णय यहाँ के युवाओं के लिए एक बड़ी प्रेरणा है, जो विदेश में बसने का सपना देख रहे हैं। उनका निर्णय एक मजबूत संदेश यह भी देता है कि भारत में अपार संभावनाएं हैं और यह अवसरों का केंद्र है। जरूरत उन्हें पहचानने और उन पर रणनीतिक तरीके से काम करने की है।

वाणी ने बिज़नेस के मामले में भारत में एक अलग सफर पर निकलने का फैसला किया था। इस बार, वह शासक नहीं, बल्कि राज-निर्माता बनना चाहती थीं और तभी वह उद्यम पूंजीवाद में कूद पड़ीं। व्यवसाय में आने से पहले, उन्होंने लोग और उनकी मानसिकता, पर्यावरण और व्यावसायिक अवसरों को समझने के लिए भारत के विभिन्न क्षेत्रों की यात्रा की। वह जिस तरह की रणनीतिकार हैं, वह किसी भी व्यवसाय में बिना उसकी पूर्ण पड़ताल किए नहीं उतरतीं हैं।

स्टार्टअप में निवेश करने के अपने जोखिम भी हैं, खासकर तब, जब भारत में स्टार्टअप को लेकर शायद ही इतना उत्साह था जो अब देखा जाता है। उस समय स्टार्टअप के क्षेत्र में कुछ भी पूर्णरूपेण आजमाया और परखा हुआ नहीं था। वाणी उद्यम पूंजीवाद में काफी पैसा लगाने वाली थी और ज़ाहिर सी बात है

कि उनके मन में बहुत सारे सवाल थे - 'क्या भारतीयों को स्टार्टअप में दिलचस्पी होगी?', 'क्या भारत में स्टार्टअप गति पकड़ेंगे?', 'भारतीय परिदृश्य को देखते हुए, किन उद्योगों या कंपनियों में निवेश करना अच्छा रहेगा?'। ये कुछ प्रश्न थे जिन पर उन्हें कोई भी निर्णय लेने से पहले विचार करना था।

बहुत सोच-विचार और गहन शोध के बाद, वाणी ने सीरियल उद्यमियों विनोद धाम और इंटेल कैपिटल इंडिया के पूर्व प्रमुख कुमार शिरालागी के साथ मिलकर एक नया उद्यम शुरू किया। नए उद्यम को एनईए इंडो-यूएस वेंचर पार्टनर्स कहा गया। इस नए उद्यम को एनईए (न्यू एंटरप्राइज एसोसिएट्स) का समर्थन प्राप्त था, जो उन दिनों सिलिकॉन वैली की सबसे प्रभावशाली उद्यम पूंजी फर्मों में से एक थी। यह वाणी के लिए एक नई शुरुआत थी, कुछ अलग जो वह हमेशा से करना चाहती थीं।

चार वर्षों के सफल संचालन के बाद, एनईए ने उद्यम से बाहर निकलने का विकल्प चुना क्योंकि उसकी अलग आकांक्षाएं थीं। एनईए भारत में प्रत्यक्ष उपस्थिति चाहता था और विकास-चरण की कंपनियों पर ध्यान केंद्रित करना चाहता था, जबकि वाणी का ध्यान प्रारंभिक चरण के निवेश पर था। वाणी अच्छी तरह समझती थीं कि अगर साझेदारों का ध्यान अलग-अलग होगा तो सहयोग आगे नहीं बढ़ सकता। वह कोई भ्रम नहीं चाहती थीं और उन्होंने अपने लक्ष्यों को अपने दिमाग में स्पष्ट रखते हुए आगे बढ़ने का फैसला किया।

एनईए के बाद, विनोद धाम भी वाणी के उद्यम से बाहर हो गए। लेकिन इससे वाणी पर कोई फर्क नहीं पड़ा। विचारों और दृष्टिकोण के टकराव होने की तुलना में अलग हो जाना हमेशा बेहतर होता है। बाद में, वाणी ने अपने पुराने साथी, शिरालागी के साथ, 2011 में अपनी कंपनी को कलारी कैपिटल के रूप में पुनः ब्रांड किया। कलारी नाम केरल में मार्शल आर्ट के एक रूप से लिया गया

है। इस तरह एक उद्यम पूंजी कंपनी उभरी, जो स्टार्टअप के कुछ बड़े और प्रसिद्ध नाम बनाने जा रही थी।

अपनी स्थापना के बाद से, कलारी ने सौ से अधिक स्टार्टअप में निवेश किया है। इसके द्वारा वित्त पोषित कई कंपनियाँ मजबूत उपस्थिति दर्ज करने के लिए आगे बढ़ीं और यहाँ तक कि अपने क्षेत्रों में बाजार की अग्रणी भी बन गईं। मिंत्रा, जीवामे, अर्बन लैडर, फार्मेसी चेन मेडप्लस, ब्लूस्टोन और स्नैपडील कुछ ऐसी कंपनियाँ हैं जिन्हें कलारी से फंडिंग मिली। रिलायंस इंडस्ट्रीज ने अर्बन लैडर और ज़िवामे सहित वाणी की कुछ पोर्टफोलियो कंपनियों का अधिग्रहण किया है। इससे पता चलता है कि वाणी कितनी अद्भुत दूरदर्शी है! वह जानती हैं कि कहाँ निवेश करना है, किन विचारों का समर्थन करना है, कैसे मार्गदर्शन करना है और सफलता की कहानियाँ कैसे बनानी हैं। इसमें कोई शक नहीं, वह उभरते उद्यमियों के लिए ड्रीम निवेशकों में से एक हैं।

वाणी को स्टार्टअप को बड़ा होते देखने के लिए उनमें फंडिंग करने में एक तरह का रोमांच महसूस होता है। उनके अपने शब्दों में, “एक चिर-परिचित रूपक का उपयोग करते हुए, आप किसी को कैटरपिलर से तितली में तब्दील होते हुए देखते हैं।” उद्यम में पूँजी लगाना और कंपनी को बढ़ाना वाणी का जुनून है और कलारी कैपिटल के प्रबंध निदेशक के रूप में वाणी वास्तव में एक उद्यम पूंजीपति होने का आनंद ले रही हैं ।

वाणी शुरू से ही इस बात पर जोर देती रही हैं कि स्टार्टअप और उद्यमिता एक मजबूत अर्थव्यवस्था की जरूरत है, जो आज के संदर्भ में सच है। वाणी के बारे में सबसे अच्छी बात यह है कि वह केवल लाभ और हानि देखने के बजाय समग्र तस्वीर की कल्पना करती हैं। यही कारण है कि वह एक के बाद एक सफलता की कहानी गढ़ती चली गईं। लेकिन वाणी को अपनी कंपनी में निवेश

के लिए मनाना आसान नहीं है। वाणी के अनुसार, उद्यमियों को अपने व्यवसाय के बारे में गहरी जानकारी और स्पष्ट दृष्टिकोण होना चाहिए। उन्हें अच्छे श्रोता, सीखने वाला होना चाहिए और सबसे महत्वपूर्ण बात, निवेश के सुझावों पर विचार करने के लिए उत्सुक होना चाहिए।

दो बेटियों की माँ, वाणी कोला बिजनेस की दुनिया में एक सफल नाम हैं, लेकिन इस सफल यात्रा की उनकी राह आसान नहीं रही है। एक महिला जो शीर्ष प्रबंधन तक पहुँचती है, बोर्डरूम में प्रवेश करती है और ऊँचाइयों को छूती है, उसके पास ऊबड़-खाबड़ सफर, उतार-चढ़ाव, कम आंके जाने और लोगों द्वारा आलोचना किए जाने के अपने अनुभव होते हैं, लेकिन अंततः उसके जुनून, समर्पण और ईमानदारी की जीत होती है। वाणी को भी ऐसे चुनौतीपूर्ण अनुभवों का अच्छा-खासा अनुभव मिला है।

मीडिया को दिए एक इंटरव्यू में उन्होंने कहा, "बेशक, एक महिला के लिए चुनौतियाँ हैं। आपके करियर और परिवार की मांगें और उनके बीच संतुलन बनाने की उम्मीद जो पुरुषों के लिए ज़रूरी नहीं है। मैं पिछले सप्ताह एक टेड (TED) सम्मेलन में थी और दोपहर का भोजन कर रही थी, तभी मेरे बगल में बैठा व्यक्ति मुझसे बात करने लगा और उसने कहा, "क्या आप अकेले आई हैं या अपने पति के साथ? मैने हाँ कह दिया! अधिकांश पुरुष अपनी पत्नियों के बिना सम्मेलन में अकेले आए थे और कोई भी उनसे यह सवाल नहीं पूछ रहा था।"

वाणी महिलाओं के उद्यमी बनने और अपना खुद का काम शुरू करने की समर्थक हैं। अपने कई साक्षात्कारों और भाषणों में, उन्होंने महिलाओं से अपने सभी भय और शंकाओं को दूर करने और अपने लिए मजबूत निर्णय लेने का आह्वान किया है। वह कई संगठनों से भी सक्रिय रूप से जुड़ी हुई हैं जो महिलाओं को ज्ञान साझा करने, सीखने, आगे बढ़ने और अंततः महिलाओं के लिए एक मजबूत नेटवर्क बनाने के लिए मंच प्रदान करते हैं।

जब फंड जुटाने की बात आती है तो वाणी ने महिलाओं के संबंध में कुछ चौंकाने वाली टिप्पणियाँ की हैं। उन्होंने देखा है कि महिलाएँ आमतौर पर अपने स्टार्टअप के लिए निवेशकों की तलाश करते समय अपने पुरुष समकक्षों की तुलना में अधिक विचारशील, मूक, दुविधा में रहती हैं और उतनी मिलनसार नहीं होती हैं। ये कुछ कमियाँ हैं जिनकी वजह से कई महिला उद्यमी पिछड़ रही हैं। कई बार, उनके पुरुष समकक्ष इन कमियों का फायदा उठाते हैं और इस अवसर को चुरा लेते हैं जो आसानी से एक महिला उद्यमी की झोली में जा सकता है। वाणी ऐसी महिलाओं की एक समूह बनाना चाहती हैं जो उनके जैसी हों - जोखिम लेने वाली, दूरदर्शी और व्यवसाय की दुनिया में अपने सपनों को साकार करने के लिए कुछ भी करने को तैयार। यह वाणी का जुझारू रवैया ही है जिसने उन्हें सफल बनाया है। उन्हें 2018 और 2019 में फॉर्च्यून इंडिया द्वारा "व्यवसाय में सबसे शक्तिशाली महिलाओं" में से एक के रूप में नामित किया गया था।

वाणी एक बहुत ही जिंदादिल इंसान हैं, जो अगर बिजनेस नहीं करती हैं तो अपने कम्फर्ट जोन से बाहर निकलकर कई अन्य चीजों में व्यस्त रहती हैं। वह एक शौकीन माली हैं और कैलिफोर्निया में उन्होंने कई पेड़ लगाए थे। प्रकृति प्रेमी होने के नाते, वह टिकाऊ जीवन जीने में दृढ़ विश्वास रखती हैं। उन्हें मैराथन दौड़ना भी पसंद है। वह माउंट किलिमंजारो पर चढ़ चुकी हैं और इससे पता चलता है कि उनकी रुचियाँ कितनी विविध हैं। वह खुद को फिट रखने में विश्वास रखती हैं, जो किसी भी क्षेत्र में लंबी और सफल पारी खेलने की चाहत रखने वाले व्यक्ति के लिए जरूरी है। वह हार्टफुलनेस, मेडिटेशन के साथ-साथ नियमित रूप से योगाभ्यास करती हैं। अपना उत्साह बनाए रखने के लिए उन्होंने कोविड महामारी के दौरान अष्टांग योग को समर्पित रूप से अपनाया था।

कई सफल उद्यमियों की तरह वाणी भी जल्दी उठने वालों में से हैं। वह अपने दिन की शुरुआत ध्यान और अपनी फिटनेस व्यवस्था से करती हैं। उनके काम

के घंटे व्यस्त होते हैं, जिसमें टीम-बैठकें, शोध, अपनी पोर्टफ़ोलियो कंपनियों के सीईओ से मिलना, निवेश के नए अवसर ढूंढना आदि शामिल हैं। वह अपना काम शाम लगभग 6 बजे खत्म करती हैं और यह सुनिश्चित करती हैं कि वह शाम को अपने परिवार को समय दें। वह वास्तव में एक मल्टीटास्कर हैं जो अपने जीवन को बहुत अच्छी तरह से संतुलित रखती हैं। शेक्सपियर की कहावत को थोड़ा बदल कर यह उनके लिए कहा जा सकता है, 'मल्टीटास्किंग, तुम्हारा नाम वाणी है!'

भारत में उद्यम पूंजीवाद की जननी के रूप में जानी जाने वाली वाणी कोला को कई पुरस्कारों से सम्मानित किया गया है। उन्हें द इकोनॉमिक टाइम्स 2015 में सर्वश्रेष्ठ निवेशक के लिए मिडास टच पुरस्कार से सम्मानित किया गया। हर गुजरता साल उनके लिए पुरस्कार और पहचान लेकर आता है। वह 2016 में लिंक्डइन की शीर्ष आवाज़ों में से एक थीं। उन्हें व्यवसाय और उद्यम में उत्कृष्टता के लिए एनडीटीवी का वुमेन ऑफ वर्थ अवार्ड भी दिया गया।

वाणी एक शानदार वक्ता और प्रेरक भी हैं और उन्होंने कई प्रतिष्ठित मंचों की शोभा बढ़ाई है। उनके जोशीले भाषणों को सुनना नवोदित उद्यमियों के लिए एक सुखद अनुभव है। इसमें कोई शक नहीं कि उनके जैसी महिला स्टार्टअप और उद्यमिता की दुनिया के लिए एक धरोहर हैं। वाणी जो एक सफल व्यवसाय के मूल में धैर्य और दृढ़ता का होना ज़रूरी समझती हैं, उनका कहना है, "मैं एक सपने देखने वाली महिला हूँ। मेरा मानना है कि कुछ भी असंभव नहीं है। अगर हम अपने दिमाग में किसी चीज की कल्पना कर सकते हैं, तो हमें उसे पूरा करने में सक्षम होना चाहिए।

16

मैरी कॉम

- *भारतीय मुक्केबाज, ओलंपिक पदक विजेता और छह बार एआईबीए महिला विश्व चैंपियन।*
- *24 नवंबर 1982, कांगथेई (मणिपुर) में जन्मी, मैरी एक बॉक्सर हैं। इनका विवाह करुंग ओन्खोलर से हुआ, और इनके तीन बेटे और एक बेटी हैं। इन्होने कई पुरस्कार जीतें हैं जिनमे से कुछ श्रेष्ठ पुरस्कार हैं पद्मा विभूषण (2020), पद्मा भूषण(2013), मेजर ध्यान चंद खेल रत्न अवार्ड (2009), पदम् श्री (2006) एवं अर्जुन अवार्ड (2003)।*

"लोग कहते थे कि बॉक्सिंग पुरुषों के लिए है, महिलाओं के लिए नहीं और मैंने सोचा कि मैं उन्हें किसी दिन दिखाऊंगी। मैंने खुद से वादा किया और मैंने खुद को साबित किया।"

-मैरी कॉम

मैरी कॉम या 'मैग्निफिसेंट मैरी' के नाम से मशहूर मैरी कॉम ओली, भारत द्वारा खेल जगत को दिए गए महानतम मुक्केबाजों में से एक हैं। यह अकारण नहीं है कि उनका उपनाम मैग्नीफिसेंट मैरी रखा गया है। अपने नाम कई उपलब्धियों के साथ, मैरी की पूरी यात्रा बेहद प्रेरणादायक रही है। बॉक्सिंग रिंग के अंदर सख्त दिखने

वाली मैरी ने यह साबित कर दिया है कि खेल में करियर बनाने में शादी और बच्चे कोई बाधा नहीं हैं। समर्पण, साहस और दृढ़ संकल्प का मिश्रण, मैरी कॉम गर्व से दुनिया को दिखाती हैं कि सबसे कठिन सपने भी सच होते हैं, अगर आपके पास कभी न हार मानने का रवैया है!

वास्तव में नियति पहले से लिखी होती है और मैरी का दृढ़ विश्वास है कि वह खेल के लिए ही बनी हैं। उनके अपने शब्दों में, जैसा कि उन्होंने मीडिया को बताया, "मुझे लगता है कि भगवान ने मुझे खेल के लिए चुना है। क्योंकि इसके अलावा और कोई वजह नहीं हो सकती कि मैं खेलों में आऊँ और अपना पूरा जीवन इसी में बिता दूँ। मैंने कभी नहीं सोचा था कि मैं इस तरह करियर बनाऊंगी। धीरे-धीरे मुझे खेलों के फायदे समझ में आने लगे। अगर आप इसमें अच्छा प्रदर्शन करते हैं तो आपको नौकरी के बेहतर अवसर मिलते हैं। यदि आप खेलों में उत्कृष्टता प्राप्त करते हैं, तो आप जीवन में भी उत्कृष्टता प्राप्त करते हैं।"

विश्व एमेच्योर मुक्केबाजी चैम्पियनशिप की छह बार विजेता, मैरी कॉम की किस्मत निश्चित रूप से पहले से लिखी हुई थी। लेकिन जैसा कि कहा जाता है, 'भाग्य बहादुरों का साथ देता है' और मैरी अपने रास्ते में आने वाली सभी बाधाओं को मात देती गईं । आज, मैरी के पास नाम, प्रसिद्ध, पुरस्कार और पहचान है, जिस कद की हकदार हैं। लेकिन यह सब कुछ हासिल करने के लिए उन्होंने बहुत संघर्ष किया है।

24 नवंबर, 1982 को मणिपुर के एक दूरदराज के गाँव कागाथेई में जन्मी वह तीन भाई-बहनों में सबसे बड़ी हैं। उनके माता-पिता, मंगते टोनपा कॉम और मंगते अखम कॉम किरायेदार किसान थे, जो झूम खेतों में काम करते थे। मैरी बचपन से ही एक जिम्मेदार लड़की थी। सबसे बड़ी संतान होने के नाते, वह अपने भाई-बहनों की देखभाल करती थीं और खेतों में अपने माता-पिता की मदद भी करती थीं।

चूँकि मैरी एक सुदूर गाँव में रहती थीं, इसलिए उन्हें अपनी शिक्षा पूरी करने के लिए स्कूल बदलना पड़ा। उन्होंने अपनी प्रारंभिक स्कूली शिक्षा लोकटक क्रिश्चियन मॉडल हाई स्कूल में की और बाद में, सेंट जेवियर्स कैथोलिक स्कूल चली गईं जहाँ उन्होंने आठवीं कक्षा तक पढ़ाई की। अपनी आठवीं कक्षा पूरी करने के बाद, मैरी अपनी आगे की पढ़ाई पूरी करने के लिए इंफाल के आदिमजाति हाई स्कूल चली गईं। भले ही मैरी एक गरीब पृष्ठभूमि से थीं, फिर भी उन्होंने खेल जारी रखने के साथ-साथ अपनी शिक्षा पूरी करने के लिए कड़ी मेहनत की।

शहर जाने के बाद, मैरी को खेल का अभ्यास करने की अधिक स्वतंत्रता मिल गई। हालाँकि उनके खेल में निखार आया लेकिन उनकी पढ़ाई में कोई चमक नहीं आई । वह पढ़ाई में बहुत अच्छी नहीं थी और नियमित रूप से अपनी स्कूली शिक्षा पूरी नहीं कर सकी। बाद में, उन्होंने नेशनल इंस्टीट्यूट ऑफ ओपन स्कूल के माध्यम से अपनी स्कूली शिक्षा पूरी की। मैरी दरअसल कुछ और करने के लिए ही पैदा हुई थीं और बॉक्सिंग जल्द ही उनकी जिंदगी बदलने वाली थी।

मैरी का बचपन से ही खेलों के प्रति रुझान था। वह एथलेटिक्स में अधिक रुचि रखती थीं और उन्होंने मुक्केबाजी करने के बारे में नहीं सोचा था। 1998 में जब मणिपुर के डिंको सिंह ने एशियन बॉक्सिंग चैंपियनशिप में स्वर्ण पदक जीता, तभी मैरी बॉक्सिंग की ओर आकर्षित हुईं। वह डिंको सिंह की उपलब्धि से प्रेरित थीं। उसने सोचा कि अगर वह कर सकते हैं तो वह क्यों नहीं? उन्हें टेलीविजन पर मुहम्मद अली की लड़ाई देखना भी पसंद था। बॉक्सिंग मैच को देखने के अलावा, वह जैकी चैन की एक्शन फिल्में और बॉलीवुड फिल्मों के लड़ाई दृश्यों को भी उत्सुकता से देखती थीं। वह एक ऐसी लड़की थी जो बचपन से ही एक्शन में थी।

बॉक्सिंग, जिसे पुरुषों का खेल माना जाता था, के प्रति मैरी की रुचि को उनके माता-पिता ने नहीं सराहा। उनके पिता, जो स्वयं एक समय बॉक्सर रह चुके थे, ने अपनी बेटी का समर्थन नहीं किया। उन्होंने सोचा कि खेल से उसे चोट लग

जाएगी और उसका चेहरा विकृत हो सकता है। गंभीर चोटों के लिए महंगे उपचार की आवश्यकता होगी और इसके लिए उनके पास पैसे नहीं थे। उन्हें यह भी डर था कि चोटें मैरी की शादी में कठिनाई पैदा कर सकती हैं। भले ही मैरी को अपने परिवार से अपेक्षित समर्थन नहीं मिला, लेकिन उन्होंने अपना मनोबल कम नहीं होने दिया। वह अपना सामान्य दैनिक कार्य और स्कूल जारी रखते हुए गुप्त रूप से अभ्यास करती थी।

मैरी को इम्फाल में के. कोसाना मैतेई द्वारा प्रशिक्षित किया जा रहा था और उनके माता-पिता को नहीं पता था कि मुक्केबाजी के प्रति मैरी का प्यार इतना जीवंत था। 2000 में जब उन्होंने राज्य की मुक्केबाजी चैंपियनशिप में स्वर्ण पदक और सर्वश्रेष्ठ मुक्केबाज का खिताब जीता और उनकी तस्वीर स्थानीय समाचार पत्रों में छपी, तब उनके माता-पिता को उनकी मुक्केबाज़ी और वह जो अभ्यास कर रही थीं, उसके बारे में पता चला। राज्य चैंपियनशिप में जीत ने उन्हें विश्वास दिला दिया कि अब मुक्केबाजी ही उनका करियर है। यह एक महान खिलाड़ी के निर्माण की शुरुआत मात्र थी।

2000 में अपनी जीत के बाद मैरी ने कई चैंपियनशिप जीती। 2001 में, उन्होंने विश्व चैंपियनशिप में रजत पदक जीता। यह एक बड़ी अंतरराष्ट्रीय जीत थी। लेकिन मैरी रजत से संतुष्ट नहीं थीं और उन्होंने अगले साल 2002 में स्वर्ण पदक हासिल करने के लिए फिर से भाग लिया। मैरी की स्वर्ण की भूख अधूरी रही और उन्होंने अगले वर्षों (2005, 2006, 2008 और 2010) में विश्व चैम्पियनशिप में चार और स्वर्ण पदक जीते। मैरी ने एशियाई खेलों में भी पदक जीते - 2010 में कांस्य और 2014 में स्वर्ण। मैरी अपने जुनून, अपने सपनों को जी रही थीं और अभी भी उसमें बहुत सारी मुक्केबाजी बाकी थी।

2012 उनके खेल करियर में एक बड़ा मील का पत्थर था जब उन्होंने लंदन में ओलंपिक के लिए क्वालीफाई किया और कांस्य पदक जीता। मैरी, जो

पहले से ही पांच बार विश्व मुक्केबाजी चैंपियन थीं, ने अब ओलंपिक में भी भारत को गौरवान्वित किया था। यह जीत उनके लिए इसलिए भी यादगार बन गई क्योंकि यह पहली बार था जब महिला मुक्केबाजी को ओलंपिक खेलों में शामिल किया गया था। 2018 में, उन्होंने राष्ट्रमंडल खेलों में स्वर्ण पदक जीता और उसी वर्ष महिला विश्व चैम्पियनशिप में एक और स्वर्ण पदक जीता। मैरी अब विश्व मुक्केबाजी चैम्पियनशिप में छह बार स्वर्ण विजेता थीं, जो अपने आप में एक रिकॉर्ड था। मैरी रुकने वाली नहीं थीं और लगभग हर साल पदक जीतती थीं। वह भारत की सबसे सफल खेल सितारों में से एक बन गई थीं।

मैरी ने अपने जीवन में जो कुछ भी हासिल किया वह उनके पति ओनलेर के बिना संभव नहीं था, जो उनके मजबूत संबल के रूप में हर सुख-दुख में उनके साथ थे। मैरी ओनलर से कैसे मिलीं और शादी कैसे हुई इसकी कहानी काफी प्यारी और दिलचस्प है। मैरी उन दिनों दिल्ली में थीं और पिछली ट्रेन यात्रा में उनका सारा सामान और पासपोर्ट भी खो गया था। वह बहुत परेशान थीं, क्योंकि वह बचपन से ही आर्थिक तंगी का सामना कर रही थीं और अब, जब वह एक अंतरराष्ट्रीय खिलाड़ी बनने की यात्रा पर थी, तो उन्होंने अपना सामान खो दिया था, जिसमे सबसे महत्वपूर्ण उनका पासपोर्ट था ।

उन दिनों ओनलर अपने कज़िन भाइयों के साथ दिल्ली में रहते थे और सिविल सेवा परीक्षा की तैयारी कर रहे थे। वह उत्तर-पूर्व छात्र संगठन के अध्यक्ष भी थे। जब उन्हें पता चला कि कॉम समुदाय की एक लड़की विश्व स्तरीय मुक्केबाज बनना चाहती है, तो वह उससे मिलने नेहरू स्टेडियम आए। उन्होंने उसकी हरसंभव मदद की और उसे नया पासपोर्ट दिलाया। वे बराबर मिलते रहे। मैरी सप्ताहांत में उनके साथ भोजन करने के लिए उनके घर जाती थीं और इस तरह उनका बंधन मजबूत होता गया।

कभी-कभी, ओनलर सोचते, "मैं मैरी से बार-बार क्यों मिलता हूँ? वो अजनबी थी लेकिन फिर भी मैं उसकी मदद करता रहा। क्यों? क्या उसमें कुछ ऐसा था जो मुझे उसकी ओर खींचता रहा?"

उन्हें जवाब मिला - "हाँ , मैं उससे प्यार करता हूँ ।"

यह मैरी की सादगी और मुक्केबाजी की दुनिया में कुछ बड़ा करने का दृढ़ संकल्प था जिसने ओनलेर को उनकी ओर आकर्षित किया और उन्होंने शादी करने का फैसला किया। मैरी और ओनलर ने 2005 में शादी की। ओनलर फुटबॉल खेलते थे लेकिन उन्होंने मैरी का समर्थन करने के लिए अपना सपना छोड़ दिया। उनके अपने शब्दों में, "मेरी अपनी किस्मत थी, लेकिन जब मैंने मैरी को जाना, तो मेरी किस्मत बदल गई। ऐसा नहीं है कि वह बहुत खूबसूरत है या मशहूर है, इसलिए मैं उनकी ओर आया। मैंने उनकी सादगी और एक सफल खिलाड़ी बनने के दृढ़ संकल्प के कारण उनसे शादी की।"

मैरी ने अपनी शादी के बाद बॉक्सिंग से ब्रेक ले लिया और उनके जुड़वां बेटे हुए। जब मैरी अपने अवकाश पर थीं, तब लोगों ने उन्हें यह कहकर खारिज करना शुरू कर दिया कि उनका करियर खत्म हो गया है। हमारे समाज में यह एक आम मानसिकता है कि शादी के बाद लड़कियाँ घरेलू कामकाज में खो जाती हैं और आमतौर पर अपना करियर छोड़ देती हैं।

मैरी ने अपने अंदाज में ऐसी अफवाहों को गलत साबित कर दिया और 2008 में शानदार वापसी की, जब उन्होंने एशियाई महिला मुक्केबाजी चैम्पियनशिप में रजत और एआईबीए की महिला मुक्केबाजी चैम्पियनशिप में स्वर्ण पदक जीता। उन्होंने साबित कर दिया कि एक मजबूत और लक्ष्य-केंद्रित महिला अपने व्यक्तिगत और व्यावसायिक जीवन को अच्छी तरह से संतुलित करना जानती है। वह मैरी थीं, महान मुक्केबाज मैरी कॉम, जिन्होंने अपने आलोचकों को शांत कर दिया था जिन्होंने उन्हें खारिज करने की कोशिश की थी।

जब उनके जुड़वां बच्चे छोटे थे तब रिंग में वापस आना उनके पति के सहयोग के बिना संभव नहीं था। ऐसा कहा जाता है कि हर सफल आदमी के पीछे एक महिला होती है, लेकिन मैरी का मामला बिल्कुल उलट था। ओनलर ने अपने बच्चों की देखभाल करने का फैसला किया और मैरी को अपने जुनून, जो कि मुक्केबाजी था, के साथ आगे बढ़ने के लिए प्रोत्साहित किया।

2011 में, मैरी एशिया कप के लिए तैयार थीं, लेकिन उनके बेटे, के. खुपनेइवर की तबीयत ठीक नहीं थी, क्योंकि वह जन्मजात हृदय रोग से पीड़ित था और उसके लिए एक सर्जरी की योजना बनाई गई थी। एक माँ होने के नाते, मैरी भावनात्मक रूप से कमज़ोर हो गई थीं, लेकिन उनके पति ने उन्हें आगे बढ़ने और टूर्नामेंट में अपना सर्वश्रेष्ठ देने के लिए प्रोत्साहित किया, साथ ही उन्होंने अपने बेटे की देखभाल भी की। कोई कल्पना कर सकता है कि एक माँ के लिए रिंग में अपने देश का प्रतिनिधित्व करना कितना कठिन रहा होगा, जब उसका बेटा दिल की गंभीर समस्या से जूझ रहा था। लेकिन ओनलेर का साथ और सहयोग होने से , मैरी ने एशियाई कप में उल्लेखनीय प्रदर्शन किया और अपने देश और अपने बेटे के लिए स्वर्ण पदक जीता। आखिर में सब कुछ ठीक हो गया और उनके बेटे की सर्जरी भी सफल रही।

कई चुनौतियों और सामाजिक बाधाओं से लड़ते हुए, मैरी कॉम का मुक्केबाजी में उदय और उनका शानदार करियर सभी खेलों में महिलाओं के लिए एक बड़ी प्रेरणा है। उन्हें 'वापसी की रानी' भी कहा जाता है, क्योंकि जब भी लोगों ने उन्हें खारिज करने की कोशिश की गई, उन्होंने पहले से भी ज्यादा मजबूती से वापसी की। मुक्केबाजी में अपने शानदार करियर के लिए, मैरी को कई शानदार पुरस्कारों से सम्मानित किया गया है। इसमें अर्जुन पुरस्कार, पद्म श्री, मेजर ध्यानचंद खेल रत्न पुरस्कार, पद्म भूषण और पद्म विभूषण शामिल हैं।

मैरी के प्रेरणादायक जीवन को फिल्म "मैरी कॉम" के रूप में सिल्वर स्क्रीन पर भी लाया गया है, जहाँ उनका किरदार प्रसिद्ध अभिनेत्री प्रियंका चोपड़ा ने

निभाया। फिल्म व्यावसायिक रूप से सफल रही, क्योंकि मैरी कॉम के प्रेरक जीवन ने हर दिल को छू लिया। मैरी कॉम ने एक आत्मकथा भी लिखी है जिसका नाम है '*अनब्रेकेबल*', जिसमें उन्होंने अपने जीवन के कई कठिन चरणों के बारे में बात की है। उन्होंने बताया है कि कठिनाइयों के कारण कोई भी आसानी से हार मान सकता था, लेकिन वह अटूट रहीं और अपने खेल करियर में मील के पत्थर हासिल करती रहीं।

जब वह रिंग में नहीं होतीं तो उनके तीन प्यारे बेटे उन्हें व्यस्त रखते। मैरी को किसी तरह महसूस होता था कि उसका परिवार पूरा नहीं है, क्योंकि वह एक लड़की चाहती थी। आखिरकार, 2018 में, उन्होंने ग्यारह महीने की प्यारी सी बच्ची मेरिलिन को गोद ले लिया। अब, चार बच्चों के साथ, मैरी कॉम एक संतुष्ट माँ हैं। उनके बच्चे अपनी माँ पर गर्व महसूस करते हैं जब लोग माँ की सभी उपलब्धियों के लिए उनकी सराहना करते हैं।

मैरी कॉम वास्तव में महिला सशक्तिकरण का प्रतीक हैं, जो कई मामलों में स्पष्ट रूप से रूढ़िवादिता को तोड़ती हैं। उस समय तथाकथित पुरुषों के खेल में प्रवेश कर और इस मिथक को तोड़कर कि एक महिला मुक्केबाज के करियर पर शादी और बच्चों के बाद पूर्ण विराम पर आ जाएगा, मैरी ने अपने व्यक्तिगत और व्यावसायिक जीवन को खूबसूरती से प्रबंधित किया है। यह उनके दृढ़ निश्चय और इच्छाशक्ति को दर्शाता है। खेल में उत्कृष्टता हासिल करने के लिए सपने देखने वाली लड़कियों को पता होना चाहिए कि जीवन में कोई भी बाधा एक चमकते सितारे की तरह उभरने के उनके दृढ़ संकल्प से अधिक बलवान नहीं है। मैरी कॉम की जीवन यात्रा बुलंदी से कहती है - "यदि आप मुझे खारिज करने की कोशिश करेंगे, तो मैं आपको गलत साबित करने के लिए और अधिक मजबूती से वापसी करूंगी!"

17

मिताली राज

- *पूर्व भारतीय क्रिकेटर, भारतीय महिला राष्ट्रीय क्रिकेट टीम की कप्तान और सर्वकालिक बेहतरीन महिला क्रिकेटरों में से एक।*
- *पूर्व भारतीय क्रिकेटर और भारतीय महिला राष्ट्रीय क्रिकेट टीम की कप्तान, मिताली का जन्म 3 दिसंबर, 1982, को जोधपुर (राजस्थान) में हुआ। इन्होने 12 (टेस्ट), 232 (वनडे), 89 (टी20) खेले, जिनमे 7 (वनडे), 1 (टेस्ट) शतक भी बनाए। अपने खेल के उच्च प्रदर्शन के कारण इन्हे अर्जुन पुरस्कार (2003), पद्म श्री (2015), विजडन विश्व की अग्रणी महिला क्रिकेटर (2017) और मेजर ध्यानचंद खेल रत्न पुरस्कार (2021) प्रदान किया गया।*

जब जून 2022 में, मिताली दोराई राज ने अंतर्राष्ट्रीय क्रिकेट के सभी प्रारूपों से संन्यास की घोषणा की, भारतीय क्रिकेट में बेहतरीन कार्यकाल और शानदार करियर में से एक का अंत हो गया। एक अद्भुत बल्लेबाज़, एक बेहतरीन कप्तान और क्रिकेट में कुछ बड़ा करने का सपना संजोने वाले कई लड़कियों के लिए प्रेरणास्रोत, मिताली ने क्रिकेट में तेईस साल की लंबी और शानदार पारी खेली। क्रिकेट में इतना समय निस्संदेह उनकी दृढ़ इच्छाशक्ति और समर्पण का परिणाम है।

जीवन में कुछ चीजें अप्रत्याशित और अनियोजित रूप से घटित होती हैं। क्रिकेट भी मिताली का सपना नहीं था; यह बस हो गया और बाकी, जैसा कि लोग कहते हैं, इतिहास है। 3 दिसंबर 1982 को जोधपुर के एक पारंपरिक तमिल परिवार में जन्मी मिताली भरतनाट्यम नृत्यांगना बनना चाहती थीं। वह शास्त्रीय नृत्य का प्रशिक्षण ले रही थीं और क्रिकेट उनके दिमाग में नहीं था। लेकिन नियति मनोरंजक मोड़ ले सकती है और ऐसा ही एक मोड़ उन्हें क्रिकेट की दुनिया में ले आया।

जब मिताली का परिवार हैदराबाद स्थानांतरित हो गया, तो मिताली के पिता दोराई राज, जो वायु सेना में रहे हैं, चाहते थे कि वह अपने भाई के साथ क्रिकेट अकादमी में जाएँ। मिताली ने मीडिया को दिए एक इंटरव्यू में स्वीकार किया है कि वह देर से उठती थीं और कुछ हद तक सुस्त भी थीं। उनके पिता बस यही चाहते थे कि वह जल्दी उठे और अनुशासित जीवन जिए। इसलिए, उनके पिता उन्हें अपने बेटे के साथ सेंट जॉन्स क्रिकेट कोचिंग फाउंडेशन में ले जाते थे। जब मिताली का भाई अकादमी में क्रिकेट का अभ्यास करता था, वह आमतौर पर अपने स्कूल का होमवर्क करती थीं। कभी-कभी वह बल्लेबाजी में भी हाथ आजमाती थीं और तभी वहाँ कोच ज्योति प्रसाद की नजर उन पर पड़ी।

हैदराबाद के पूर्व तेज गेंदबाज ज्योति प्रसाद ने कोचिंग कैंप में मिताली में क्षमता देखी और उनके पिता से कहा, “मुझे लगता है कि आपको अपने बेटे की तरह मिताली को भी क्रिकेट कोचिंग में दाखिला दिलाना चाहिए।”

“मिताली?” दोराई राज थोड़ा हैरान हुए।

“हाँ, मैं उसमें बड़ी संभावनाएं देख सकता हूँ। दरअसल आप अपने बेटे की बजाय अपनी बेटी पर ज्यादा ध्यान दें। उससे अधिक आशाएँ की जा सकती हैं,” कोच ने सोच-समझकर कहा।

कोच की ये बातें सुनने के बाद मिताली के पिता ने उन्हें क्रिकेट कोचिंग के लिए नामांकन कराने के बारे में गंभीरता से सोचा। चूँकि उस अकादमी में

केवल लड़के थे, इसलिए उन्हें कीज़ हाई स्कूल में कोचिंग के लिए संपत कुमार के पास भेजा गया। संपत एक सख्त कोच थे, लेकिन बहुत समर्पित थे। मिताली ने स्कूल के संकरे गलियारों में प्रैक्टिस करना शुरू कर दिया। मिताली का प्रैक्टिस सेशन सुबह चार बजे शुरू हो जाता था और घंटों तक चलता था। एक कठिन टास्कमास्टर और एक अद्भुत कोच होने के नाते, संपत मिताली को छड़ी से भी मारते थे, यदि वह अपने अभ्यास पर ध्यान केंद्रित नहीं करती थीं।

मिताली का खेल देखने के बाद संपत ने भविष्यवाणी की कि मिताली न केवल भारत के लिए अन्तर्राष्ट्रीय मैच खेलेंगी, बल्कि कई रिकॉर्ड भी तोड़ेंगी। कोच संपत अपनी भविष्यवाणी में सही थे।

मिताली क्रिकेट के साथ-साथ डांस की भी प्रैक्टिस करती थीं, लेकिन जल्द ही उन्हें एहसास हुआ कि डांस और क्रिकेट दोनों में समय दे पाना उनके लिए संभव नहीं था। उन्हें एक चुनना था। उनकी माँ और दादा-दादी चाहते थे कि वह नृत्य करें। ख़ासतौर पर उनके दादा-दादी इस पक्ष में नहीं थे कि मिताली नृत्य छोड़कर ऐसे खेल में उतरे जिसे उस समय पुरुषों का खेल माना जाता था। लेकिन, मिताली ने आखिरकार तय कर लिया कि उन्हें जीवन में क्या चाहिए और वह था क्रिकेट।

मिताली एक ऐसी महिला क्रिकेटर हैं जिनके नाम कई उपलब्धियाँ और रिकॉर्ड दर्ज़ हैं। वनडे खेलने से पहले वह रेलवे के लिए खेलती थीं। बाद में, उन्होंने 1999 में महज सोलह साल की उम्र में महान खिलाड़ी सचिन तेंदुलकर की तरह एक दिवसीय क्रिकेट में शानदार शुरुआत की। कई बार लोग उन्हें महिला क्रिकेट का सचिन तेंदुलकर भी कहते हैं। लेकिन मिताली की तुलना किसी से करना सही नहीं होगा। उनकी अपनी शैली और आभा है, जो क्रिकेट के मैदान पर और बाहर स्पष्ट रूप से दिखाई देती है। अपने पहले ही वनडे में मिताली ने नाबाद 114 रन बनाए। यह अंतरराष्ट्रीय क्रिकेट में एक शानदार शुरुआत थी। उनके शानदार

प्रदर्शन ने सभी को मैदान में उतरी नई प्रतिभा को सर उठाकर देखने पर मजबूर कर दिया।

मिताली सिर्फ बाईस साल की थीं जब उन्हें भारतीय महिला क्रिकेट टीम का कप्तान नियुक्त किया गया था। सभी ने अच्छी तरह से स्वीकार किया, वह टीम को लेकर चलने वाली एक शानदार खिलाड़ी और कप्तान थीं। अपने खाते में एक और उपलब्धि जोड़ते हुए, वह विश्व कप क्रिकेट के फाइनल में दो बार भारत का नेतृत्व करने वाली पहली कप्तान बनीं, एक बार 2005 में और दूसरी बार 2017 में। हालाँकि भारत फाइनल नहीं जीत सका लेकिन भारतीय टीम के प्रदर्शन की काफी सराहना हुई। उनकी कप्तानी के दौरान महिला क्रिकेट लगातार बेहतर होता गया और नई ऊँचाइयों को छूता रहा।

उस समय, जब मिताली ने क्रिकेट खेलना शुरू किया था, तो लोग आमतौर पर इस खेल को पुरुषों का खेल समझतेथे। महिला टीम के लिए ज्यादा सुविधाएं नहीं थीं। लेकिन तमाम बाधाओं के बावजूद मिताली क्रिकेट के सभी प्रारूपों में आगे बढ़ती रहीं। जब महिला क्रिकेट टीम 2005 विश्व कप के फाइनल में पहुँची और एक मजबूत ऑस्ट्रेलियाई टीम से लड़ी, तो खेल प्रशासन के लोगों और आम तौर पर क्रिकेट प्रेमियों ने वास्तव में नीला रंग पहनी महिलाओं को देखना शुरू कर दिया।

भले ही महिला टीम के लिए स्थितियाँ धीरे-धीरे बदलने लगीं हैं, फिर भी, व्यावसायिक समर्थन और मान्यता के मामले में महिला क्रिकेट खिलाड़ी पुरुष खिलाड़ियों से काफी पीछे हैं। प्रतिभाशाली युवा मिताली राज के व्यक्तित्व में ग्लैमर होने के कारण, उन्हें काफी सराहना और मान्यता के अलावा विज्ञापन भी मिलने लगे। यह सब उनके धैर्य और अनुशासन के कारण था।

मिताली के नाम ढेर सारी उपलब्धियाँ हैं। वह महिला वनडे में सबसे ज्यादा रन बनाने वाली खिलाड़ी हैं। 2017 में मिताली वनडे में लगातार सात अर्धशतक

लगाने वाली पहली महिला क्रिकेटर बनीं। मिताली ने महज उन्नीस साल की उम्र में टेस्ट क्रिकेट में इंग्लैंड के खिलाफ रिकॉर्ड 214 रन बनाए। वह क्रिकेट के सबसे लंबे प्रारूप में दोहरा शतक बनाने वाली पहली भारतीय महिला क्रिकेटर थीं। यह उस समय महिला क्रिकेट में सर्वोच्च टेस्ट स्कोर था। कप्तान के रूप में 155 मैचों में 89 जीत के साथ मिताली के नाम महिला वनडे में कप्तान के रूप में सर्वाधिक जीत का रिकॉर्ड भी है। अपने दो दशक से अधिक के क्रिकेट करियर में मिताली ने 232 वनडे, 12 टेस्ट मैच और 89 टी20 मैच खेले हैं। क्रिकेट में उनके मैराथन करियर के पीछे का राज है बिना किसी अन्य योजना के, सिर्फ खेल पर उनका एकमात्र ध्यान।

उनके अपने शब्दों में, "मेरे पास कोई बैकअप योजना नहीं है। मैं कहूंगी कि यही मेरे लम्बे क्रिकेट करियर का राज है, लेकिन मैंने खुद को इतने लंबे समय तक खेलते हुए कल्पना नहीं की थी। मैं हमेशा एक समय में एक श्रृंखला लेती हूँ। तो, इस तरह, कदम दर कदम और ईंट दर ईंट, मैंने एक लंबा करियर बनाया है।

अपने लंबे और शानदार क्रिकेट करियर में मिताली ने बड़ी संख्या में प्रशंसक अर्जित किए हैं। स्वाभाविक रूप से उनके प्रशंसक उनकी निजी जिंदगी के बारे में भी जानने के लिए हमेशा उत्सुक रहते हैं। मिताली से उनके निजी जीवन के बारे में सबसे ज्यादा पूछा जाने वाला सवाल शायद यह होगा - "आप कब शादी कर रही हैं?" चालीस पार कर चुकीं मिताली अभी भी सिंगल हैं लेकिन फिलहाल अपने सिंगल स्टेटस से खुश हैं।

मिताली खाने की शौकीन हैं और उन्हें अपनी माँ के हाथ का बना खाना बहुत पसंद है। मिताली नारियल की चटनी के साथ इडली और डोसा का स्वाद लेती हैं। उन्हें पूरन पोली, पालक पनीर और दाल-चावल भी पसंद है। खेल दौरे के दौरान, वह भोजन के साथ ज्यादा प्रयोग करना पसंद नहीं करती थीं और इसे काफी सरल रखती थीं। लेकिन साथ ही, उन्होंने यह सुनिश्चित किया कि उनके

और उनकी टीम के आहार में पर्याप्त प्रोटीन और कार्बोहाइड्रेट हों ताकि वे पूरे मैच के दौरान ऊर्जावान बने रहें।

मिताली एक जुझारू पाठक भी हैं। वह आम तौर पर एक किताब या किंडल डिवाइस रखती हैं और जब भी वह खाली होती हैं या जब पवेलियन में बैठती हैं, तब पढ़ती हैं और साथ ही क्रिकेट के मैदान पर होने वाली गतिविधियों पर नज़र रखती हैं। उनका मानना है कि बल्लेबाजी से पहले किताब पढ़ने से उन्हें शांति मिलती है। उसकी पसंदीदा शैली फंतासी है, हालाँकि वह सभी प्रकार की किताबें पढ़ती हैं। मिताली वास्तव में एक शांत और जीवंत व्यक्ति हैं और उनकी मुस्कान संक्रामक है।

मिताली के नाम पुरस्कारों की एक लंबी सूची है जो उनके शानदार करियर में चार चाँद लगाती है। उन्हें 2003 में अर्जुन पुरस्कार मिला। 2015 में, उन्हें तत्कालीन राष्ट्रपति श्री प्रणब मुखर्जी द्वारा पद्म श्री से सम्मानित किया गया था। 2017 में, उन्हें वोग स्पोर्ट्सपर्सन ऑफ द ईयर के रूप में नामित किया गया था। उसी वर्ष, उन्हें विजडन लीडिंग वुमन क्रिकेटर इन द वर्ल्ड पुरस्कार से भी सम्मानित किया गया। 2021 में उन्हें भारत के सर्वोच्च खेल सम्मान राजीव गांधी खेल रत्न पुरस्कार से सम्मानित किया गया। वह यह पुरस्कार पाने वाली पहली महिला क्रिकेटर हैं।

एक खिलाड़ी के रूप में मिताली के जीवन को उनकी बायोपिक फिल्म 'शाबाश मिट्ठू' में दर्शाया गया है। यह फिल्म श्रीजीत मुखर्जी द्वारा निर्देशित है जिसमें उनकी भूमिका अभिनेत्री तापसी पन्नू ने निभाई थी। उनके चाहने वाले उन्हें मिठ्ठू उपनाम से बुलाते हैं।

मिताली का करियर इतना लंबा है कि उनके कई साथी खिलाड़ियों ने बचपन से ही उनका खेल देखा था और उन्हें आदर्श मानते थे। उन्होंने अपने कई समकालीन खिलाड़ियों को संन्यास लेते, कमेंटेटर बनते, युवा खिलाड़ियों को

प्रशिक्षित करते या क्रिकेट की दुनिया छोड़ते देखा था, लेकिन मिताली एक स्टार की तरह क्रिकेट खेलती रहीं।

भले ही मिताली ने क्रिकेट से संन्यास ले लिया है, लेकिन वह निश्चित रूप से खुद को खेल से दूर नहीं करने वाली हैं। मिताली राज को हाल ही में महिला प्रीमियर लीग, 2023 में गुजरात जायंट्स टीम के मेंटर और सलाहकार के रूप में नियुक्त किया गया है। जिस तरह से उन्होंने 23 वर्षों तक क्रिकेट को आगे बढ़ाया है, वह निश्चित रूप से आगे जो भी करेंगी उसमें एक और शानदार पारी खेल सकती हैं। उनके प्रशंसक, वास्तव में, उन्हें किसी भी तरह से खेल से जुड़े हुए देखना चाहते हैं।

मिताली ने वास्तव में लड़कियों के लिए क्रिकेट को सामान्य बना दिया है। उस समय से जब क्रिकेट कोचिंग के लिए केवल लड़कों की अकादमियां थीं, लड़कियों के सक्रिय रूप से क्रिकेट में प्रवेश करने और यहाँ तक कि लड़कों की तरह सड़कों पर खेलने तक, स्थितियाँ बहुत बदल गई हैं। मीडिया को दिए एक इंटरव्यू में मिताली ने अपने पीछे छोड़ी गई लम्बी विरासत के बारे में बात करते हुए कहा, "मुझसे मेरी विरासत के बारे में बहुत बार पूछा गया, लेकिन कभी कोई अच्छा जवाब नहीं मिला। मुझे लगता है, मैंने शायद लड़कियों का सड़कों पर क्रिकेट खेलना और अकादमियों में दाखिला लेना सामान्य बना दिया है। जब मैंने खेलना शुरू किया तो यह आम बात नहीं थी। वे कहते थे, 'हम लड़कियों को अपनी अकादमियों में नहीं लेते, आप उन्हें कहीं और ले जाइए।' अब, ऐसी कोई अकादमी नहीं है जो खुद को लड़कों की विशेष अकादमी कह सके और जो लड़कियों को खेलने की अनुमति नहीं देती। इससे मुझे बहुत संतुष्टि मिलती है। जिस अकादमी में मैं गई थी और जिसके बारे में मुझे यह बताया गया था कि वह लड़कों की अकादमी है, अब वहाँ बहुत सारी लड़कियाँ नामांकित हैं।

मिताली राज की क्रिकेट यात्रा निस्संदेह भारतीय क्रिकेट जगत में सबसे अद्भुत कार्यकालों में से एक के रूप में याद की जाएगी और उनके द्वारा स्थापित किए गए कीर्तिमान युवा लड़कियों को पेशेवर रूप से क्रिकेट अपनाने के लिए प्रेरित करते रहेंगे।

18

पीवी सिंधु

- *शीर्ष बैडमिंटन खिलाड़ी, दो बार की ओलंपिक पदक विजेता और भारत की खेल प्रतीक।*
- *पीवी रमण और पी विजया के घर 5 जुलाई, 1995 को हैदराबाद में जन्मी सिंधु ने सभी को अपने खेल से मंत्रमुग्ध किया। इन्हे बैंडमिंटन में असामान्य प्रदर्शन के लिए अर्जुन अवार्ड (2013), पद्मा श्री (2015), मेजर ध्यान चंद खेल रत्न अवार्ड (2016) और पद्मा भूषण (2020) से पुरुस्कृत किया गया।*

खोने का दर्द मुझे और भी अधिक बेहतर करने और अधिक ऊँचाइयों तक पहुंचने के लिए प्रेरित करता है।" ये शब्द हैं दो बार के ओलंपिक पदक विजेता और भारत के सबसे सफल खिलाड़ियों में से एक पुसरला वेंकट सिंधु के। छब्बीस साल की छोटी उम्र में पी.वी. सिंधु ने शानदार सफलता पाई है और उनकी झोली में उपलब्धियों की एक लंबी सूची है। कोर्ट पर, वह खेल में एक शेरनी की तरह हैं, जबकि कोर्ट के बाहर, वह किसी भी अन्य सामान्य लड़की की तरह हैं। सुंदर मुस्कान और सरल व्यक्तित्व वाली सिंधु को सजना-संवरना, मेकअप करना, परिवार के सदस्यों के साथ समय बिताना, फिल्में देखना और आइसक्रीम खाना पसंद है।

अपनी सभी उपलब्धियों के लिए, शीर्ष शटलर ने बार-बार और विनम्रतापूर्वक अपने माता-पिता को श्रेय दिया है। जब भी वह रोल मॉडल की बात करती हैं, वह अपने पिता को पहला रोल मॉडल बताती हैं। 5 जुलाई 1995 को हैदराबाद में जन्मी, पी.वी. रमन्ना और पी. विजया की पुत्री, सिंधु को खेल में अपना करियर बनाने के लिए हमेशा अपने माता-पिता से समर्थन मिला है।

उनके पिता और माँ, जो वॉलीबॉल खिलाड़ी थे, चाहते थे कि उनकी बेटी भी कोई खेल चुने और सिंधु ने उन्हें निराश नहीं किया। सिंधु के पिता 1986 में सियोल एशियाई खेलों में कांस्य पदक जीतने वाली पुरुष टीम का हिस्सा थे। वह अर्जुन पुरस्कार विजेता हैं। इसमें कोई शक नहीं कि सिंधु को प्रेरणा अपने घर से ही मिलती है। भले ही उनके माता-पिता वॉलीबॉल खिलाड़ी थे, सिंधु ने बैडमिंटन को अपनी पसंद के अनुरूप पाया। उन्होंने आठ साल की छोटी उम्र में खेलना शुरू कर दिया था। चूंकि उनके पिता रेलवे में थे, इसलिए उन्होंने शुरुआत में सिकंदराबाद में भारतीय रेलवे सिगनल इंजीनियरिंग और दूरसंचार संस्थान में अभ्यास किया। बाद में, उन्होंने महान बैडमिंटन चैंपियन पुलेला गोपीचंद से अपना प्रशिक्षण शुरू किया।

वास्तव में एक अच्छा कोच मिलने से व्यक्ति का खेल बदल जाता है और सिंधु के साथ भी यही हुआ। सिंधु के पिता उन्हें सुबह तीन बजे जगाते और गोपीचंद की अकादमी में ले जाते, जो उनके घर से कई किलोमीटर दूर थी। सिंधु का समर्पण, उनके पिता का त्याग और उनके कोच के अद्भुत प्रयास व्यर्थ नहीं गए। सिंधु ने 2009 में सब-जूनियर एशियाई बैडमिंटन चैम्पियनशिप में कांस्य पदक जीता, जब वह केवल चौदह वर्ष की थीं। यह अंतरराष्ट्रीय खेल जगत में उनका पहला अनुभव था और उनके लिए यह बस शुरुआत थी।

अगले वर्ष, उन्होंने ईरान फज्र इंटरनेशनल बैडमिंटन चैलेंज में रजत पदक जीता। उन्होंने 2013 में मलेशियाई ओपन ग्रैंड प्री गोल्ड खिताब जीता, जो उनका

पहला ग्रैंड प्री गोल्ड खिताब था। उसी वर्ष, उन्होंने टूर्नामेंट में उच्च रैंक वाली चीनी खिलाड़ी को हराकर विश्व बैडमिंटन चैम्पियनशिप में कांस्य पदक जीता। 2013 सिंधु के लिए काफी महत्वपूर्ण वर्ष था क्योंकि उसी वर्ष सितंबर में उन्हें उनकी शानदार उपलब्धियों के लिए अर्जुन पुरस्कार मिला था।

सिंधु ने 2014 राष्ट्रमंडल खेलों में कांस्य पदक जीता और लगातार अगले कुछ वर्षों में कई पदक जीते। 2016 में रियो ओलंपिक खेलों में रजत पदक जीतकर उन्होंने अपने करियर में एक बड़ा मील का पत्थर बनाया। कहने की जरूरत नहीं है कि इन शानदार उपलब्धियों की राह आसान नहीं थी। गोपीचंद सिंधु के प्रशिक्षण को लेकर बहुत सख्त थे और ऐसा कहा जाता है कि उन्होंने सिंधु को खेल में उनकी एकाग्रता और समर्पण बढ़ाने के लिए क्या करें और क्या न करें की एक सूची भी प्रदान की थी। ध्यान न भटके इसके लिए सिंधु का फोन उनसे ले लिया गया। आज की दुनिया में फोन के बिना जीवन के एक भी दिन की कल्पना करना मुश्किल है, लेकिन कुछ बड़ा हासिल करने के लिए कुछ त्याग की जरूरत होती है। ओलंपिक के बाद ही कोच गोपीचंद ने उनका फोन वापस कर दिया।

सिंधु को कठोर अभ्यास सत्रों से गुजरना पड़ा और साथ ही उनके आहार पर भी कड़ी निगरानी रखी गई। उन्हें अपनी थाली में कोई भी जंक फूड रखने की अनुमति नहीं थी। गोपीचंद स्वयं न्यूनतम आहार लेते थे क्योंकि वह एक दिन के लिए भी बीमार नहीं पड़ना चाहते थे। वह नहीं चाहते थे कि सिंधु अपनी ट्रेनिंग मिस करें। ओलंपिक पदक शिष्य के साथ-साथ कोच के दिमाग में भी था। 2016 के रियो ओलंपिक में सिंधु के आहार पर सख्ती से नजर रखी गई थी। डोपिंग के काफी मामले देखते हुए गोपीचंद नहीं चाहते थे कि सिंधु की डाइट में कुछ भी गड़बड़ी हो यह सारा प्रयास और समर्पण रंग लाया, जब सिंधु ने ओलंपिक में रजत पदक जीतने वाली पहली भारतीय महिला बनकर इतिहास रच दिया।

अपने शिष्य द्वारा भारत के लिए इतिहास रचने पर कोच गोपीचंद बहुत खुश हुए । जैसा कि उन्होंने पीटीआई को बताया, "पिछले तीन महीनों के दौरान सिंधु के पास अपना फोन नहीं था। सबसे पहले मैं उसका फोन लौटाऊंगा। दूसरी बात यह है कि यहाँ आने के बाद पिछले 12-13 दिनों से मैंने उसे मीठे दही से वंचित कर दिया था जो उसे सबसे ज्यादा पसंद है। मैंने उसे आइसक्रीम खाने से भी रोका था। अब, वह जो चाहे खा सकती है।"

सिंधु केवल इक्कीस वर्ष की थीं जब उन्होंने रियो में ओलंपिक पदक जीता था। उन्हें अभी भी बहुत लंबा रास्ता तय करना था। रियो में उस पदक ने उनके आत्मविश्वास को कई गुना बढ़ा दिया और उन्होंने बीडब्ल्यूएफ विश्व चैम्पियनशिप, राष्ट्रमंडल खेलों और एशियाई खेलों में पदक जीते। 2019 में, उन्होंने BWF विश्व चैम्पियनशिप में भारत के लिए पहला स्वर्ण पदक जीता। अपने पावर-पैक खेल में, शीर्ष शटलर ने अपने पुराने प्रतिद्वंद्वी, जापान की नोज़ोमी ओकुहारा को हराया, और विश्व बैडमिंटन चैम्पियनशिप में स्वर्ण जीतने वाली पहली भारतीय बन गईं।

सिंधु ने 2020 टोक्यो ओलंपिक में कांस्य पदक जीतकर एक बार फिर इतिहास रचा। वह ओलंपिक में दो बार पदक जीतने वाली पहली भारतीय महिला और सुशील कुमार के बाद दूसरी भारतीय बनीं। भारतीय खिलाड़ी अंतर्राष्ट्रीय खेल क्षेत्र में अपनी मजबूत उपस्थिति दर्ज करा रहे हैं और सिंधु एक निर्विवाद खेल सितारा बनकर उभरी हैं।

पी.वी. सिंधु की प्रसिद्धि की यात्रा में समय-समय पर व्यक्तिगत जीवन में उन्होंने बलिदान भी दिया है। सिंधु की एक बहन हैं, जो हैंडबॉल खिलाड़ी थी, लेकिन बाद में उसने चिकित्सा की पढ़ाई की। सिंधु सत्रह साल की थीं और अपनी बहन की शादी के लिए काफी उत्साहित थीं, लेकिन सैयद मोदी इंटरनेशनल इंडिया ग्रैंड प्री गोल्ड टूर्नामेंट के कारण शादी में शामिल नहीं हो सकीं। अपनी ही

बहन की शादी में शामिल न होना वाकई निराशाजनक रहा होगा, लेकिन सिंधु ने खेल में किसी भी परिस्थिति को अपने रास्ते में नहीं आने दिया।

सिंधु शुरू से ही पढ़ाई में अच्छी थीं। ऑक्सिलियम हाई स्कूल से अपनी स्कूली शिक्षा पूरी करने के बाद, सिंधु उच्च शिक्षा के लिए जाना चाहती थीं, लेकिन साथ ही, वह बैडमिंटन में एक चमकता सितारा थीं। वह अपनी प्राथमिकताओं को जानती थीं और उनकी योजना अच्छे से बनाती थीं। भले ही वह कक्षाओं में उपस्थित नहीं हो सकीं, फिर भी उन्होंने बी.कॉम पूरा किया और फिर, सेंट एन्स कॉलेज फॉर विमेन, हैदराबाद से एमबीए किया। खेल और पढ़ाई दोनों में संतुलन बनाना मुश्किल है, लेकिन सिंधु ने इसे संभाल लिया। उन्हें 'मास्टर ऑफ़ बैडमिंटन और ब़िजनेस' कहना गलत नहीं होगा। बैडमिंटन से संन्यास लेने के बाद उनकी अपने व्यवसाय प्रबंधन कौशल का उपयोग करने की योजना है।

जब एक युवा लड़की अपनी उपलब्धियों के कारण सनसनी बन जाती है, तो गौरवान्वित माता-पिता का भी सुर्ख़ियों में आना स्वाभाविक है। इसमें कोई संदेह नहीं है कि सिंधु के जीन में खेल है, लेकिन उनके माता-पिता ने वास्तव में उनकी इस यात्रा में उनके साथ कड़ी मेहनत की है। जबकि उनके पिता ने प्रशिक्षण और टूर्नामेंट के लिए उनके साथ लंबी दूरी की यात्रा की, उनकी सफलता में उनकी माँ के योगदान को भी नजरअंदाज नहीं किया जा सकता है। सिंधु की माँ, पी. विजया ने शुरुआत में अपने बच्चों और परिवार के साथ अपनी नौकरी को संतुलित किया, लेकिन बाद में, सिंधु के करियर की देखभाल के लिए रेलवे से स्वैच्छिक सेवानिवृत्ति ले ली। अपनी सरकारी नौकरी का त्याग करना एक बड़ा कदम था।

विजया सिंधु के लिए पौष्टिक भोजन पकातीं और सुनिश्चित करतीं कि वह आराम करे और अच्छी नींद ले, क्योंकि सिंधु बचपन से ही बहुत मेहनती लड़की थी। सिंधु की माँ को कभी भी उन्हें अपना होमवर्क पूरा करने के लिए मजबूर नहीं करना पड़ा। सिंधु अपनी जिम्मेदारियों के प्रति ईमानदार थीं। हालाँकि, सिंधु

लगातार अपनी सफलता का श्रेय अपने माता-पिता को देती हैं। "मैं भाग्यशाली हूँ कि मुझे माता-पिता के रूप में खिलाड़ी मिले। मैं जो भी खेल खेलना चाहती थी, उन्होंने मेरा समर्थन किया। लोग मुझसे पूछते हैं, कि जब माता-पिता दोनों वॉलीबॉल खिलाड़ी थे, तो वॉलीबॉल क्यों नहीं? मेरे माता-पिता ने बैडमिंटन खेलने के मेरे फैसले का समर्थन किया। मैं जिस भी मुकाम पर हूँ, अपने माता-पिता के त्याग और सहयोग के कारण ही हूँ।"

सिंधु को खुशी है कि उनकी खेल यात्रा के दौरान सरकार और विभिन्न अधिकारियों ने उनका अच्छा समर्थन किया है। 2013 से बी पी सी एल में काम कर रहीं सिंधु को 2016 के ओलंपिक में उनकी शानदार जीत के बाद, 75 लाख रुपये और पदोन्नति की पेशकश की गई। आंध्र प्रदेश सरकार ने उन्हें 3 करोड़ रुपये के नकद पुरस्कार से सम्मानित किया, अमरावती में एक आवासीय भूखंड और उन्हें समूह-1 रैंक अधिकारी की नौकरी की पेशकश की। तेलंगाना सरकार ने भी उन्हें 5 करोड़ रुपये का नकद पुरस्कार, हैदराबाद में एक प्लॉट और एक नौकरी की पेशकश की। दोनों राज्य सरकारों ने सिंधु को अपने राज्य की 'बेटी' कहा है।

सोच विचार करने के करने के बाद, सिंधु ने आंध्र सरकार की नौकरी की पेशकश स्वीकार कर ली और 2017 में उन्हें डिप्टी कलेक्टर के रूप में नियुक्त किया गया। सिंधु ने इस प्रतिष्ठित नौकरी के लिए सरकार को धन्यवाद दिया, साथ ही उन्होंने कहा कि उनकी पहली प्राथमिकता बैडमिंटन होगी। बैडमिंटन उनका प्यार और जुनून है और सिंधु ने साल दर साल कई पदक जीतकर खेल के प्रति अपना समर्पण जारी रखा।

क्रिकेट के दिग्गज सचिन तेंदुलकर भी रियो ओलंपिक में सिंधु के प्रदर्शन से प्रभावित हुए और उन्हें बी एम डब्ल्यू उपहार में दी। सिंधु के नाम कई प्रतिष्ठित पुरस्कार हैं, जैसे अर्जुन पुरस्कार, पद्म श्री, मेजर ध्यानचंद खेल रत्न पुरस्कार और पद्म भूषण।

हम जिस समाज में रहते हैं, वह आमतौर पर मासिक धर्म को एक लड़की की प्रगति में बाधा के रूप में देखता है। पीरियड्स के साथ एक खास टैबू भी जुड़ा हुआ है और लोग इसके बारे में बात करने से झिझकते हैं। पी.वी. सिंधु ने बार-बार इस बात पर जोर दिया है कि यह वर्जना समाप्त होनी चाहिए और इसे लड़कियों की सफलता में बाधक नहीं माना जाना चाहिए। जैसा कि सिंधु ने एक अखबार के लिए लिखा था, "पीरियड्स को एक बहाना मत बनने दीजिए। मेरे मासिक धर्म के दिनों ने मुझे लड़खड़ाया नहीं; बल्कि मुझे अपने सपनों को पूरा करने के लिए और अधिक दृढ़ बनाया। आपके सपने ही आपके व्यक्तित्व को परिभाषित करते हैं। उनमें आपको पंख देने और ऊँची उड़ान भरने की शक्ति होती है। जब भी आप पीरियड्स के दौरान खुद को रोकने के बारे में विचार करें तो इन शब्दों को गूंजने दें।" उनके शब्द वास्तव में सशक्त हैं!

सिंधु को अभी भी लंबा सफर तय करना है और पूरा देश गर्व से उनकी ओर देखता है। उनके लिए हर दिन एक नई शुरुआत है। उन्होंने कभी भी सफलता या विफलता को अपनी भावनाओं और स्वभाव को किसी भी तरह से प्रभावित नहीं होने दिया और यही खेल भावना ही उन्हें आगे बढ़ने में मदद करती है। उनके अपने शब्दों में, "आप कुछ जीतते हैं और कुछ हारते हैं। यह सब खेल का हिस्सा है। आपको इसे बहुत सकारात्मक तरीके से लेना होगा।"

19

सरला ठुकराल

- *एकल उड़ान भरने वाली पहली भारतीय महिला पायलट, एक डिजाइनर और एक उद्यमी।*
- *8 अगस्त, 1914 को दिल्ली में जन्मी सरला का निधन 15 मार्च 2008 को हुआ। पेशे से एक पायलट एवं व्यवसायी महिला, उन्होंने अपनी पहली उड़ान 1936 में भरी थी, जब वह केवल 21 वर्ष की थीं।*

वह वर्ष 1936 था जब एक इक्कीस वर्षीय महिला, पारंपरिक रूप से साड़ी पहनकर, दो सीटों वाले विमान जिप्सी मॉथ में बैठती है, उसे आत्मविश्वास के साथ हवा में ले जाती है और इतिहास रचती है! वह महिला सरला ठुकराल थीं। साड़ी पहने उनकी वह लोकप्रिय तस्वीर, जिसमें वह मुस्कुराहट के साथ विमान के सामने खड़ी हैं, बुलंदी से कहती है कि महिलाएँ भी आकाश को जीत सकती हैं।

सरला अकेले उड़ान भरने वाली पहली भारतीय महिला पायलट थीं। उन दिनों, जब भारतीय महिलाएँ समाज में समानता के लिए लड़ रही थीं, सरला आसमान में ऊँची उड़ान भर रही थीं। विमानन जैसे विशिष्ट क्षेत्र को निश्चित रूप से पुरुषों का क्षेत्र माना जाता था, लेकिन महत्वाकांक्षी सरला ने इस बात को गलत साबित करने का साहस किया और विमानन क्षेत्र में एक गौरवपूर्ण विरासत छोड़ी।

जब सरला ने वह ऐतिहासिक उड़ान भरी, तब वह न केवल शादीशुदा थीं, बल्कि एक बच्चे की माँ भी थीं। वह एक मजबूत इरादों वाली महिला थीं, जिनके सपने थे, लेकिन साथ ही, वह अपने व्यक्तिगत और व्यावसायिक जीवन को अच्छी तरह से संतुलित करना भी जानती थीं। सरला के जीवन में अप्रत्याशित मोड़ आए लेकिन सरला ने सब कुछ सहा और जीवन की विभिन्न चुनौतियों को दृढ़ता से स्वीकार किया।

उनका जन्म 8 अगस्त 1914 को दिल्ली में हुआ था, जब भारत ब्रिटिश शासन के अधीन था। उन दिनों के सामाजिक मानदंडों के अनुसार, सरला का विवाह सोलह वर्ष की अल्पायु में पी.डी. शर्मा से कर दिया गया जो एक पायलटों के परिवार से आते थे। वह भी एक पायलट थे और उन्होंने अपनी पत्नी को भी पायलट बनने के लिए प्रेरित किया। बाद में, सरला परिवार के साथ लाहौर (जो उस समय अविभाजित भारत का हिस्सा था) चली गईं। सरला के ससुर ने उनका दाखिला लाहौर फ्लाइंग क्लब में करा दिया और वह पायलट बनने के लिए प्रशिक्षण लेने लगीं। उनके परिवार ने उन्हें लगातार समर्थन दिया जो उस समय एक भारतीय महिला के लिए दुर्लभ था। 1936 में अपनी उड़ान के बाद, उन्होंने 1000 घंटे की उड़ान पूरी की और अपना लाइसेंस 'ए' हासिल किया। सरला यह लाइसेंस पाने वाली शुरुआती कुछ महिलाओं में से थीं।

उन दिनों, भले ही भारतीय समाज सुधार आंदोलन देख रहा था, फिर भी महिलाओं को पायलट बनने जैसा अनोखा काम करने के लिए अपने घर की चारदीवारी से बाहर आने के लिए बहुत संघर्ष करना पड़ता था। सरला ने अपनी सफलता का श्रेय अपने पति और उनके परिवार को दिया, जो हमेशा उनके साथ खड़े रहे। उनके अपने शब्दों में, "मेरे पति एयरमेल पायलट का लाइसेंस पाने वाले पहले भारतीय थे और उन्होंने कराची और लाहौर के बीच उड़ान भरी थी। हालाँकि, यह उनके कार्य का छोटा हिस्सा ही था। मेरे ससुर और भी अधिक

उत्साहित थे और उन्होंने मुझे फ्लाइंग क्लब में नामांकित कर दिया। मुझे पता था कि मैं पूरी तरह से पुरुष प्रभुत्व वाले गढ़ को तोड़ रही हूँ , लेकिन मुझे कहना होगा कि पुरुषों ने मुझे कभी भी यह महसूस नहीं कराया कि मैं अपनी क्षमता से कुछ बाहर कर रही हूँ।"

सरला एक कमर्शियल पायलट बनना चाहती थीं और इसके लिए उन्हें अपना लाइसेंस 'बी' हासिल करना था। जब सरला एक व्यावसायिक पायलट बनने के लिए प्रशिक्षित होने की योजना बना रही थीं, तो उनके जीवन में एक त्रासदी आई। 1939 में एक विमान दुर्घटना में उनके पति की मृत्यु हो गई और वह टूट गईं। चौबीस साल की उम्र में, वह दो बच्चों की माँ और विधवा थी। जीवन ने अचानक ही एक भयानक मोड़ ले लिया था।

लेकिन सरला ने अपनी स्थिति संभाली और ट्रेनिंग के लिए जोधपुर चली गईं। वह बस यही चाहती थीं कि उन्होंने जो शुरू किया था उसे पूरा कर सकें और इसके अलावा, उन्हें अपने बच्चों की खातिर अपने जीवन में आगे बढ़ना था। लेकिन शायद नियति ने उनके लिए कुछ और ही सोच रखा था। 1939 में, द्वितीय विश्व युद्ध छिड़ गया और ब्रिटेन जर्मनी के साथ लड़ाई के लिए तैयार हो रहा था। इसी समय भारत में भी ब्रिटिश सरकार के ख़िलाफ़ विरोध प्रदर्शन और आज़ादी का आंदोलन तेज़ हो गया। इन परिस्थितियों के बीच, नागरिक उड़ानों के लिए प्रशिक्षण निलंबित कर दिया गया था। सरला अब बड़ी मुश्किल में थीं। उन्हें अपनी आजीविका और अपनी दो बेटियों के लिए कुछ करना था। परिस्थितियाँ प्रतिकूल थीं, लेकिन इस महिला में स्थिति का अच्छी तरह आकलन करने और उससे पार पाने का साहस था। भगवान अगर एक दरवाजा बंद करता है तो दूसरा जरूर खुला रखता है।

सरला लाहौर वापस आ गईं और उन्होंने मेयो स्कूल ऑफ आर्ट्स में ललित कला में दाखिला लिया। उन्होंने अपना कोर्स सफलतापूर्वक पूरा किया। लेकिन

आगे क्या? उन्हें कमाई शुरू करनी थी और अपना जीवन वापस पटरी पर लाना था। भारत के विभाजन के दौरान सरला को एहसास हुआ कि लाहौर में रहना जोखिम भरा है और उन्हें शहर छोड़ना पड़ा। तब तक सरला ने वहाँ अपना कारोबार स्थापित कर लिया था, लेकिन जितना भी सामान संभव हो सका, लेकर उन्होंने लाहौर छोड़ दिया। वह अपनी बेटियों के साथ दिल्ली आ गईं। शुक्र है कि बंटवारे के दौरान हुई हिंसा को देखते हुए उनकी यात्रा सुरक्षित रही।

सरला को साड़ी और आभूषण डिजाइनिंग व्यवसाय फिर से स्थापित करना पड़ा और उन्होंने इसे सफलतापूर्वक किया। उनके उत्पादों की महिलाओं में काफी मांग थी। संभ्रांत वर्ग की कई महिलाएँ उनकी ग्राहक बनीं। राजनयिक, विजया लक्ष्मी पंडित और कई अन्य महिलाएँ उनकी ग्राहक थीं। जैसा कि सरला ने अपने मजबूत व्यवसाय के बारे में कहा, "मैंने आर्टिफिशियल आभूषण डिजाइन करने में हाथ आजमाया, जो न केवल उस समय के लोगों द्वारा पहना जाता था, बल्कि 15 वर्षों तक 'कॉटेज एम्पोरियम' को इसकी आपूर्ति भी की गई। उसके बाद, मैंने ब्लॉक प्रिंटिंग शुरू की और मेरे द्वारा डिजाइन की गई साड़ियों की काफी मांग हुई। यह भी 15 वर्षों तक जारी रहा। फिर, मैंने नेशनल स्कूल ऑफ ड्रामा के लिए डिजाइनिंग शुरू की और साथ ही मैं पेंटिंग भी करती रही।"

सरला अब एक सफल बिजनेसवुमन थी। उन्होंने सचमुच अपने जीवन में नए रास्ते तलाशने के लिए विपरीत परिस्थितियों को भी पलट दिया और उन्होंने इसमें अपनी छाप भी छोड़ी। अपनी साड़ी और आभूषण डिजाइनिंग व्यवसाय के अलावा, वह एक अद्भुत चित्रकार भी थीं।

सरला आर्य समाज समुदाय का हिस्सा थीं और वह भगवान और आध्यात्मिकता के प्रति बहुत समर्पित थीं। उन दिनों, हालाँकि विधवा पुनर्विवाह मुश्किल से ही होता था, लेकिन जब से आर्य समाज समुदाय ने विधवा पुनर्विवाह को प्रोत्साहित किया, सरला को एक बार फिर वैवाहिक

जीवन का सुख मिला। उन्होंने 1948 में आर.पी. ठुकराल से शादी की, जो आर्य समाज समुदाय से थे।

अपने पति की मृत्यु होने तक सरला ने सुखी वैवाहिक जीवन व्यतीत किया। दुर्भाग्यवश वह फिर से अकेली हो गईं। लेकिन, वह जानती थीं कि दुख और अकेलेपन से कैसे लड़ना है। अपने जीवन के अंतिम वर्षों में भी, उन्हें एक फिट महिला के रूप में देखा जाता था जो अपने दम पर काम करती थीं। जैसा कि उन्होंने द ट्रिब्यून में एक इंटरव्यू में कहा था, "जब मैं स्कूल में लड़कियों की गाइड थी, मेरा आदर्श वाक्य था: हमेशा खुश रहो। हमारे लिए खुश और प्रसन्न रहना बहुत जरूरी है। आखिरकार, जानवरों के विपरीत, हम इंसानों को हंसने में सक्षम होने का वरदान मिला है। इस एक आदर्श वाक्य ने मुझे अपने जीवन में संकटों से उबरने में मदद की है।" वह नब्बे साल से ऊपर की हो चुकी थीं जब 15 मार्च 2008 को उनका निधन हो गया

सरला ठुकराल का जीवन एक महान प्रेरणा है जो यह सिखाता है कि परिस्थितियाँ कितनी भी कठिन क्यों न हों, कभी भी खुद को निराश नहीं होने देना चाहिए। जिस प्रकार विपरीत परिस्थितियों का सामना करने के बावजूद सरला ने एक पायलट, चित्रकार, सफल व्यवसायी और एक गृहिणी बनकर जीवन जिया, अन्य महिलाएँ भी कई भूमिकाएँ सफलतापूर्वक निभा सकती हैं। सुरंग के अंत में हमेशा प्रकाश रहता है; बात सिर्फ इतनी है कि हमें अपनी आशाओं को जीवित रखना है और धैर्यपूर्वक आगे बढ़ते रहना है।

20

सुष्मिता सेन

- *अभिनेत्री, मॉडल और मिस यूनिवर्स का खिताब जीतने वाली पहली भारतीय।*
- *ब्रह्माण्ड सुंदरी सुष्मिता का जन्म 19 नवंबर, 1975 को हैदराबाद में सुबीर सेन और सुभ्रा सेन के घर हुआ। इन्होने फेमिना मिस इंडिया 1994 और मिस यूनिवर्स 1994 के खिताब जीतकर भारत का परचम विश्व भर में लहराया। इनकी दो बेटियाँ हैं - रेनी और अलीसा l*

सन 1994 का वर्ष था, जब एक अठारह वर्षीय आकर्षक और आत्मविश्वासी लड़की ने भारत के लिए पहला मिस यूनिवर्स खिताब जीतकर पूरे देश को गौरवान्वित किया। वह सुष्मिता सेन थीं, जिन्होंने आगे चलकर भारतीय सिनेमा में खूब वाहवाही बटोरी और महिला सशक्तिकरण की प्रतीक भी बनीं। एक मॉडल, अभिनेत्री, सामाजिक कार्यकर्ता, उद्यमी और दो गोद ली हुई लड़कियों की देखभाल करने वाली माँ, सुष्मिता की कई उपलब्धियाँ हैं।

मिस यूनिवर्स प्रतियोगिता के अंतिम दौर में उनसे पूछा गया, “एक महिला का सार क्या है?” उन्होंने बहुत ही आत्मविश्वास से उत्तर दिया, “एक महिला होना भगवान का एक उपहार है जिसकी हम सभी को सराहना करनी चाहिए। एक बच्चे की उत्पत्ति माँ से होती है, जो एक महिला है। वह एक आदमी को दिखाती है

कि देखभाल करना, साझा करना और प्यार करना क्या होता है। यही एक महिला होने का सार है।" यह वास्तव में दुनिया की सबसे बड़ी सौंदर्य प्रतियोगिता में भारत का प्रतिनिधित्व करने वाली अठारह वर्षीय लड़की का एक परिपक्व, विचारशील और सार-गर्भित उत्तर था।

19 नवंबर 1975 को हैदराबाद में एक बंगाली परिवार में जन्मी सुष्मिता ने कई शहरों की यात्रा की, क्योंकि उनके पिता शुबीर सेन भारतीय वायु सेना में विंग कमांडर के रूप में काम करते थे। बाद में उनका परिवार दिल्ली आ गया। उन्होंने अपनी शिक्षा विभिन्न स्कूलों से की है, जिनमें सेंट एन हाई स्कूल, सिकंदराबाद और एयर फ़ोर्स गोल्डन जुबली इंस्टीट्यूट, दिल्ली शामिल हैं। सुष्मिता की माँ, सुभ्रा सेन, जो एक आभूषण डिजाइनर हैं, मिस यूनिवर्स तक की उनकी यात्रा के दौरान एक चट्टान की तरह सहारा देती रहीं। सुष्मिता का अपने छोटे भाई राजीव सेन जो एक मॉडल और उद्यमी हैं, के साथ एक मज़बूत रिश्ता है ।

मिस यूनिवर्स प्रतियोगिता में जाने से पहले सुष्मिता ने फेमिना मिस इंडिया में हिस्सा लिया और ऐश्वर्या राय को हराकर विजेता बनीं। उन दिनों को याद करते हुए सुष्मिता ने मीडिया को दिए एक इंटरव्यू में कहा कि जब उन्हें पता चला कि ऐश्वर्या राय भी हिस्सा ले रही हैं तो उन्होंने कुछ अन्य प्रतियोगियों के साथ मिस इंडिया का चुनाव लड़ने का विचार छोड़ दिया। सुष्मिता को डर था कि बेहद खूबसूरत ऐश्वर्या राय के प्रतियोगियों में से एक होने के कारण, उनके जीतने की संभावना नहीं के बराबर थी। ऐश्वर्या तब तक अपने मॉडलिंग करियर के कारण एक लोकप्रिय चेहरा बन चुकी थीं, जबकि सुष्मिता ने ग्लैमर की दुनिया में कदम रखा ही था। लेकिन फिर, सुष्मिता की माँ ने उन्हें प्रतियोगिता में भाग लेने के लिए प्रोत्साहित किया।

सुभ्रा सेन ने सुष्मिता का मनोबल बढ़ाते हुए कहा- "किसी ऐसे व्यक्ति से हार जाना, जो इतना सुंदर हो, प्रतियोगिता में भाग न लेने से बेहतर है।" अपनी माँ के समझाने पर सुष्मिता आगे बढ़ीं और अपना फॉर्म जमा कर दिया। उनका

यह निर्णय उनके जीवन का एक महत्वपूर्ण मोड़ था। सुंदर और आत्मविश्वासी सुष्मिता को फेमिना मिस इंडिया की विजेता घोषित किया गया और वह मिस यूनिवर्स प्रतियोगिता में भारत की ओर से प्रवेश करने वाली प्रतियोगी बनीं। वर्ष 1994 विश्व सौंदर्य प्रतियोगिताओं के मामले में भारत के लिए एक उल्लेखनीय वर्ष था, क्योंकि सुष्मिता और ऐश्वर्या दोनों ने शीर्ष दो खिताब, मिस यूनिवर्स और मिस वर्ल्ड जीता।

सुष्मिता एक मध्यमवर्गीय परिवार से थीं और उनके पास मिस इंडिया प्रतियोगिता की तैयारी के लिए ज्यादा पैसे नहीं थे। सौंदर्य प्रतियोगिता में उनका विजेता गाउन उस कपड़े से बनाया गया था जिसे उन्होंने दिल्ली के सरोजिनी नगर बाजार से खरीदा था। उन्होंने वह गाउन अपने इलाके के एक गैरेज में काम करने वाले एक दर्जी से सिलवाया था। उसने दर्जी से बस इतना कहा, "यह टीवी पर आएगा। इसलिए, कृपया इसे ठीक से करें।

मिस इंडिया प्रतियोगिता में सुष्मिता द्वारा पहने गए पहनावे को अंतिम रूप देने में सुष्मिता की माँ की रचनात्मकता थी। दर्जी द्वारा गाउन सिलने के बाद सुष्मिता की माँ ने बचे हुए कपड़े से गुलाब का फूल बनाया। उन्होंने मोज़े की एक जोड़ी भी खरीदी और उसे काटकर सुष्मिता के लिए खूबसूरत दस्ताने बनाए। इस तरह सुष्मिता ने मिस इंडिया ब्यूटी कॉन्टेस्ट के लिए अपने आउटफिट की व्यवस्था की। उनके मुताबिक, "जीतने के लिए पैसा मायने नहीं रखता। यदि आपका इरादा सही है, तो परिस्थितियाँ निश्चित रूप से आपके पक्ष में आ जाती हैं।"

सुष्मिता के लिए मिस यूनिवर्स प्रतियोगिता में जीत की राह इतनी आसान नहीं थी। वह हिंदी माध्यम पृष्ठभूमि से थीं, लेकिन उन्होंने मॉडलिंग करियर और सौंदर्य प्रतियोगिता के लिए अपनी अंग्रेजी पर काम किया। सुष्मिता के वीडियो और साक्षात्कारों को देखकर, जहाँ वह अद्भुत स्पष्टता के साथ शानदार अंग्रेजी बोलती हैं, कोई नहीं कह सकता कि उन्होंने अपनी स्कूली शिक्षा हिंदी माध्यम से की है।

पूरे प्रतियोगिता के दौरान सुष्मिता ने सकारात्मक और विजयी रवैया बनाए रखा और बाकी इतिहास है। उनके अपने शब्दों में, "जिस चीज ने मुझे मिस यूनिवर्स का खिताब दिलाया, वह एक औसत भारतीय लड़की के रूप में मेरा विश्वास था, कि मैं कोशिश कर सकती हूँ और एक दिन औसत से बेहतर बन सकती हूँ।"

भले ही सुष्मिता ने मॉडलिंग में अपने करियर के लिए और सौंदर्य प्रतियोगिता को ध्यान में रखते हुए भाषा में महारत हासिल की, लेकिन उन्हें लगता है कि भाषा किसी के लिए बाधा नहीं बननी चाहिए। वह विभिन्न देशों के कई मॉडलों से मिलीं जो अपनी मूल भाषाएं बोलती थीं और अंग्रेजी बोलने में स्पष्ट रूप से संघर्ष करती थीं। लेकिन इसका मतलब यह नहीं था कि वे प्रतिभाशाली नहीं थीं। उनका मानना है कि एक विशिष्ट भाषा के प्रति जुनून उन कई लोगों के लिए एक बाधा है जो इसके आदी नहीं हैं।

सुष्मिता ने हिंदी सिनेमा में अपना डेब्यू 1996 की एक एक थ्रिलर फिल्म 'दस्तक' से किया था। हालाँकि फिल्म व्यावसायिक रूप से हिट नहीं थी, फिर भी सुष्मिता को नोटिस किया गया। 'बीवी नंबर *1*' में उन्होंने दूसरी महिला की भूमिका निभाई। यह फिल्म बेहद सफल रही और 1999 में उन्हें सर्वश्रेष्ठ सहायक अभिनेत्री का फिल्मफेयर पुरस्कार मिला। वह अपनी पसंद के मुताबिक फिल्में करती रहीं और आलोचकों की प्रशंसा बटोरती रहीं।

2002 में सुष्मिता ने फिल्म फिलहाल में सरोगेट मदर का किरदार निभाया। यह सशक्त महिला, सूरत और सीरत से सुंदर है और कमोबेश कम पारंपरिक फैसले फैसले लेती है, जो उनके व्यक्तिगत जीवन के साथ-साथ कुछ विशिष्ट फिल्मों के चयन से भी स्पष्ट है। उन दिनों सरोगेसी के बारे में बहुत कम बात होती थी और इसे वर्जित भी माना जाता था। लेकिन सुष्मिता ने अपरंपरागत भूमिका चुनी और शानदार प्रदर्शन किया।

2004 की एक ब्लॉकबस्टर फिल्म 'मैं हूँ ना' की उस खूबसूरत साड़ी पहने टीचर को कौन भूल सकता है' जिसने शाहरुख खान की प्रेमिका का किरदार निभाया था? यह फिल्म उनके फिल्मी करियर की सबसे बड़ी हिट मानी जाती है।

सुष्मिता एक ऐसी महिला हैं जो स्थापित सामाजिक नियमों को चुनौती देती रहती हैं और हर बार अपनी काबिलियत साबित करती हैं। सबसे बड़ी सौंदर्य प्रतियोगिता जीतने से लेकर अकेले रहने, दो लड़कियों को गोद लेने और अकेले ही उनका पालन-पोषण करने तक, सुष्मिता ने बिना किसी संदेह के साबित कर दिया कि वह न केवल सुंदर हैं, बल्कि साहसी, बुद्धिमान और स्वतंत्र भी हैं। 2000 में चौबीस साल की छोटी उम्र में उन्होंने रेनी को गोद लिया था। यह आसान नहीं था क्योंकि उन्होंने सदियों पुराने सामाजिक मानदंड पर प्रहार किया था जहाँ एक अकेली लड़की गोद लेने के बारे में शायद ही सोच सकती थी।

अदालती लड़ाई के बाद आखिरकार उन्हें उनकी बेटी रेनी की कस्टडी दे दी गई। जैसा कि उन्होंने भावनात्मक रूप से व्यक्त किया, "रेनी का जन्म मेरे दिल से हुआ था जब मैं सिर्फ 24 साल की थी। यह एक बड़ा फैसला था। कई लोगों ने इस पर सवाल उठाया। गोद क्यों? बिना शादी किए आप बच्चे का पालन-पोषण कैसे करेंगी? क्या आप एकल माता-पिता बनने के लिए तैयार हैं? क्या आपको एहसास है कि इस फैसले का आपके पेशेवर और निजी जीवन पर क्या प्रभाव पड़ेगा? सवाल और राय अंतहीन थे।"

दस साल बाद 2010 में सुष्मिता ने एक और बेटी अलीसा को गोद लिया सुष्मिता अपनी दोनों लड़कियों के लिए एक शानदार माँ रही हैं और तीनों एक सुंदर परिवार बनाते हैं। वह भले ही उनकी जन्म देनेवाली माँ नहीं हैं, लेकिन उन्हें हमेशा लगता है कि उन्होंने सीधे अपने दिल से उन्हें जन्म दिया है। जिस तरह से उन्होंने अकेले ही अपनी बेटियों की देखभाल की है, उससे साबित होता है कि उन्हें अपने परिवार को पूरा करने के लिए वास्तव में किसी पुरुष की जरूरत नहीं है।

कई फिल्मों में अभिनय करने के बाद, सुष्मिता ने अपने जीवन में चीजों को प्राथमिकता देने के लिए ब्रेक लेने का फैसला किया। वह अपनी बेटियों को अधिक गुणवत्तापूर्ण समय देना चाहती थीं, क्योंकि वे बड़ी हो रही थीं। वह अपने लिए भी कुछ समय चाहती थीं। जब सुष्मिता ने फिल्मों से अवकास लिया था, तब वह एडिसन बीमारी से जूझ रही थीं। ये कोई आम बीमारी नहीं है, लेकिन सुष्मिता इसकी चपेट में थीं। इस बीमारी में, अधिवृक्क ग्रंथि हार्मोन का उत्पादन बंद कर देती है जिससे मतली, थकान, चक्कर आना और निम्न रक्तचाप की समस्या होती है। अगर समय पर इलाज न किया जाए तो यह बीमारी जानलेवा हो सकती है। लेकिन मजबूत इरादों वाली सुष्मिता ने इसे हर कीमत पर हराने का फैसला किया।

उन्होंने फिट रहने के लिए व्यापक वर्कआउट शुरू किया और नानचाकू के साथ ध्यान भी करना शुरू कर दिया। नानचाकू एक जापानी मार्शल आर्ट उपकरण है, जिसमें एक चेन से जुड़ी दो छड़ियाँ होती हैं। उनकी कोशिशें रंग लाई और सुष्मिता की एड्रिनल ग्रंथियां सक्रीय होने लगीं। अब स्टेरॉयड की कोई जरूरत नहीं थी। वह धीरे-धीरे बीमारी से ठीक हो गईं और एक बार फिर से उन्होंने अपनी ताकत वापस पा ली। सुष्मिता अपने इंस्टाग्राम हैंडल पर अपने फिटनेस वीडियो और तस्वीरें पोस्ट करती रहती हैं, जो उनके लाखों प्रशंसकों के लिए बहुत प्रेरणादायक है।

सिनेमा से दस साल के लंबे अवकास के बाद, सुष्मिता ने एक सफल वेब-सीरीज़ 'आर्या' के साथ 2020 में वापसी की। खूबसूरत और ग्लैमरस सुष्मिता एक बार फिर सुर्खियों में थीं। इस क्राइम थ्रिलर से उनका डिजिटल डेब्यू भी हुआ। उन्होंने एफएलवाईएक्स(Flyx) फिल्मफेयर ओटीटी अवार्ड्स 2020 में 'ड्रामा सीरीज़ में सर्वश्रेष्ठ अभिनेता - महिला' का पुरस्कार जीता। आर्या के दो सीजन को नेटिज़न्स ने काफी पसंद किया है और सुष्मिता तीसरे सीज़न के लिए तैयारी कर रही हैं।

बहुमुखी और मृदुभाषी सुष्मिता एक काव्यात्मक हृदय भी रखती हैं। सुष्मिता एक समझदार इंसान हैं और यह बात उनके विचारों, कर्मों और कविताओं से भी जाहिर होती है। उनका एक पुराना वीडियो वायरल हुआ है जिसमें वह स्वलिखित कविता सुना रही हैं, जो उन्होंने मिस इंडिया प्रतियोगिता जीतने के बाद लिखी थी। "अगर मेरे सारे दर्द, मेरे सारे आँसू, और इन वर्षों में मैंने जो कुछ भी सीखा, वह एक झुके हुए सिर को उठा सकता है, एक अँधेरे मन को प्रकाशित कर सकता है, तो मुझे समझना चाहिए कि यह व्यर्थ नहीं है, मानव जाति के लिए यह मेरी सेवा थी।" कविता उनकी दूरदर्शिता और दयालु व्यक्तित्व को दर्शाती है। यह नहीं भूलना चाहिए कि वह तब किशोरावस्था में ही थीं।

चालीस की उम्र पार कर चुकीं सुष्मिता पहले से कहीं ज्यादा व्यस्त हैं। अब, चूंकि उनकी बेटियाँ बड़ी हो गई हैं और उनके पास अपने लिए अधिक समय है, वह अपनी आने वाली फिल्मों और सीरीज की शूटिंग में व्यस्त हैं। असल जिंदगी की तरह ही सुष्मिता अपनी रील लाइफ में भी चुनौतीपूर्ण भूमिकाएं निभाती हैं। अपनी नई वेब सीरीज 'ताली' में वह ट्रांसजेंडर एक्टिविस्ट गौरी सावंत की भूमिका निभा रही हैं। हालाँकि वह पहले भी कई फिल्मों में अपनी अभिनय क्षमता साबित कर चुकी हैं, लेकिन उन्हें इस नए अवतार में देखना वाकई दिलचस्प होगा। सुष्मिता एक बार फिर ओटीटी स्पेस पर धमाल मचाने के लिए तैयार हैं।

सुष्मिता कई रिश्तों में रही हैं। उन्होंने अपने रिश्तों और ब्रेक-अप को बहुत सौम्यता से संभाला है, चाहे वह रिश्ता अधिक उम्र के पुरुषों के साथ हो या उससे बहुत कम उम्र के पुरुषों के साथ। अपने प्रेम संबंधों में उथल-पुथल के बावजूद, वह अपनी एकल स्थिति से खुश हैं और उनकी दुनिया उनकी पेशेवर प्रतिबद्धताओं और उनकी दो प्यारी बेटियों के इर्द-गिर्द घूमती है।

भले ही सुष्मिता सफल हैं और अपनी जिंदगी शान से जी रही हैं, लेकिन ऐसे लोगों की भी कमी नहीं है जो यह जानने में ज्यादा दिलचस्पी रखते हैं और

यहाँ तक कि इस बात पर ट्रोल भी करते हैं कि वह अभी तक अविवाहित क्यों हैं। उन सभी अनावश्यक रूप से उत्सुक दिमागों को एक सटीक जवाब देते हुए, सुष्मिता ने अपने सोशल मीडिया हैंडल पर सिंगल रहने के अपने विकल्प के बारे में पोस्ट किया, "मैं अपनी पसंद में सुरक्षित हूँ और ऐसा होने पर, मैं दूसरे की पसंद का सम्मान और सराहना कर सकती हूँ, चाहे वह कुछ भी हो। आखिरकार, एकल हो या युगल, हम जीतने के लिए खेलते हैं। जहाँ तक मेरी बात है, मैं बस यही कहूँगी - मुझे अभी तक उस साहब से मिलना बाकी है, जो आग से खेलना पसंद करता है।"

दिमाग और खूबसूरती का यह संगम हर आदमी की ड्रीम डेट है। सुष्मिता की डिंपल वाली मुस्कान, गहरी आंखें और जीवंत व्यक्तित्व किसी को भी मंत्रमुग्ध कर सकता है। यह उनकी आंतरिक और बाहरी सुंदरता ही है जो उन्हें एक वांछनीय महिला बनाती है। अपरंपरागत पसंद की ध्वजावाहक, सुष्मिता ऐसे फैसले लेती हैं जो कई लोगों के लिए आश्चर्यजनक हो सकते हैं, लेकिन वह ऐसी ही हैं - मजबूत सोच वाली, स्वतंत्र, साहसी लेकिन, विनम्र और दयालु।

संदर्भ और ग्रंथ सूची

'द्रौपदी मुर्मू', द टाइम्स ऑफ़ इण्डिया, 25 जुलाई, 2022, https://timesofindia.indiatimes.com/politics/droupadi-murmu/articleshow/59173072.cms, 14 अगस्त 2023 को एक्सेस किया गया।

शेमिन जॉय, 'मेरा चुनाव इस बात का प्रमाण है कि भारत में गरीब सपने देख सकते हैं: भारत के राष्ट्रपति के रूप में पहले संबोधन में मुर्मू', डेक्कन हेराल्ड, 25 जुलाई, 2022, https://www.deccanherald.com/india/my-election-is-proof-that-the-poor-in-india-can-dream-murmu-in-first-address-as-President-of-india- 1129807.html, 14 अगस्त, 2023 को एक्सेस किया गया।

'नीरा आर्य, आज़ादी का अमृत महोत्सव', https://amritmahkotsav.nic.in/unsung-heroes-detail.htm?10779#:~:text=Neera%20Arya%20was%20popularly%20known,attain%20their%20education%20in%20Kolkata., 20 अगस्त, 2023 को एक्सेस किया गया।

इशिता चक्रवर्ती, 'नीरा आर्य: ए फियरलेस पायनियर इन इंडियाज़ फ्रीडम स्ट्रगल', ट्रांसकॉन्टिनेंटल टाइम्स, 15 अगस्त, 2023, https://www.transdependenttimes.com/neera-arya-a-fearless/#:~:text=INDIA%3A%20Neera%20Arya%2C%20an%20exmplary,legacy%20continues%20to%20inspire%20nations, 21 अगस्त, 2023 को एक्सेस किया गया।

'*Mera jeevan mera sangharsh: Neera Arya*', आईएसबीएन: 978-9390594832,

जोविता अरन्हा, 'बछेंद्री पाल माउंट एवरेस्ट पर चढ़ने वाली पहली भारतीय महिला कैसे बनीं!', द बेटर इंडिया, https://www.thebetterindia.com/113258/bachendri-pal-first- Indian-Woman-mount-everest/ 27 अप्रैल 2023 को एक्सेस किया गया।

'टाटा फाउंडेशन ने लद्दाख में ट्रैकिंग अभियान शुरू किया', timeofindia.indiatimes.com, 25 अगस्त, 2021, https://timesofindia.indiatimes.com/city/jamshedpur/tata-foundation-rolls-out-trekking-expeditions-to-ladख/articleshow/85605393.cms, 27 अप्रैल, 2023 को एक्सेस किया गया।

'आनंदी गोपाल जोशी: भारत की पहली महिला डॉक्टर की प्रेरक कहानी', www.ndtv.com, 31 मार्च, 2018, https://www.ndtv.com/people/who-is-nandi-gopal-joshi-all-you-need-to-know-about-indias-first-female-doctor-1831136, 16 अगस्त, 2023 को एक्सेस किया गया।

कभी रुकें नहीं!: कैसे भारत की पहली महिला डॉक्टर आनंदीबाई जोशी ने अमेरिका जाने का रास्ता अपनाया', स्क्रॉल। में, 03 जून, 2022, https://scroll.in/article/1025302/never-desist-how-nandibai-joshi-indias-first- Woman-doctor-argued-her-way-to-america, 16 अगस्त, 2023 को एक्सेस किया गया।

'भारत की पहली महिला जासूस: रजनी पंडित ने अपने 22 वर्षों के अनुभव में 80,000 से अधिक मामले सुलझाए हैं', MIRRORNOWES.COM, 31 अक्टूबर, 2018, https://www.timesnownews.com/mirror-now/society/article/rajani-pandit-india-first-female-private-detective-sherlock-facebook-humans-of-bombay-mumbai-murder-theft/307512, 14 जून, 2023 को एक्सेस किया गया।

'मिलिए रजनी पंडित से, जो 80,000 से अधिक मामले दर्ज करने वाली भारत की पहली महिला जासूस हैं', Yourstory.com, 9 जनवरी, 2023, https://yourstory.com/herstory/2023/01/meet-rajani-pandit-indias-first-female-detective, 14 जून, 2023 को एक्सेस किया गया।

'Rani Ahilyabai Holkar', Devi Ahilya Vishwavidyalaya, Indore, https://www.dauniv.ac.in/ahilyabai#:~:text=In%201745%2C%20she%20gave%20birth,succeeded%20in%20defeating%20the%20dacoits, 16 अगस्त, 2023 को एक्सेस किया गया।

'मल्हार राव के पत्रों से स्पष्ट है कि अहिल्याबाई ने ही ग्वालियर पर कब्ज़ा किया था', सोलस्टीयर ग्वालियर, 1 जून, 2023, https://gwallior.soulsteer.com/2021/06/01/malhar-rais-letters-clearly-show-it-was-ahilyabai-who-captured-gwalior/, 16 अगस्त, 2023 को एक्सेस किया गया।

'स्टंटवूमन रेशमा पठान ने 'इंडियाज़ बेस्ट डांसर 3' पर अपनी कहानी साझा की, आउटलुक, 11 जून, 2023, https://www.outlookindia.com/art-entertainment/stunt Woman-reshma-pathan-shares-her-story-on-india-s-best-dancer-3--news-293821, 24 जुलाई, 2023 को एक्सेस किया गया।

अनुशिका श्रीवास्तव, 'बॉलीवुड की पहली स्टंट महिला रेशमा पठान से मिलें', शी द पीपल, 9 मई, 2019, https://www.shethepeople.tv/news/reshma-pathan-bollywoods-first-stunt- Woman/, 24 जुलाई, 2023 को एक्सेस किया गया।

'सावित्रीबाई फुले जयंती: भारत की पहली महिला शिक्षक और एक प्रखर नारीवादी प्रतीक का जीवन', आउटलुक, 3 जनवरी, 2023, https://www.outlookindia.com/national/savitribai-phule-birth-anniversary-the-life-of-india-s-first- Woman-teacher-and-a-fierce-feminist-icon-news-250491, 28 जुलाई, 2023 को एक्सेस किया गया।

वाल्देकर, शिवानी (03 जनवरी, 2021), 'सावित्रीबाई फुले के क्रांतिकारी लेखन को एक श्रद्धांजलि', नारीवाद india.com, https://feminisminindia.com/2021/01/03/savitribai-phule-literature-poems-feminist-history/, 28 जुलाई, 2023 को एक्सेस किया गया।

'उद्यमी एक रोलर-कोस्टर की तरह है: फाल्गुनी नायर', OnManorama.com, 08 मई, 2016, https://www.onmanorama.com/in-depth/startup-village/mothersday-mother-falguni-nayar-nykaa-com.html, 5 अगस्त, 2023 को एक्सेस किया गया।

आभाष कुमार, 'पूर्व-कोटक महिंद्रा एमडी नायका के साथ अरबों डॉलर के सौंदर्य और कल्याण बाजार पर कब्जा करने के लिए बोली लगाते हैं', योरस्टोरी, 21 मई, 2014, https://yourstory.com/2014/05/nykaa-falguni-nayar, 5 अगस्त, 2023 को एक्सेस किया गया।

तनीषा आचरेकर, 'उन महिलाओं के लिए खड़ी हैं जो खुद के लिए सुंदर दिखना चाहती हैं: फाल्गुनी नायर', डच अंकल, 8 मार्च, 2021, https://dutchuncles.in/aspire/standing-for-women-who-want-to-look-beautiful-for-themswelves-falguni-nayar/, 5 अगस्त, 2023 को एक्सेस किया गया।

Pari Saikia, Space Girl Kalpana Chawla's 'coolest thing", द स्टेट्समैन, 17 मार्च, 2017, https://www.thestatesman.com/technology/science/space-girl-kalpana-chawla-s-coolest-thing-1489757703.html, 9 अगस्त, 2023 को एक्सेस किया गया।

'कोलंबिया आपदा के 20 साल: कल्पना चावला की अंतरिक्ष उड़ान के दौरान क्या हुआ था?' इंडिया टुडे, 28 जनवरी, 2023, https://www.indiatoday.in/science/story/20-years-of-columbia-disaster-what-happed-during-kalpana-chawlas-flight-to-space-2327104-2023-01-27, 9 अगस्त, 2023 को एक्सेस किया गया।

'डॉ। किरण बेदी: पहली महिला आईपीएस अधिकारी की जीवन कहानी, जो भारतीय सामाजिक कार्यकर्ता और पूर्व-टेनिस खिलाड़ी हैं, Sugermint.com, https://sugermint.com/kiran-bedi/, 16 अगस्त, 2023 को एक्सेस किया गया।

'किरण बेदी, क्रेन बेदी', https://www.bookbox.com/product/kiran-bedi-crane-bedi/, 16 अगस्त, 2023 को एक्सेस किया गया।

'मैं, फूलन देवी: भारत की बैंडिट क्वीन की आत्मकथा', 6 मार्च, 1997, https://www.amazon.in/Phoolan-Devi-Autobiography-Indias-Bandit/dp/0751519642, 9 जुलाई, 2023 को एक्सेस किया गया।

'यूपी में मंडल-कमंडल की राजनीति के चरम के दौरान फूलन देवी की किस्मत कैसे बदली', द प्रिंट, 21 मार्च, 2022, https://theprint.in/pageturner/excerpt/how-

फूलन-डेविस-फॉर्च्यून-चेंज्ड-ड्यूरिंग-द-प्राइम-ऑफ-मंडल-कमंडल-पोलिटिक्स-इन-अप/881665/, 9 जुलाई, 2023 को एक्सेस किया गया।

टी. एम. कृष्णा, 'लता मंगेशकर - उनकी आवाज़ किसी भी एक, किसी भी स्थिति और किसी भी युग के लिए काम करती है', द हिंदू, 06 फरवरी, 2022, https://www.thehindu.com/entertainment/music/lata-mangeshkar-her-voice-worked-for-any-one-any-situation-and-any-era/article38387626.ece, 11 मई, 2023 को एक्सेस किया गया।

कृति नैय्यर, 'जब महान गायिका लता मंगेशकर को 2001 में भारत रत्न से सम्मानित किया गया था', रिपब्लिक वर्ल्ड, 06 फरवरी, 2022, https://www.republicworld.com/entertainment-news/music/when-legendary-singer-lata-mangeshkar-was-awarded-bhart-ratna-in-2001-watch-articleshow.html, 11 मई, 2023 को एक्सेस किया गया।

'जस्टिस लीला सेठ की जयंती: भारत में उच्च न्यायालय की पहली महिला मुख्य न्यायाधीश के बारे में कम ज्ञात तथ्य', News9live.com, 20 अक्टूबर, 2022, https://www.news9live.com/knowledge/justice-leila-seth-birth-anniversary-lesser-known-facts-about-the-first- Woman-head-justice-of-a-high-court-in-भारत-203154#:~:पाठ=लीला%20सेठ%20था%20ए%20उल्लेखनीय, लंदन%20बार%20परीक्षा%20में%201958., 18 मई, 2023 को एक्सेस किया गया।

'कैसे लीला सेठ ने उस कानून का सह-लेखन किया जिसने दिल्ली सामूहिक बलात्कार और हत्या के अपराधियों को दोषी ठहराया', स्क्रॉल। में, 6 मई, 2017, https://scroll.in/article/836802/how-leila-seth-co-wrote-the-law-that-convicted-the-delhi-gang-rap-and-murder-criminals, 18 मई, 2023 को एक्सेस किया गया।

'भारत में उद्यम पूंजीवाद के प्रणेता: वाणी कोला', https://www.youtube.com/watch?v=i9EJ4gV0dD4.

'वाणी कोला से मिलें, जिन्होंने भारत में अपनी कंपनी शुरू करने के लिए अमेरिका छोड़ दिया, 100 से अधिक व्यवसायों को वित्त पोषित किया', डीएनए, 5 जून, 2023, https://www.dnaindia.com/business/report-meet-vani-kola-who-left-us-to-start-her-company-in-india-funded-over-100-businesses-Kalamari-capital- 3046207, 14 अगस्त, 2023 को एक्सेस किया गया।

'मुझे लगता है कि भगवान ने मुझे खेल के लिए चुना: मैरी कॉम', द स्टेट्समैन, 10 जून, 2020, https://www.thestatesman.com/sports/god-chose-me-for-sports-i-think-mary-kom-1502898525.html, 3 जून, 2023 को एक्सेस किया गया।

'मैरी कॉम: एक स्वप्निल ओलंपिक पदार्पण और एक अजेय सुपरमॉम का रोष', ओलंपिक.कॉम, https://olympics.com/en/news/ Indian-boxer-mary-kom-olympicmedal-bronze-london-2012, 3 जून, 2023 को एक्सेस किया गया।

सोलोमन एस कुमार, 'मिताली राज - भरतनाट्यम नृत्यांगना से क्रिकेट आइकन तक', द टाइम्स ऑफ़ इण्डिया, 13 जुलाई, 2017, https://timesofindia.indiatimes.com/sports/cricket/icc-womens-world-cup-2017/mitali-raj-from-bhartnatyam-dancer-to-cricket-icon/articleshow/59571568.cms, 16 जून, 2023 को एक्सेस किया गया।

'मिताली बहुत शांत दिख रही थीं लेकिन अंदर ही अंदर उनमें आग थी - पहले कप्तान चंद्रकांत कौल ने राज के डेब्यू की यादें ताजा की', स्पोर्टस्टार, 08 जून, 2022, https://sportstar.thehindu.com/cricket/mithali-raj-retirement-career-debut-1999-ireland-chanderkanta-kaul/article38501398.ece, 17 जून, 2023 को एक्सेस किया गया।

सुहास येलापेंटुला, 'इनसाइड द माइंड ऑफ अ चैंपियन: व्हाट मेक्स पी.वी.' सिंधु भारतीय बैडमिंटन की गोल्डन गर्ल', 11 अगस्त, 2022, https://timesofindia.indiatimes.com/life-style/spotlight/inside-the-mind-of-a-champion-what-makes-pv-sindhu-the-olden-girl-of- Indian-Badminton/articleshow/93485010.से.मी, 02 जुलाई, 2023 को एक्सेस किया गया।

J. R. Shridharan, 'Sindhu's parents and their sacrifice', Sportstar, 19 August, 2016, https://sportstar.thehindu.com/other-sports/sindhus-parents-and-their-sacrifice/article17246135.ece, 02 जुलाई, 2023 को एक्सेस किया गया।

'क्या आप जानते हैं कि पहली भारतीय महिला पायलट ने साड़ी पहनकर विमान उड़ाया था और वह मां भी थीं?', उन्नति सिल्क, 10 नवंबर, 2017, https://www.unnatisilks.com/blogs/she-s-different/know-first- Indian-lady-pilot-flew-plane-saree-mother, 13 जुलाई, 2023 को एक्सेस किया गया।

स्मृति काक रामचन्द्रन, 'उड़ते रंग और जमीनी हकीकत', द ट्रिब्यून, 5 फरवरी, 2006, https://www.tribuneindia.com/2006/20060205/society.htm#1, 13 जुलाई, 2023 को एक्सेस किया गया।

'मिस यूनिवर्स का सवाल पूछे जाने पर सुष्मिता सेन ने कहा कि वह हिंदी मीडियम स्कूल से थीं, 'उन्हें ज्यादा अंग्रेजी नहीं आती', हिंदुस्तान टाइम्स, 09 मार्च, 2022, https://www.hindustantimes.com/entertainment/bollywood/sushmita-sen-says-she-was-from-hindi-medium-school-didn-t-know-much-english-when-asked-the-miss- ब्रह्माण्ड-प्रश्न-101646797988511.html, 17 जुलाई, 2023 को एक्सेस किया गया।

'सुष्मिता सेन', ZEE5, https://www.zee5.com/zee5news/celebs/sushmita-sen/profile, 18 जुलाई, 2023 को एक्सेस किया गया।